单件小批量拉式生产控制理论与方法研究

黄国栋 著

西南财经大学出版社

中国·成都

图书在版编目(CIP)数据

单件小批量拉式生产控制理论与方法研究/黄国栋著.—成都:西南
财经大学出版社,2024.4
ISBN 978-7-5504-5950-2

Ⅰ.①单… Ⅱ.①黄… Ⅲ.①生产管理 Ⅳ.①F273

中国国家版本馆 CIP 数据核字(2024)第 195173 号

单件小批量拉式生产控制理论与方法研究

DANJIAN XIAOPILIANG LASHI SHENGCHAN KONGZHI LILUN YU FANGFA YANJIU

黄国栋 著

策划编辑:李邓超
责任编辑:乔 雷
责任校对:李邓超 余 尧
封面设计:张姗姗
责任印制:朱曼丽

出版发行	西南财经大学出版社(四川省成都市光华村街 55 号)
网 址	http://cbs.swufe.edu.cn
电子邮件	bookcj@ swufe.edu.cn
邮政编码	610074
电 话	028-87353785
照 排	四川胜翔数码印务设计有限公司
印 刷	成都市火炬印务有限公司
成品尺寸	170mm×240mm
印 张	14.25
字 数	369 千字
版 次	2024 年 4 月第 1 版
印 次	2024 年 4 月第 1 次印刷
书 号	ISBN 978-7-5504-5950-2
定 价	68.00 元

前言

　　单件小批量生产是大规模定制生产的一种典型表现形式,其生产对象主要是一类低标准化、定制程度高的产品。这类产品广泛分布于我国装备制造业和消费品工业中,因而开展单件小批量生产研究有利于提升我国装备制造能力和推动消费品向价值链高端攀升。单件小批量生产特征可概括为接单生产、强订单异质性,客户一次性下单量非常小甚至单件。要以工业化方式高效经济地开展单件小批量生产难以沿用传统大批量生产方法,甚至企业运营模式、生产制造技术都要做相应改变才能可靠地实现定制化产品的按需生产和准时交付。本书旨在提出一种基于精益拉式理念的单件小批量生产控制理论与方法,从而更好地满足企业对产品多样化、小批量、快速迭代、准时交付的生产要求,提高企业市场竞争力。

　　作者长期从事单件生产和精益制造系统的研究,在苏南多地的制造企业走访调研中发现,这些企业较多属于中小型非标件制造商,如液压器件、航空锻造件、钢丝绳绕制设备、轨道交通配套件、升降机、压力容器制造等。这类企业的普遍特点是采用接单生产方式,产品主要针对特定领域或较小的市场,但产品系列却非常丰富。为了能在激烈的市场竞争中存活,赢得订单成为这些企业经营的首要目标,以底薪加提成的激励机制促使企业市场销售人员积极争取订单,从而忽视了企业产能有限的事实，这会给企业生产部门的车间能力平衡带来很大挑战。企业需要一个对订单响应能力和生产车间柔性要求都很高的生产控制系统。若市场销售部门与生产制造部门缺乏有效协同，就会导致订单接得越多，延迟交付的风险就越大。因此，如何为这类企业提供一个高效的集成市场订单决策与生产能力平衡的系统性解决方案就成为本书的主要写作动机。

本书得到成都市哲学社会科学重点研究基地——成都航空产业发展与文化研究中心项目（项目编号：CAIACDRCXM2024-06）资助，也得到了许多生产制造领域的学者和专家的指导，尤其是调研单位的生产管理人员对本书的完善提供了宝贵意见。研究生廖哲可、廖旭等人参与了相关研究工作和书稿校对，在此一并表示感谢。

鉴于作者水平有限，书中难免有不妥之处，敬请广大读者批评指正。

黄国栋

于西华大学

目录

1　单件小批量拉式生产相关概念

1.1　单件生产的概念

随着工业技术的进步和互联网经济的快速发展，产品生命周期进一步缩短，产品品种多样性和定制化程度不断加深。在大规模定制背景下，企业要想在激烈的市场竞争中占据优势，就需要提供一类有特色或独一无二（one-of-a-kind）的产品（服务），这类产品（服务）须按照订单要求进行产品设计或制造，且一次订购量非常小。本书将这类产品（服务）称之为单件产品，将面向单件产品的生产称之为单件生产（one-of-a-kind production，OKP）。为了能够像大批量生产那样高效、经济地生产这些单件产品，开发适合单件制造的生产系统就显得十分重要。由于生产系统需要围绕企业的类型来构建，因而开发高效的单件生产系统需要先明确单件生产企业的类型。Wortmann[①]认为，面向单件生产的类型划分需要先回答以下两个基本问题：

（1）在企业的主要业务过程中，哪些活动（如：研发、设计、生产、分销等方面）是由顾客订单驱动的？

（2）企业哪些方面的投资（如：产品设计、资源、过程或支撑活动等方面）与顾客下单订购无关？

基于问题（1）可建立四个维度：MTS（make-to-stock）、ATO（assembly-to-order）、MTO（make-to-order）和 ETO（engineering-to-order）。基于问题（2）可建立两个维度：面向产品的系统（product-oriented systems）和

---

① WORTMANN J C. Towards one-of-a-kind production：the future of European industry ［J］. Elsevier, Amsterdam, 1991（5）：41-49.

面向能力的系统（capability-oriented systems）。面向产品的系统是指这类系统向市场供应已经设计好的，（某种程度上）与订单无关的产品。面向能力的系统是指这类系统向市场提供专门技能或资源，但不提供预先定义好的产品。单件生产见表 1.1。

表 1.1　单件生产

维度	ETO	MTO	ATO	MTS
面向产品系统	飞机、包装机械	船舶引擎、标准专业设备	卡车、计算机系统	家具、家电
面向能力系统	软件开发、土建工程	维修厂、铸造厂、锻造厂	建筑工程	汽车经销店

表 1.1 反映了企业的单件生产程度的高低，其中，MTS 仅在分销环节受客户订单驱动，因此单件生产程度最低。一般认为，采用 ETO 和 MTO 市场策略的企业属于面向单件生产的企业。随后，Wortmann[①] 在面向产品的系统和面向能力的系统这两个维度的基础上又扩展了第三个维度，即面向过程的维度（process-oriented）。通常，企业会面向不同类型的市场提供产品或服务，因而要将企业严格归属于某一种单件生产类型是比较困难的。

1.2　单件小批量生产的概念

在企业生产实践中，在没有特别指明的情况下，单件生产可以被视为单件小批量生产。然而，从学术上对二者进行界定仍然十分有必要。在阐述单件小批量生产概念之前，本书先介绍一下批量的定义。批量是指企业（或车间）在一定时期内一次生产出在质量、结构和制造方法上完全相同产品（或零部件）的数量。从生产过程角度看，批量又可理解为一次性从一个加工阶段转移到另一个阶段的单位零部件数量。显然，批量越小该批

---

① WORTMANN J C. Production management systems for one-of-a-kind products [J]. Computers in Industry, 1992, 19 (1)：79-88.

零件就能够越快地通过整个生产流程。

按照批量大小，生产可分为大批量生产、中批量生产、小批量生产和单件生产（批量＝1）。由于单件生产与小批量生产之间在经济效果和对生产组织工作的影响上是十分接近的[①]，尤其表 1.1 中 ETO 和 MTO 维度下的产品在实践中也不完全是单件生产，小批量情况也较常见。因此从生产角度看，单件小批量生产的说法更符合企业实际情况。

我国工业产品体系中通常将产品分为标准产品和非标产品。标准产品是指按照国家颁布的标准（如：行业标准）和规格进行生产制造的产品，这类产品的技术要求比较统一。非标产品则没有统一的技术要求和行业标准，这类产品往往需要根据客户需求进行单独设计与制造，通用性不高，其外观或性能等方面的技术指标不在国家定型产品目录内。非标产品的客户需求差异大，这就决定了很难采用标准化批量生产方式制造产品。一些非标产品可以通过在标准产品基础上根据用户要求进行改造的方式获得，当然这需要在标准产品设计的时候就有足够的前瞻性，以便在面向非标产品改造时降低技术开发难度，提高产品生产系统的柔性。非标产品一般都采用接单生产模式，当然一些复杂的、具有高附加值的标准定型产品（如：数控机床）也会采用接单生产模式。可见，无论是标准产品还是非标产品，只要采用 MTO 或 ETO 模式，产品订单异质性强，批量小甚至为单件，就难以采用大批量方式高效经济地进行生产。

1979 年 Hayes 和 Wheelwrigh 将不同生产方式（制造环境）按照产品工艺结构细分为四类[②]，如图 1.1 所示。

图 1.1 表明单件小批量生产通常是面向一类低标准化的定制产品的生产，这类产品会根据客户的具体需求进行生产，因而种类规格相当繁多，但是客户往往一次性下单购买的数量并不大，即订货批量非常小，甚至单件。显然，要以工业化的方式开展单件生产，不能简单沿用大批量生产的计划体系和物料控制方法，甚至企业管理模式、生产制造技术和工具都要进行根本性变革，才能实现高质量、低成本的按需生产，缩短订单交期。

---

① 黄敏. 面向 OKP 基于 CONWIP 的生产管理与控制方法的研究 [D]. 沈阳：东北大学，1998.

② HAYES R M, WHEELWRIGHT S C. The dynamics of process-product life cycles [J]. Harvard Business Review, 1979, 57 (2): 127-136.

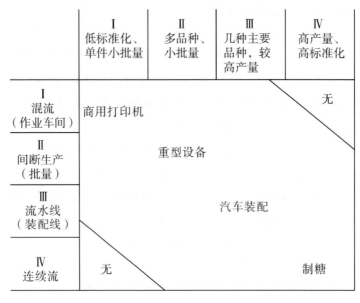

图 1.1　产品工艺矩阵

本书从生产角度将具有以下三个特征的生产方式称之为单件小批量生产。

（1）采用 MTO 或 ETO 市场策略；

（2）产品订单异质性强；

（3）生产批量小甚至为单件生产。

在现实工业生产中，属于单件小批量生产范畴的产品非常多，各种非标准化、低重复制造的产品生产都可看作是单件小批量生产[①]，比如：家具定制、模具生产、船舶制造、专用仪器制造、压力容器制造、变压器制造，等等。本书以家具定制为例来展示大规模定制趋势下单件小批量生产需要面对的问题。

家具定制是一种按客户的居家需求和个性化量身定做的个人专属家具的生产方式。家具定制企业的定制业务最初以柜类家具为主，目前已发展成可满足家居整体个性化需求的全屋定制。家具定制的业务流程包括：首先，客户在市场店面（或互联网移动端）提出定制需求，企业市场销售或店面设计师根据客户需求（如：喜好、使用习惯、装修风格、居室环境

---

① TU Y, DESN P. One-of-a-kind production［M］. London：Springer London, 2011：16-25.

等）进行方案设计，或者由客户提供设计方案。双方就订单交货要求达成协议后形成生产订单。其次，市场店面（或互联网移动端）将订单信息发送至工厂（企业生产部门），工厂将订单按产品零部件拆分，形成加工订单和采购订单。加工订单汇集至车间并按照相应的工艺流程加工处理。最后，工厂将按加工订单完成的零部件和采购回来的零部件进行（按需）组装，并及时交付到客户手中。目前整个定制生产流程可通过物联网技术实现全过程监控，客户通过移动端实时掌握订单完成情况。一些家具定制企业为了提高市场竞争力还允许客户在生产过程中进行订单规格的二次调整。显然这种服务能够提升客户满意度，但是会给生产部门带来很大的交付压力。从家具定制流程可知，定制家具的生产是由市场需求驱动的。换言之，家具定制企业采用的是接单生产模式，在具体客户需求没有达成前，工厂不会提前生产。对于零售市场的每位客户而言，其定制需求有很大差异，包括尺寸大小、外观风格、材质用料、预算等方面的差异。这些差异会影响工厂选用不同工艺进行加工处理。即使是同样规格的零部件，由于选择工艺不同就可能导致作业时间有较大出入。此外，零售市场的每位客户基本都是对一套房进行家具定制，因此每个客户的订单批量都非常小。可见，定制家具生产符合前面所述单件小批量生产的特点。

对于家具定制企业而言，其难点不在于某个工艺环节无法满足客户需求，而在于定制生产本身在降低生产成本、提高响应速度等方面的高要求给传统工业化生产方式带来了极大挑战。开展定制生产的企业需要一个有足够柔性的生产系统，以对大量不同规格的零部件进行高效处理。这已经不能单纯通过增加技能熟练工人或采用更高效率自动化设备的方式来应付，而需要对生产系统的计划调度层和车间负荷控制层的管理方法、组织方式进行重新设计与优化。

本书将单件小批量生产所涉及的相关运作流程、生产组织方式和车间场所等统称为单件小批量生产环境。单件小批量生产环境有别于传统的大批量、多品种小批量生产环境。从生产运作的角度看，单件小批量生产环境的特点可归纳为：

（1）单件小批量生产过程及其供应环节更具动态性和复杂性，单件小批量生产控制具有很大的不确定性[①]。

---

① DEAN P R, TU Y L, XUE D. An information system for one-of-a-kind production [J]. International Journal of Production Research, 2009, 47（4）: 1071-1087.

（2）单件小批量生产采用按订单设计或者按订单生产的方式，且一般采用拉式生产机制作为生产车间控制方式[1]。

（3）中小规模的单件小批量生产企业为了能够和大型企业竞争，往往更重视产品的客户个性化需求、追求更短的生产提前期和更高的产品质量[2]，这意味着单件小批量生产环境要更具柔性，对产品交付能力有更高的要求。

（4）为了获得高产出率，单件小批量生产应尽量按照流水方式组织生产（单件流）[3]。许多单件小批量生产线可看成是柔性流水车间组织方式（hybrid flow shop，HFS)[4]。

（5）采用混流生产[5]。

（6）尽管产品很少被重复生产（重复生产时间不固定），但是相似产品的某些作业是可重复的[6]。

Tu 与 Dean 归纳了 11 个与设计和实施单件小批量生产系统有关的议题（issues)[7]，它们分别是：

• 议题 1：单件产品多样性难以通过手工或传统计算机辅助生产管理与控制系统进行处理。

• 议题 2：单件小批量生产中，产品定制使得库存管理、生产调度、资源计划、产品设计及制造数据都应具备一定的柔性或是可改变的。

• 议题 3：单件企业应采用接单生产而不是按库存生产。

• 议题 4：根据预先设定或自适应可变的作业序列，采用精益生产中单件流的方式进行生产。

• 议题 5：需求种类繁多的零部件，其中很多都需要自己生产而无法外包解决。

• 议题 6：单件小批量生产系统会导致库存过量或延期交付。

• 议题 7：当最大化资源利用率时，为了按顺序交付，顾客必须进行

---

① TU Y, DEAN P. One-of-a-kind production [M]. London：Springer London, 2011：16-25.

② 同①.

③ 同①.

④ LUO X, LI W, TU Y, et al. Optimal resource allocation for hybrid flow shop in one-of-a-kind production [J]. International Journal of Computer Integrated Manufacturing, 2010, 23（2）：146-154.

⑤ 同①.

⑥ LI W, NAULT B R, XUE D, et al. An efficient heuristic for adaptive production scheduling and control in one-of-a-kind production [J]. Computers & Operations Research, 2011, 38（1）：267-276.

⑦ 同①.

负荷平衡。

- 议题 8：特殊的定制流程可能带来对独特技能的需求，而这些技能可能无法得到充分利用。
- 议题 9：必须平衡生产系统负荷，以便按订单顺序交付客户，同时最大限度地利用资源。
- 议题 10：生产过程中更换有缺陷的产品会扰乱生产调度安排和交货计划。
- 议题 11：当生产系统需要更换零部件时，零部件需要定制。

本书聚焦单件小批量拉式生产，探讨相关生产理论及方法问题。因此，本书有助于读者加深对议题 3 至议题 10 的理解。

1.3　拉式生产的概念

伴随全球经济一体化进程的深入，企业竞争不断加剧。产品种类激增和生命周期缩短增加了市场需求的不确定性，需求预测变得更加困难，一些以外包、外协等模式接单生产的中小企业受此影响严重。日益复杂的市场环境使得企业需要具备更大柔性的生产系统以应对外部环境波动。企业除了应对市场需求波动，还要面对企业内部的波动，主要涉及人员、机器、物料、方法、环境、测量等波动。就应对波动并能够快速响应市场需求而言，以物料需求计划（material requirement planning，MRP）为代表的推式生产方式（push）和以日本丰田准时制（just-in-time，JIT）为代表的拉式生产方式（pull）在这方面并没有多大差别。二者的主要差别在于企业或生产系统为了实现这种快速响应所付出的代价是不同的。

为了实现快速响应，MRP 推式生产通常需要放大投入量以缓冲需求波动。当过多的投入无法被实际需求消化，生产系统内部就会积压大量在制品，占用流动资金，增加企业生产成本和运营风险，这类似于"牛鞭效应"[1]。简言之，推式生产系统更适合处理相对稳定的中长期变化，不适合应对短期、频繁波动的情况。

20 世纪 80 年代，日本丰田汽车公司提出的 JIT 拉式生产在应对需求波

---

① LEE H L, PADMANABHAN V, WHANG S. The bullwhip effect in supply chains [J]. Sloan Management Review, 1997, 38（3）：93-102.

动、降低生产成本①以及缩短生产周期方面比 MRP 推式生产表现出更明显的优势。丰田拉式生产系统的核心是通过称为看板的信号卡从下游工位向上游工位传递授权加工指令信息，所以又称为丰田 Kanban（看板）拉式系统，简称为 Kanban 系统或纯拉式系统。Kanban 系统通过在加工单元（工位）之间传递看板以实现快速响应，看板的作用就是将需求信息流与车间物料流相关联。Kanban 系统的控制关键是限制了每个工位上的在制品数量（work-in-process，WIP）。在制品数量与看板卡形成对应关系，通过限制看板卡的数量从而对在制品数量进行约束。这与直接控制生产系统的产出是不同的，看板卡实际上是对生产系统中的物料的生产与移动进行控制，是一种基于看板的可视化管理方法。Kanban 系统的控制规则如下②：

（1）下游工位应只取看板上所规定的精确数量的零件；或看板与装载容器绑定，装载容器里面可以实现一次搬运多个零件。

（2）上游工位只能按照看板规定的精确数量和顺序向下游工位发送零件或装载容器。

（3）看板必须始终与每个零件或装载容器绑定。

（4）每个零件或装载容器不与看板绑定，则不能被生产或传递。

（5）不传递不合格零件到下游工位。

（6）看板卡的数量应尽量少，以降低在制品的库存量。

虽然 Kanban 系统让丰田公司取得了巨大成功，但多数企业导入 Kanban 拉式系统并未取得显著效果③。这主要是因为丰田 Kanban 拉式系统需要稳定可靠的供应链支持，生产种类不宜过多，需求波动不宜过大，对生产设备可靠性要求较高，看板数的确定需要大量、长期的数据支持。

推、拉生产方式都存在一定的不足，研究人员应将注意力转移到如何实现推、拉生产方式的优势互补上。Hall 描述了一个将 MRP 与看板结合的所谓同步式 MRP 系统，并提出让 MRP 系统只负责作业计划编制，用看板来控制生产任务的执行④。20 世纪 80 年代末，Spearman 等在重点研究丰田

---

① WORTMANN J C. Production management systems for one-of-a-kind products ［J］. Computers in Industry, 1992, 19（1）: 79-88.

② KHOJASTEH Y. Production control systems ［M］. Tokyo: Springer Japan, 2016: 15-16.

③ 黄敏. 面向 OKP 基于 CONWIP 的生产管理与控制方法的研究 ［D］. 沈阳: 东北大学, 1998.

④ HALL W R. Driving the productivity machines: production planning and control in Japan ［M］. American Production and Inventory Control Society, Falls Church, VA, 1981: 1-62.

Kanban 系统基础上认为，拉式系统的优势并不在于 Pull 本身，限定在制品水平才是拉式系统优良性能的关键①。Kanban 系统中使用看板的目的是通过控制在制品水平为生产系统内部赋予一种缓冲波动的反馈机制。Hopp 进一步发展这种认识，认为拉式系统有着更广泛的外延，丰田 Kanban 系统只是拉式系统的一种，并将拉式系统定义为一种能够根据生产系统状态投放物料，并为生产系统中的在制品水平设定一个内在限制的控制系统。换句话说，拉式系统的表现形式多样，只要包含了对系统状态和在制品调节进行反馈的机制都应该属于拉式系统。这无疑从方法论上为企业设计最适合自身的高效拉式系统指明了方向。另外，Buzacott 和 Dallery 等对 Kanban 系统进行改良，分别提出了混合拉式生产系统 GKCS（generalized kanban control system）② 和 EKCS（extended kanban control system）③。

1990 年，Spearman 等提出 CONWIP（constant work-in-process，固定在制品）拉式系统④。该系统只在生产线首尾两端设置看板传递信息，中间环节取消看板并仍按 Push 方式传递物料。这种推拉混合方式使得 CONWIP 系统在应对波动方面拥有了 Kanban 系统所不具备的灵活性。CONWIP 系统比 Kanban 系统更适应一般生产环境，拉式机制清晰且结构简单，更容易推广实施。相同产出率条件下，CONWIP 系统要比 Kanban 系统有更少的在制品量积压，在应对需求波动、加工时间波动和瓶颈漂移上有明显优势，更适合多品种少批量生产方式，经典的 CONWIP 系统结构如图 1.2 所示。

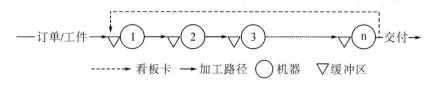

图 1.2　CONWIP 系统结构

① SPEARMAN M L, ZAZANIS M A. Push and pull production systems: issues and comparisons [J]. Operations Research, 1992, 40 (3): 521-532.

② BUZACOTT J A. Queueing models of Kanban and MRP controlled production systems [J]. Engineering Costs and Production Economics, 1989, 17 (1-4): 3-20.

③ DALLERY Y, LIBEROPOULOS G. Extended Kanban control system: combining Kanban and base stock [J]. IIE Transactions, 2000, 32 (4): 369-386.

④ SPEARMAN M L, WOODRUFF D L, HOPP W J. CONWIP: a pull alternative to Kanban [J]. International Journal of Production Research, 1990, 28 (5): 879-894.

CONWIP 控制过程可描述为：当生产线首个上游机器（工位）有空闲看板卡时，位于订单池或订单积压列表（backlog list）中的订单与空闲看板卡绑定，一起释放进入生产线。此时进入生产线的订单实质上是产品订单拆分后形成的工件（或作业）订单，即零部件加工任务单。为了与产品订单区别，以下简称为工件。当工件离开生产线下游最后一台机器时，绑定的看板卡与该工件分离并返回生产线上游首个机器处，然后等待新进入的工件。可见，看板卡的整个传递路径构成一个闭合环路，本书称其为环路。

经典的 CONWIP 拉式控制采用一个环路的控制方式，又被称为单环路 CONWIP 控制，而多个单环路 CONWIP 控制就称为多环路 CONWIP 控制，如图 1.3 所示。若给每台机器都设置一个环路就形成了 Kanban 控制，如图 1.4 所示。需要强调的是，尽管 Kanban 控制形式可看成是 CONWIP 的一个特例，但是 JIT 模式下的 Kanban 系统不适用于工艺流程短、存在显著设置时间（set-up）、废料损失多，或者需求变化大，甚至不可预测的订单环境[①]。

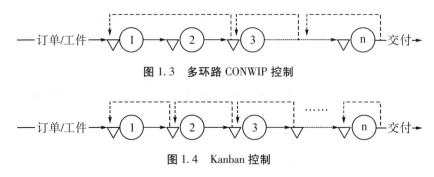

图 1.3　多环路 CONWIP 控制

图 1.4　Kanban 控制

CONWIP 系统中的看板用于控制生产系统的在制品上限，依据系统状态控制在制品投放量。CONWIP 推拉结合方式赋予生产系统更大的柔性以应对波动。许多研究表明：CONWIP 系统比丰田 Kanban 系统的性能要优秀，非常适合多品种小批量生产方式，能使生产系统拥有更少的在制品存量、更短的生产循环时间，以及最大的生产效率。为进一步完善 CONWIP 理论，Hopp 与 Spearman 做了更加细致的理论研究，把 CONWIP 模型相关

---

① TU Y, DEAN P. One-of-a-kind production［M］. London：Springer London，2011：16-25.

特性进行界定、论证、公理化，总结归纳成了定律与法则①，为 CONWIP 系统的应用提供了更为严谨的理论支持。从控制在制品数和控制投放率的相对效率来说，CONWIP 系统更具稳健性，更能处理好瓶颈辨识和混流生产中的瓶颈漂移问题②。国内方面，黄敏等以某轧钢厂为背景，通过仿真对比分析了 CONWIP、Kanban 及 MRP 这三类系统性能，并认为 CONWIP 系统最为有效，具有较低在制品量、平均存储量、平均存储费用以及具有较高通过率和设备使用率③。CONWIP 拉式控制还用于冷轧厂生产线设计④⑤、鼓风机厂叶轮生产线设计⑥。李兵用 Witness 仿真软件对储气筒生产线仿真并优化生产线关键参数，并认为 CONWIP 生产系统适用于中小企业生产⑦。赵奇针对半导体生产线特点，提出基于固定在制品水平控制投料的数学模型⑧。为了将 CONWIP 理论更好地应用于实际生产，CONWIP 研究人员尝试着通过结合其他控制机制来提高 CONWIP 生产系统性能。例如，Bonvik 等在 CONWIP 基础上提出保留中间环节 Pull 机制，建立一个称为 CONWIP-Kanban 的混合系统，该系统一定程度上弥补了 CONWIP 系统中故障设备上游端在制品数偏高的问题⑨。Boonlertvanich 将基准库存系统（base-stock system，BS）的全局信息流特点、CONWIP 限定在制品总量特点，以及 Kanban 系统局部限定在制品量特点相整合，构建了一个称为 ECK（extended CONWIP kanban）的拉式系统⑩。此外，Suri 提出了一个用

① HOPP W, SPEARMAN M. 工厂物理学：制造企业管理基础 ［M］.北京：清华大学出版社，2002：213-362.

② SPEARMAN M L, WOODRUFF D L, HOPP W J. CONWIP：a pull alternative to Kanban ［J］. International Journal of Production Research, 1990, 28（5）：879-894.

③ 黄敏，王兴伟，汪定伟.某钢厂 CONWIP 与 Kanban 及 MRP 的仿真对比分析 ［J］.系统工程理论方法应用，2000（1）：5-10.

④ 黄敏，汪定伟，王兴伟.轧钢厂 CONWIP 生产控制系统的仿真分析 ［J］.系统仿真学报，1997, 9（4）：7.

⑤ 黄敏，汪定伟.CIMS 下钢铁企业 CONWIP 生产存储控制系统 ［J］.系统工程理论方法应用，1998, 7（4）：5.

⑥ 黄敏，王玮.面向 OKP 基于 CONWIP 的集成化系统 ［J］.系统工程，1998, 16（6）：5.

⑦ 李兵.CONWIP 生产线仿真研究 ［J］.机械工程师，2008（7）：3.

⑧ 赵奇.基于固定在制品数投料系统的半导体生产线调度 ［J］.计算机辅助工程，2007, 16（4）：14-18.

⑨ BONVIK A M, COUCH C E, GERSHWIN S B. A comparison of production-line control mechanisms ［J］. International Journal of Production Research, 1997, 35（3）：789-804.

⑩ BOONLERTVANICH K. Extended-CONWIP-Kanban system：control and performance analysis ［D］. Atlanta：Georgia Institute of Technology, 2005.

于多产品单元制造的生产系统，称为 POLCA（paired-cell overlapping loops of cards with authorization）系统①。该系统采用了类似 CONWIP 的思想，将在每对制造单元之间设定固定在制品水平。零件进入制造单元既需要相应看板卡授权，也需要工厂装载系统授权。

在拉式系统的研究领域中，一些研究人员将采用看板卡的拉式系统称为基于看板卡的拉式系统（card-based pull system），此处简称为 CB 拉式系统。例如：Kanban 系统、CONWIP 系统，POLCA 系统也是一种使用看板卡实现生产控制的拉式系统。相对于通过看板卡间接衡量生产负荷，还有一种是直接使用作业负荷时间量来衡量生产负荷大小的拉式系统，称为基于负荷的拉式系统（load-based pull system），此处简称为 LB 拉式系统。例如：PBB（path-based bottleneck）系统。尽管 CB 拉式系统和 LB 拉式系统两者本质相同，但由于看板卡是一种离散物理量，而作业负荷时间量是一种连续物理量，因此在控制生产系统内部负荷精度方面，LB 拉式系统比 CB 拉式系统效果更好。不过，LB 拉式系统需要更多的信息技术和数据采集装置支持，而 CB 拉式系统则对于信息技术的依赖性相对没那么强。因此，CB 拉式系统开发成本更低，具有很强的实践推广优势。

总体来说，推拉控制方式的主要区别在于释放加工任务（工作或工件）的方式不同。推式控制方式中释放加工任务进入车间生产是预先计划好的，而拉式控制中加工任务的释放计划是根据车间生产负荷状态确定的，因而拉式系统更适合处理"底层"生产波动问题。拉式生产系统通过限定在制品水平从而降低生产库存和物料持有成本。换言之，更低的在制品水平能够更快地发现生产质量问题，节省存放空间，降低生产成本，提高生产率，让生产调度和车间控制变得更容易。综上所述，拉式机制的优势可概括为更短的生产周期、更快的产出率以及更低的在制品数，这些优势源于对生产系统中在制品数量的限制②。

---

① SURI R. Response Manufacturing：a companywide approach to reducing lead times ［M］. Portland，Oregon：Productivity Press，1998：1-574.

② WIGHT O. Input/Output control：a real handle on lead time ［J］. Production and Inventory Management，1970，11：9-30.

1.4　生产系统基本概念

1.4.1　生产系统

生产系统由投入、产出及转换过程三部分构成。生产系统不仅存在于制造业，还广泛存在于服务业中。在制造业中投入的是原材料，制造加工活动就是转换过程，产出的是可以存储的实体产品。服务业的转换过程就是服务本身，产出的是无形产品，如：满意程度。由于服务业产出的是一种特殊、无法被存储的产品，所以服务型企业的生产转换过程也被称为运作。狭义生产系统可以是一个机加工工位，也可以是由若干工位组成的生产线，或者由更多的生产线构成的制造网络。虽然生产系统的表现形式多种多样，但本质上都是将一组投入转换为一组预期的产出。

为了描述清晰，本节先对后续章节将要涉及的生产系统相关术语给出明确界定：

（1）工位或工作站（workstation，WS）：配置相应操作人员或机器完成规定流程的作业区，工位是组成生产线的基本单元。在不产生混淆的情况下，本书将机器、加工中心均视为工位。

（2）在制品（work-in-process，WIP）：生产系统中等待加工或正在加工的工件，包括已经加工完毕但还没有进入成品库的成品、半成品。

（3）缓冲区（buffer）或暂存区：有别于成品库房，多指临时存放在制品的栈板、货架或存货区。

（4）波动（variation）：波动的发生可事先确定的称为确定型波动。比如产品组合波动，当产品投产先后顺序确定后，其波动的发生是确定的。波动的发生并不能事先确定的称为随机波动，如需求波动、服从某概率分布的作业时间波动、随机故障波动等。

（5）产出率（throughput，TH）：单位时间内加工出的合格在制品的数量。该指标反映整个生产系统或某工位上的实际平均产出情况，也称为实际生产率。

（6）瓶颈（bottleneck，BN）：系统中利用率最高的工位或流程。一般在瓶颈位置处会堆积大量在制品，所以瓶颈位置的生产能力又被称为瓶颈速率或瓶颈产出率（TH_{BN}）。

（7）生产能力（capacity，Cp）：在制品通过生产系统的速率。该指标衡量生产系统单位时间内完成在制品的数量，简称产能。根据该定义可知，产能等价于产出率。最大产能实际上由瓶颈位置（如：机器设备）产能决定，即 max（Cp）= TH_{BN} = max（TH）。换句话说，提高生产系统实际生产率的关键是提高瓶颈位置的产出率，这也是约束理论的核心思想。

（8）工位逗留时间：衡量在制品进入工位后等待和加工所耗费的总时长。若产出率 TH 衡量的是工位产出率，则工位逗留时间 = 1/TH。单位在制品在第 i 个工位的逗留时间的数学表达式可写为：T_i+WT_i+ST_i，其中，T_i表示为第 i 个工位上的加工时间；WT_i表示为在第 i 个工位等待加工的时间；ST_i表示为第 i 个工位加工单位在制品的准备时间（set-up），如：调整夹具。

（9）生产周期（cycle time）：衡量单位在制品在系统中耗费（经历）的时间，也称为生产提前期（lead time），即单位工件从投入生产线到进入成品库所需时间。需指明的是，若生产周期衡量的是单位在制品在单个工位上的耗费时间，则就是工位逗留时间。

（10）生产节拍（takt time，TT）：衡量单位时间的客户需求量，因此生产节拍又被称为客户节拍，见下述公式：

$$生产节拍 = \frac{计划运行时间}{客户要求的交货量} \tag{1.1}$$

式中，计划运行时间为每班生产时间减去计划休息时间和计划停顿时间的差值。

（11）生产率（productivity，P）：通常指整个生产系统或某工位上产出与投入之比，这里特指生产节拍的倒数。该指标反映 TH 实际完成情况，属于目标生产率指标。产出率与生产率存在以下关系：

TH≥P，生产能力充足；

TH<P，生产能力不足。

1.4.2　生产计划与控制

生产计划与控制（production planning and control，PPC）功能是生产系统的重要组成部分。生产计划与控制是对生产系统中的资源和活动进行管理，确保在正确的时间向生产车间（工位）提供所需数量的物料，实现物料在生产线上的不间断流动。生产计划的功能是按照客户订单中规定的产品数量、交货期等要求，并结合企业现有资源（机器、物料、人员等），制订出企业资源最优利用计划，或称为配置方案，其目标是以最经济的方式开展生产并按时完工。一旦生产计划制订完成，那么整个生产加工活动就按照计划执行。可见生产计划是对生产活动的一种预安排或规划，是对人力、物料、机器和制造工艺等生产要求的预先确定。然而计划往往跟不上变化，生产计划制订的时候很难将所有变化因素都考虑进去，诸如原材料缺货、设备故障、政策影响、工人流失、订单取消或紧急加单、生产系统各部门之间协调不顺畅等，这些因素都会导致生产计划与实际生产存在偏差。因此，当实际生产与生产计划有较大偏差时就需要生产控制功能进行纠偏调整，确保实际生产进度按计划完成。生产控制主要通过应用一系列的现场改进措施、生产控制技术来达成，以确保达成规定的生产目标。因此，生产计划和控制在生产实践中不可分割，常被视作一个完整系统。生产计划和控制可以被定义为实现既定生产目标而对企业资源进行的管理和协调。生产计划与控制可以被看成是生产系统最重要的指挥系统，因此有时候一些研究人员所提及的生产系统概念实际上指的就是生产计划与控制系统。

生产计划与生产控制的主要区别在于：

（1）生产计划是一种预生产活动，当生产活动开始时生产控制就发挥作用。

（2）生产计划涉及有关标准、物料及其规格、机器及其加工能力的数据收集、维护和分析，而生产控制则涉及诸如产出数据、生产率、废品率等信息的反馈和报告。

（3）生产计划有助于预见问题，并在问题出现时制定补救措施，而生产控制则涉及在出现差错时采取纠正措施，使实际表现与计划表现相匹配。

（4）生产计划在于预先安排各项活动及内容，而生产控制在于调整各项活动及内容。

（5）生产计划考虑的是满足规定的时间和质量前提下，将最低限度的资源用于生产活动；而生产控制则跟踪生产活动，并查看是否一切都按计划安排（排程）执行。

生产计划与控制包括8个步骤：

- 步骤1：计划

作为生产的第一步，计划步骤列出完成生产所需的物料、人力、制造技术、资源和其他初始细节。如果有来自其他业务部门的具体要求，也应在此步骤予以明确。这有助于从一开始就加强生产管理，避免资源滥用或制造调度中的沟通不畅。

- 步骤2：工艺路线（径）规划

工艺路线规划决定了产品从原材料到成品的加工路线。路径规划规定了最有效的作业加工顺序，并确定了每个作业（工序）所用到的机器（或工位），整个作业都经过精心的计划和设计。一旦确定了整个作业顺序，就可以使用工作测量技术记录作业的标准时间。可以通过标识机器是否可用或生产中是否存在其他瓶颈来确保生产过程的连续性。

- 步骤3：调度

调度是对活动或作业等生产要素的时间安排。调度应有助于活动或作业等生产要素按优先顺序安排，包括理想情况下每个作业的开始时间和结束时间。企业使用不同时间跨度的调度规则来进一步安排生产过程，如主生产计划（MPS）、作业计划或日计划安排。

- 步骤4：负荷控制

在生产环节，负荷控制是指根据工人和所使用机器的能力调整工作负荷的一种任务分配手段，其目的是减少瓶颈影响，以实现生产负荷平衡。当生产调度安排和工艺规划被执行的时候，每个路径（工位）上的生产负荷状态以及作业（或任务）的开始和结束状态都将被监测，以便及时获得生产资源支持和作业活动管控。

- 步骤5：作业指派

在生产环节，指派也称为派工。该步骤将执行前面所制订的各项计划安排。详细的生产指令（工单）被发送到生产车间（线），它规定了执行什么作业、如何执行、何时执行以及在何处执行（指派给谁）。生产指令的发布有两种类型：一种是由特定的中心指挥部门发布，另一种由去中心化的所有相关的业务单位发布。

- 步骤6：跟进

旨在评估整个实际生产过程的有效性。跟进的主要目标是将初始计划与生产的实际结果进行比较。该阶段可以发现流程中的低效率或瓶颈，这些瓶颈可能会阻碍生产线的连续运转。

- 步骤7：检查

为了确保管理层制订的所有计划和控制策略能够被完全遵守和执行，需要进行生产检查和生产过程效率评价。检查可以是定期或不定期的，这有助于加强企业的声誉，确保企业产品质量或服务质量。

- 步骤8：纠正

在实施上述步骤中若发现了需要改进的问题，就可以在此步骤进行纠正。纠正使企业能够进一步提高生产效率。

生产计划与控制系统可以划分为三阶段：初步计划阶段、计划阶段和控制阶段。上述步骤1可以看成是初步计划阶段，步骤2和步骤3属于计划阶段，步骤4至步骤8可以归入控制阶段。

总体来说，生产系统要达到预期生产目标和转换过程的高效，离不开生产计划与控制系统的支持。生产计划与控制系统实际上是一种防止生产系统盲目产出的控制协调机制，生产过程发生偏差可以根据生产系统性能指标及时调整投入、转换及产出相关活动。广义的拉式生产系统就是一种生产计划与控制系统。车间层级的拉式生产计划与控制系统的主要功能包括订单释放（投放）计划、生产指令传递、产能协调以及产量控制。

由于大批量式生产、流程型生产和单件小批量生产所对应的生产系统是不同的，因而生产计划与控制侧重点是有差异的。

（1）对于单件小批量生产系统而言，其生产计划与控制侧重于：

- 原材料要在获得订单后开始购买；
- 专用设备（工具）要么自制，要么定购；
- 根据图纸和需求明细决定加工方式，安排机器并估计完成作业的时间；
- 制订调度表来标记每个活动的开始和结束，日调度由生产主管自主决定；
- 通过生产主管现场会议开展生产进度跟进。

（2）对于大批量生产系统而言，其生产计划与控制侧重于：

- 补货系统必不可少；
- 制订详细的工艺路径表（流程表）；
- 制订详细的负荷控制和调度方案；
- 进度跟进至关重要，需要收集有关工作进度的详细数据。

（3）流程型生产又称为连续性生产（continuous production）。对于流程型生产系统而言，原材料是均匀的，工艺过程是连续的，多见于化工制品和食品行业。因而，其生产计划与控制侧重于：

- 工艺过程是连续进行的，不能中断；
- 生产过程中的协作与协调少，因此生产管理相对简单一些，但对于设备和控制系统的可靠性要求高；
- 只有成品环节存在调度；
- 生产进度跟进关注最终产量。

按时间跨度划分，生产计划与控制中的决策问题可分为长期、中期和短期决策问题。长期决策的问题时间跨度为 1~5 年，也称为长期战略，如：长期经营规划。中期决策问题的时间跨度为 1 周到 1 年（不含），一般按月计，也称为中期战术，如：综合生产计划（年度生产计划大纲）、主生产计划、生产作业计划（作业排程）、采购决策。短期决策问题的时间跨度为 1 小时到 1 周（不含），一般按天计，也称为短期控制，如：物料流动控制、人员指派、生产流程控制。

传统的生产计划与控制方法是一种基于物料需求计划（material requirement planning，MRP）的推式生产方法。MRP 可分为开环 MRP 和闭环 MRP。开环 MRP 由主生产计划、产品结构文件、库存状态信息三个主要部分构成。主生产计划确定最终产品的出产时间和产出数量；产品结构文件也称物料清单或 BOM 表（bill of material），反映了组成最终产品所需的零件、部件、物料之间的从属逻辑关系、层次关系和相关需求数量关系；库存状态信息记录着所有产品、零部件、在制品、原材料的库存状态等信息。开环 MRP 将市场需求预测量、销售订单和其他需求信息用于编制主生产计划，然后依据产品结构和库存状态信息确定物料需求计划，最后根据物料需求计划确定生产作业计划和采购计划。开环 MRP 的默认假设是生产能力充足，即生产资源（如：设备和人员）能够支持所编制的主生产计划实现，供货能力和运输能力也能够保证采购计划的实现。显然，开环 MRP 的这个默认假设是比较理想化的，没有考虑生产计划与生产能力不匹配的问题。因此，人们在开环 MRP 的基础上增加了生产能力需求计划（capacity requirements planning，CRP），以弥补生产计划与生产能力的不匹配问题（也称为能力平衡问题），即通过能力的反馈来调整生产计划，从而形成了一个闭环，即所谓的闭环 MRP 概念。然而，闭环 MRP 仍然存在着不足。由于 MRP 采用固定提前期作为决策参数，而固定提前期的确定不取决于生产系统负荷的变化情况，这就导致闭环 MRP 的能力需求计划在决策过程中无法对生产系统超负荷情况做出调整，本质上依然是以无限产能为假设前提。换言之，在需求、能力和负荷三者之间的协同控制中，闭环 MRP 只能做到需求与能力协同，其默认（前提假设）的是能力足够应对负荷变动。显然，这对于高变动 MTO 环境下的单件小批量生产而言是不切实际的，从固定提前期这一点来看，可以说是基于 MRP 的推式生产方式普遍存在的问题。

为了增强需求、能力和负荷三者之间的协同控制能力，Wight 提到一种根据负荷变化来控制提前期的方法，即监控车间负荷水平，当负荷超过给定的阈值就表明车间能力不足，需要降低释放到车间的工件速率；当负荷低于给定的阈值就表明车间能力充足，可以提高释放到车间的工件速率；主生产计划需要按照工件释放的速率增加和减少做相应调整[1]。由利特尔定律可知，生产系统速率（TH）和车间负荷量（WIP）的改变会对提前期长短带来影响，这是一种完全不同于固定提前期的决策思想，它能够将需求、能力和负荷三者之间的决策活动协同起来。

一种被称为 WLC（work load control）的概念被视为面向 MTO 的生产计划与控制的重要解决方案，它被认为在控制在制品数、缩短提前期、降低生产和库存成本，以及确定可靠交货期方面具有优势[2]。WLC 概念可概括为一种通过在订单池中实施订单释放计划来实现订单负荷，依据车间能力（即负荷上限）大小决定订单是否进入车间的生产决策机制[3]。这里的订单池是一种形象的比喻，又称为订单积压列表。它是指企业已经接受了客户的订单，但这些订单还没有真正进入到车间被加工，依然处于生产计划阶段。订单池的作用十分重要，对于产品定制化程度高，加工时间和数量差异大的高变动生产环境，它可以缓冲抵达的订单流波动，降低在制品

① WIGHT O. Input/Output Control: a real handle on lead time [J]. Production and Inventory Management, 1970, 11: 9-30.

② THÜRER M, STEVENSON M, SILVA C. Three decades of workload control research: a systematic review of the literature [J]. International Journal of Production Research, 2011, 49 (23): 6905-6935.

③ THÜRER M, SILVA C, STEVENSON M. Workload control release mechanisms: from practice back to theory building [J]. International Journal of Production Research, 2010, 48 (12): 3593-3617.

成本，增加车间透明度。订单池与合适的订单释放策略有效结合可以极大地缓解车间负荷控制压力。

简言之，WLC 概念将生产计划和车间控制紧密结合起来。它被看作计划和车间之间的接口。WLC 概念有三个控制环节：订单输入、订单释放和优先级调度①。目前，关于 WLC 概念的研究大体有四类，第一类将其作为生产订单的审查（车间能力评估）与释放（order review and release，ORR）决策方法；第二类是将其看成一种基于输入/输出控制（input/output control，I/OC）负荷控制方法；第三类是将其视为一种面向负荷的制造控制系统（load oriented manufacturing control，LOMC）；最后一类是面向基于订单释放规则实现负荷控制的方法与综合 PPC 系统集成的研究，简称 ORR -WLC 方法。

1.4.3 车间控制与 ORR 决策

车间控制（shop floor control，SFC）属于工厂短期决策范畴，又称车间作业控制或车间活动控制（production activity control，PAC）。车间控制的主要目的是最小化车间在制品数（生产车间负荷），提高车间在制品（物料）的实时流动效率。因此，为了实现该目的，车间控制系统需要具备如下功能：

（1）监测通过车间的在制品数量。

（2）作业指派——按某种优先级对作业任务排程，并按排程计划发布派工单，以此来控制车间中在制品的流动。

（3）对没有按计划执行的生产活动提供及时和准确的反馈。

（4）提供工厂生产效率和机器利用率的统计数据。

这些功能中作业指派效果依赖于指派规则或排程规则。关于作业指派规则的研究是生产调度算法领域经久不衰的主题之一。通常，调度研究中作业指派问题被简化为一批待加工的工件，这批工件通过一台机器用时最少或拖期最短的问题。目前有大量的调度规则被提出来，最经典的调度规则是最短作业时间排序规则（shortest processing time，SPT）和最早交货期

---

① THÜRER M, STEVENSON M, SILVA C. Three decades of workload control research: a systematic review of the literature [J]. International Journal of Production Research, 2011, 49 (23): 6905-6935.

排序规则（earliest due date，EDD）。按 SPT 排序，通常能够降低工件的平均作业时间并提高机器使用率，即使在工件排序中不考虑交货期约束，工件的平均交货期一般也令人满意。然而，对于工件队列中存在工件作业时间特别长的情形，SPT 在缩短工件平均作业时间的同时，会严重恶化具有最长作业时间的工件的交付满意度。这对于准时交付有严格要求的生产场景有可能会带来很高的延迟交付罚金，从而拉低企业总收益。EDD 更适合工件之间工艺路线和规格差异小的场景。

在车间控制系统中对于车间在制品流动控制影响最大的决策活动是 ORR 决策[1]。ORR 决策能够降低在制品数，缩短生产周期[2]。为了描述简便，在没有特别说明的情况下，本书将车间作业任务当作生产订单（order）、工件（job）或在制品（WIP）看待。需要强调的是，此处提到的生产订单概念在生产实践中与市场客户订单是有区别的。ORR 决策活动先于其他车间控制活动开展，它决定了哪些订单可以释放到车间，这些订单什么时候被释放，以及释放条件，可见 ORR 的决策活动会影响车间控制的后续决策活动。ORR 的决策主要流程包括：

首先，确保计划释放订单表（也称为 order release pool 或 pre-shop）中的订单具有车间加工人员所需的相关信息。

其次，开展订单审查，确保订单负荷不超过车间能力（如设备、人员）约束。若车间能力满足则下达指令释放该订单；若车间能力不足则对计划释放订单表中的订单负荷排序，确保释放的订单负荷与车间能力相匹配。

最后，通过控制订单的释放时间来平衡车间负荷，从而降低产能不足导致的生产瓶颈问题。生产现场瓶颈问题通常表现为工位上的在制品堆积。

ORR 决策流程如图 1.5 所示。

---

① MELNYK S A, RAGATZ G L. Order review/release：research issues and perspectives [J]. International Journal of Production Research, 1989, 27 (7)：1081-1096.

② SABUNCUOGLU I, KARAPINAR H Y. A Load-based and Due-date-oriented Approach to Order Review/Release in Job Shops [J]. Decision Sciences, 2000, 31 (2)：413-447.

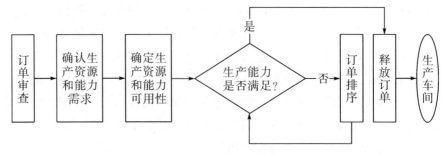

图 1.5　ORR 决策流程

有效控制车间的关键在于控制订单的释放，而不是控制已进入车间的订单①。一个高效的 ORR 决策机制能够通过限制车间中的在制品数，从而让车间控制系统可以有效地使用相对简单的指派规则。总体来说，ORR 决策尝试将时间和成本上最合适的作业投放到车间，它可以看成是一个车间能力管控机制，该机制能够让车间负荷与能力更好地实现平衡。从控制车间负荷角度看，ORR 决策机制符合前述 Hopp 对拉式系统的定义。因此，本书将采用 ORR 决策机制的车间控制系统界定为一种基于负荷的拉式系统，与 ORR 决策机制紧密相关的 WLC 概念也是一种拉式系统概念。需要说明的是，在限制生产系统负荷以降低在制品数，缩短生产周期和提高产出率方面，WLC 与拉式系统概念没有本质区别，不同之处在于 WLC 更关注生产系统（车间）中负荷的构成和衡量方式②，毕竟，要精准衡量生产负荷，首先要了解生产负荷的构成情况。负荷衡量的目的是更好地进行负荷控制，使生产车间达到负荷平衡。生产负荷可以按照生产计划与控制的不同阶段分为订单积压列表中的订单负荷、车间内部的订单负荷，以及处于订单报价阶段的订单负荷。这些负荷都可以根据与订单工艺路线的关联程度进一步"分摊"到车间各工位（机器）上。

在 WLC 相关研究中，一种负荷衡量方式是将负荷上限划分为直接负荷（direct load）和间接负荷（indirect load）两部分。直接负荷是指机器加工队列上已有的负荷，间接负荷是指在机器上游还没到达该机器的所有

① MELNYK S A, RAGATZ G L. Order review/release: research issues and perspectives [J]. International Journal of Production Research, 1989, 27（7）: 1081-1096.

② LU H L, HUANG G Q, YANG H D. Integrating order review/release and dispatching rules for assembly job shop scheduling using a simulation approach [J]. International Journal of Production Research, 2011, 49（3）: 647-669.

负荷。在订单负荷进入车间之前，直接负荷和间接负荷的总量，即负荷上限保持在一个水平标准。另一种负荷衡量方式是将负荷上限划分为直接负荷、间接负荷和已完成负荷。已完成的负荷是指在某机器上已经完成处理但仍未离开车间，有可能正等待其他机器处理的订单负荷。还有一种负荷衡量方式是将负荷限制划分为直接负荷和间接转换负荷（converted indirect load）两部分。间接转换负荷是指在机器上游尚未到达该机器的负荷。上游负荷离该机器越远，为该机器贡献的负荷量就应该递减。这与间接负荷中将还没到达该机器的所有上游负荷量直接累计是不同的。

1.5 单件小批量生产研究状况与主要问题

1.5.1 单件小批量生产研究

（1）单件小批量产品的开发。

通常情况下，产品开发与生产制造属于两个相对独立的环节，但是对于面向 MTO 或 ETO 的单件企业而言，这两个环节联系密切。单件企业将产品开发提前期的概念看成是从开始定义产品到最终交付的总时间[1]，这其中必然包含生产环节。所以为了更全面地梳理单件小批量生产相关的研究文献，本书将单件小批量产品开发部分也纳入综述范畴。

为了快速开发单件小批量产品，Xie 等分析了基于网络产品设计与制造系统的现有技术，并提出了一个基于网络的集成了产品开发系统的参考架构[2]。朱芳等提出了基于网络的模具产品快速开发系统框架[3]。Li 等从产品知识角度讨论了如何基于知识库系统快速进行单件小批量产品的开发，他们尤其关注单件小批量产品开发过程中产品知识的识别、获取、

① XIE S, TU Y. Rapid one-of-a-kind product development: Strategies, Algorithms and Tools [M]. London: Springer, 2011: 3-6.

② XIE S Q, TU Y L, FUNG R Y K, et al. Rapid one-of-a-kind product development via the Internet: a literature review of the state-of-the-art and a proposed platform [J]. International Journal of Production Research, 2003, 41 (18): 4257-4298.

③ 朱芳, 李刚炎. OKP 产品开发模式特征分析及实现方法研究 [J]. 现代制造工程, 2011 (8): 5.

表达和重用①。针对单件产品概念设计问题，Li 等提出一种新的案例检索处理与权重分布评价方法②。在云制造背景下，Zheng 等提出了在单件小批量产品规划阶段基于云端的系统框架来辅助产品设计问题的设想③。

（2）单件小批量生产车间调度。

钟守义等以原杭州汽轮机厂为例，研究了 6 种零件加工调度策略④。Tu 提出了一种用于单件小批量车间生产同步的算法，对 ASAP（as soon as possible）与 JIT 两种调度目标进行了讨论，并认为 JIT 方式是单件制造商生产定制化产品最经济的方式⑤。常会友等研究了单件小批量生产环境下 job shop 调度问题，并提出了一种基于加工效率函数的调度及调节算法⑥。Choi 等关注单件小批量生产车间动态调度排队规则的性能，并提出了一个基于仿真的动态调度框架⑦。Li 等提出了与闭环反馈控制结构相集成的状态空间启发算法，并将该算法用于提高流水车间生产效率⑧。任明乐研究了混合流水车间的单件小批量调度问题，并基于粒子群算法进行求解⑨。Li 等研究了单件小批量装配生产的交货期分配与动态调度问题，提出了两种基于关键路径的排队规则⑩。黄文杰等提出一种启发式动态调度算法以缩短单件生产系统中产品的平均逗留时间⑪。

---

① LI B M, XIE S Q, XU X. Recent development of knowledge-based systems, methods and tools for One-of-a-Kind Production [J]. Knowledge-Based Systems, 2011, 24 (7): 1108-1119.

② LI B M, XIE S Q. Product similarity assessment for conceptual one-of-a-kind product design: A weight distribution approach [J]. Computers in Industry, 2013, 64 (6): 720-731.

③ ZHENG P, LU Y, XU X, et al. A system framework for OKP product planning in a cloud-based design environment [J]. Robotics and Computer-Integrated Manufacturing, 2017, 45: 73-85.

④ 钟守义, 祁国宁. 单件小批量生产系统仿真研究 [J]. 管理工程学报, 1990, 4 (1): 11.

⑤ TU Y. Real-time scheduling and control of one-of-a kind production [J]. Production Planning & Control, 1997, 8 (7): 701-710.

⑥ 常会友, 刘丕娥, 张淑丽, et al. 基于效率函数求解的单件车间调度问题的算法 [J]. 计算机集成制造系统, 1998, 4 (4): 6.

⑦ CHOI B K, YOU N K. Dispatching rules for dynamic scheduling of one-of-a-kind production [J]. International Journal of Computer Integrated Manufacturing, 2006, 19 (4): 383-392.

⑧ LI W, NAULT B R, XUE D, et al. An efficient heuristic for adaptive production scheduling and control in one-of-a-kind production [J]. Computers & Operations Research, 2011, 38 (1): 267-276.

⑨ 任明乐. 单件小批量生产调度问题研究 [D]. 南京: 南京理工大学, 2013.

⑩ LI M, YAO L, YANG J, et al. Due date assignment and dynamic scheduling of one-of-a-kind assembly production with uncertain processing time [J]. International Journal of Computer Integrated Manufacturing, 2015, 28 (6): 616-627.

⑪ 黄文杰, 汪峥. 单件生产系统的启发式动态调度算法 [J]. 工业控制计算机, 2015 (4): 2.

（3）单件小批量资源配置与计划制定。

姜思杰等研究了大型单件小批量生产计划与控制问题，提出一种将网络计划与 MRP 结合的资源平衡算法①。Luo 等讨论了单件小批量生产中人力配置问题，对人力配置计划进行数学建模，并用分支定界算法求解②。Mei 等对大型单件小批量生产的劳动力分配与工时优化问题进行了研究③。

吴志良等分析了负荷不均与产能变动大对单件企业生产计划制定的影响，提出关键资源计划法来解决这类企业的生产计划问题④。王核成等以提高经济效益为目标，研究了单件小批量订单接受决策与计划优化的问题⑤。马玉芳研究了 CIMS 条件下单件小批量生产作业计划的编制方法⑥。Wang 等指出，在单件制造系统中许多客户使用的交期具有模糊性，客户对于交货期有不同的满意度，因此他们针对性地提出了一个用于制订具有模糊交货期的 JIT 生产计划的算法⑦。

苏翔等提出，采用产品工艺数据管理技术来解决大型单件小批量生产企业的制造 BOM 增量接受问题⑧。周金宏等以最小化提前/拖期费用、生产成本、产品运输费用之和为优化目标，提出了求解分布式多工厂单件制造业提前/拖期生产计划问题的算法⑨。针对中小单件企业，Liu 等构建了

---

① 姜思杰，徐晓飞. 大型单件小批生产模式下资源平衡问题的一种实用算法 [J]. 中国机械工程，2002，13（8）：3.

② LUO X，LI W，TU Y，et al. Operator allocation planning for reconfigurable production line in one-of-a-kind production [J]. International Journal of Production Research，2011，49（3）：689-705.

③ MEI Y，ZENG Z，FENG D，et al. A method for man hour optimisation and workforce allocation problem with discrete and non-numerical constraints in large-scale one-of-a-kind production [J]. International Journal of Production Research，2016，54（3）：864-877.

④ 吴志良，潘家轺. 单件小批订货型企业生产计划体系的设计 [J]. 管理工程学报，1996，10（4）：257-260.

⑤ 王核成，孙浩泉. 单件小批生产的接受订货决策与计划优化 [J]. 管理工程学报，1996，10（2）：7.

⑥ 马玉芳. CIMS 条件下，单件小批生产的生产作业计划的编制方法及实证分析 [J]. 中国管理科学，1999，7（1）：36-41.

⑦ Wang W，Wang D，Ip W H. JIT production planning approach with fuzzy due date for OKP manufacturing systems [J]. International Journal of Production Economics，1999，58（2）：209-215.

⑧ 苏翔，潘燕华，宁宣熙. 基于大型单件小批生产的 MBOM 增量接收研究 [J]. 中国管理科学，2004，12（2）：73-77.

⑨ 周金宏，汪定伟. 软计算求解分布式多工厂单件制造业的提前/拖期生产计划问题 [J]. 控制理论与应用，2002，19（2）：4.

一个具有动态产能规划的外包模型，并使用动态规划技术求最优解①。Mei等通过构建影响因子体系，将基于熵的具有主观与客观权重的网络分析法用于单件企业多准则生产方案评价②。

（4）单件小批量生产计划与控制系统的构建。

Tu深入讨论了虚拟单件企业的生产计划与控制的实践问题，提出了用于构建虚拟单件小批量生产车间的调度与控制系统参考模型③。黄敏等提出一种单元—框架生产线柔性组合方法，基于该方法构建了单件小批量生产管理与控制系统④。另外，信息系统被认为是中小型单件企业实现大规模定制的重要技术手段⑤，另外一些研究人员将信息技术用于单件小批量生产相关的各类计划与控制系统的开发⑥⑦⑧⑨。

1.5.2 面临的主要问题

上述研究反映了目前单件小批量生产研究主要集中在产品开发、生产调度、资源配置，以及生产计划与控制等方面，结合新的信息技术手段来提高单件企业的生产柔性和服务水平是一种发展趋势。虽然人们认识到单件小批量生产计划与控制的重要性，但是相关研究偏重通过调度算法提升效率，未能建立适应单件小批量生产特点的系统性生产控制理论。从单件小批量生产环境角度来看，单件小批量生产企业面临的问题主要表现为：

---

① LIU X, TU Y L. Capacitated production planning with outsourcing in an OKP company [J]. International Journal of Production Research, 2008, 46 (20): 5781-5795.

② MEI Y, YE J, ZENG Z. Entropy-weighted ANP fuzzy comprehensive evaluation of interim product production schemes in one-of-a-kind production [J]. Computers & Industrial Engineering, 2016, 100 (4): 144-152.

③ TU Y. Production planning and control in a virtual One-of-a-Kind Production company [J]. Computers in Industry, 1997, 34 (3): 271-283.

④ 黄敏，刘晓，汪定伟. OKP企业生产线柔性组合方法的研究 [J]. 系统工程学报, 2001, 16 (3): 7.

⑤ DEAN P R, TU Y L, XUE D. An information system for one-of-a-kind production [J]. International Journal of Production Research, 2009, 47 (4): 1071-1087.

⑥ 王磊. OKP企业分散式项目计划与调度优化方法研究 [D]. 哈尔滨：哈尔滨工业大学, 2013.

⑦ 刘小青. 面向单件生产方式的计划与排程系统的研究与开发 [D]. 南昌：南昌大学, 2011.

⑧ 王文耀. 面向单件生产模式的调度系统研究 [D]. 南昌：南昌大学, 2009.

⑨ 李小阳. 单件小批MES静态作业计划与调度优化算法的研究 [D]. 哈尔滨：哈尔滨理工大学, 2017.

（1）生产环境变动大，订单准时交付率不高。由于这类企业所处 MTO 环境中客户定制化要求高，即使是同样的产品，对材料、配件、规格、交付时限等要求的差异性就可能导致工艺路线、加工时间（负荷）、换模时间（set-up）产生很大变化，使得订单异质性增强①②③④⑤，增加生产瓶颈⑥漂移程度，提高了车间负荷平衡难度⑦⑧⑨。显然，在这种高变动 MTO 环境中确定一个合适的生产提前期是困难的，据此承诺的交货期往往难以实现。

（2）市场销售端与生产端协同性差。通常与客户直接打交道的是销售端（部门），销售端根据生产端上报数据制定订单报价并对客户进行响应。在这一过程中，销售端与生产端信息沟通的准确性和及时性决定着双方协同效果⑩。然而在该环境中众多客户的高度参与增加了生产系统计划可变

① GUPTA V K, TING Q U, TIAARI M K. Multi-period price optimization problem for omnichannel retailers accounting for customer heterogeneity [J]. International Journal of Production Economics, 2019, 212: 155-167.

② WANG X, HUANG G, HU X, et al. Order acceptance and scheduling on two identical parallel machines [J]. Journal of the Operational Research Society, 2015, 66 (10): 1755-1767.

③ THÜRER M, STEVENSON M, SILVA C, et al. Lean Control for Make-to-Order Companies: Integrating Customer Enquiry Management and Order Release [J]. Production and Operations Management, 2014, 23 (3): 463-476.

④ SHI H, LIU Y, PETRUZZI N C. Consumer Heterogeneity, Product Quality, and Distribution Channels [J]. Management Science, 2013, 59 (5): 1162-1176.

⑤ GOLREZAEI N, NAZERZADEH H, RANDHAWA R. Dynamic Pricing for Heterogeneous Time-Sensitive Customers [J]. Manufacturing & Service Operations Management, 2020: 562-581.

⑥ 工业生产中，存在很多制约生产效率提高的因素，这些因素被称为"生产瓶颈"，造成生产瓶颈的原因很多。因为某个设备落后，或产能低下造成的生产过程在这一环节的卡壳，叫作设备瓶颈；因为原材料供应不及时，造成间歇性的停工待料，叫作原材料供应瓶颈；由于操作人员技能或培训不足，使得产品质量差，生产速度慢，叫作生产人员素质瓶颈。甚至水、电、气、仓储能力、运输能力不足等对生产的影响，都可能被列入生产瓶颈。

⑦ RNANDES N O, THÜRER M, PINHO T M, et al. Workload control and optimised order release: an assessment by simulation [J]. International Journal of Production Research, 2020, 58 (10): 3180-3193.

⑧ THÜRER M, FERNANDES N O, STEVENSON M, et al. On the backlog-sequencing decision for extending the applicability of CONWIP to high-variety contexts: an assessment by simulation [J]. International Journal of Production Research, 2017, 55 (16): 4695-4711.

⑨ STEVENSON M. Refining a Workload Control (WLC) concept: A case study [J]. International Journal of Production Research, 2006, 44 (4): 767-790.

⑩ THÜRER M, STEVENSON M. Card-based delivery date promising in pure flow shops with order release control [J]. International Journal of Production Research, 2016, 54 (22): 6798-6811.

性，在有限产能资源约束下重新调整生产计划势必影响生产系统产出效率，从而让销售端获得的生产决策数据变得不可靠①。销售端可能会向客户做出与生产端产能不匹配（夸大）的承诺，导致增加违约成本，如：退单/货损失等②③。

（3）客户询单响应及时性差，订单交货期报价缺乏竞争力。从接受客户问询到订单报价响应所需时间应该越短越好，否则易导致客户订单流失或被"抢单"。由于此类企业所接订单批量非常小（甚至只有 1 个，即单件），但订单数量大，企业生产方式属于单件小批量混流生产。在该环境中，企业混流程度高、生产变动大，增加了生产管控难度，对于诸如生产周期、在制品库存量、生产率、机器有效工时等用于制定订单报价的基础数据的实时获取、测算和审核需要更长时间④⑤。另外，一些客户能接受的交付时间窗口更短，部分企业决策者会将其作为一种具有竞争力的销售策略⑥，这无疑加剧了客户询单响应难度。对于企业而言，订单提前完成有可能增加库存管理成本和机会成本，而延迟交付会给企业带来高额违约罚金，降低企业效益⑦。

为了解决上述问题，本研究将拉式控制机制用于构建单件小批量生产控制理论，将拉式生产机制的优势与单件小批量生产车间控制结合，以提升高变动 MTO/ETO 环境下单件小批量生产系统性能和企业赢单能力。

---

① ASSID M, GHARBI A, HAJJI A. Production planning of an unreliable hybrid manufacturing-remanufacturing system under uncertainties and supply constraints [J]. Computers & Industrial Engineering, 2019, 136: 31-45.

② GÖSSINGER R, KALKOWSKI S. Robust order promising with anticipated customer response [J]. International Journal of Production Economics, 2015, 170: 529-542.

③ GUIDE V D R, SOUZA G C, VAN W L N, et al. Time Value of Commercial Product Returns [J]. Management Science, 2006, 52 (8): 1200-1214.

④ THÜRER M, STEVENSON M, SILVA C, et al. Lean Control for Make-to-Order Companies: Integrating Customer Enquiry Management and Order Release [J]. Production and Operations Management, 2014, 23 (3): 463-476.

⑤ KINGSMAN B, LINDA H, MERCER A, et al. Responding to customer enquiries in make-to-order companies problems and solutions [J]. International Journal of Production Economics, 1996, 46-47: 219-231.

⑥ GöNSCH J. How much to tell your customer? - A survey of three perspectives on selling strategies with incompletely specified products [J]. European Journal of Operational Research, 2020, 280 (3): 793-817.

⑦ WANG X, HUANG G, HU X, et al. Order acceptance and scheduling on two identical parallel machines [J]. Journal of the Operational Research Society, 2015, 66 (10): 1755-1767.

1.6　本书主要内容

本书分别从单件小批量拉式生产相关概念、控制理论基础、车间负荷拉式控制方法、订单释放计划决策与生产负荷平衡、订单交货期报价与生产决策、单机小批量智能制造系统设计，以及单件小批量拉式生产控制系统设计七个方面来阐述单件小批量拉式生产控制理论及相关方法，具体安排如下：

第一，介绍了单件小批量拉式生产相关概念及存在的主要问题。这些基本概念涉及单件生产、单件小批量生产、拉式生产、生产系统、单件小批量生产研究状况与主要问题。这些概念是单件小批量拉式生产理论的重要概念构成。

第二，阐述了单件小批量拉式生产控制理论基础。单件小批量拉式生产控制方法需要严谨的科学理论与方法论支撑，相关理论基础包括单件流原则、利特尔定律、推拉结合点与延迟生产策略、客户询单管理与交货期报价决策，以及激励理论。单件流原则是提高单件小批量拉式生产系统产出率的重要指导原则。利特尔定律则揭示了拉式生产控制的本质，它是设计与开发拉式系统的重要理论基础。推拉结合点表明了大规模定制生产可选择的实施策略，即所谓的延迟生产策略。客户询单管理是单件小批量生产企业赢得订单的关键环节，而客户询单管理决策中的 WLC 思想为订单交货期决策、订单释放计划和产能规划的集成提供了理论支持，这有助于改善接单生产高变动生产环境中的负荷平衡能力，也为订单交货期报价提供决策依据。另外，基于激励理论实现交货期理性决策，降低生产系统交付压力，也是构建单件小批量拉式生产控制理论及方法的重要观点。

第三，深入探讨了单件小批量生产车间拉式控制方法。提出了单件小批量拉式生产 CONWIP 控制解决方案、单件小批量拉式生产 CONWIP 环路结构设计法，并据此对不同单件小批量流水车间形式设计了多种环路控制策略。利用多环路 CONWIP 拉式控制结构将生产车间负荷离散化控制，确保生产系统状态稳定，生产负荷不超过实际产能。

第四，讨论了订单释放计划决策与生产负荷平衡问题。订单释放计划决策是一种衔接计划与控制阶段的订单释放与负荷评审方法，其目的是增强生产系统响应高变动订单负荷的能力，改善车间负荷平衡能力。笔者在本章提出了一种面向订单释放计划决策和改善车间负荷平衡能力的订单池释放控制方法，并评估了其在柔性流水生产车间和非纯柔性流水生产车间两种情况下的性能表现。

第五，聚焦于单件小批量的订单交货期报价与生产决策问题。订单交货期报价是一个复杂的决策过程。如果向客户响应一个不具竞争力（较长）的交货时间，则很可能流失订单；如果向客户承诺了一个苛刻的交货期，则有可能因为企业产能不足而造成交付延迟损失。本章关注于如何通过设计一个激励兼容的交货期报价机制与负荷控制系统，协同提高企业订单收益的可能性。

第六，围绕拉式系统设计进行研究。首先，讨论了单件小批量智能制造企业信息物理系统部署设计决策问题，将精益生产中的拉动式策略作为信息物理系统部署设计的指导原则。其次，以捻股机非标产品为研究对象，将本书所提出的单件小批量拉式生产控制理论与方法应用于该产品生产控制系统设计。

本书各章内容之间逻辑关系如图 1.6 所示。

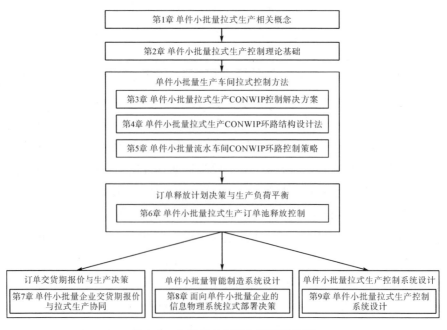

图 1.6　本书研究内容之间逻辑关系

2 单件小批量拉式生产控制理论基础

2.1 单件流原则

单件流 (one-piece flow 或 single-piece flow) 是指生产线上的零部件 (或物料) 像流程型生产那样保持连续流动 (continuous flow),零部件从一个工位移动到另一个工位,一次只移动一个或一小批零部件。连续流所达到的最高境界是"一件流",即工序之间的在制品 (WIP) 只有 1 件甚至没有。工位之间的在制品越多,说明生产线平衡率越低,生产现场主要表现为瓶颈工位的在制品堆积而下游工位产生等待浪费。另外,过高的在制品水平会掩盖生产现场问题。因此,单件流生产就是建立一种无间断的流程,此种流程化生产是实现精益生产的一个基本原则。精益生产认为库存是"万恶之源",将"零库存"作为努力的目标,因而采用单件流生产能够契合精益生产"零库存"理念。换言之,单件流原则就是要将大批量式加工转化为单个或小批量零件的加工,这非常符合单件小批量生产要求。单件流虽然并不适用于所有的作业环节,但依然被认为是一种有效率的生产管理技术。一般来说,单件流 (如小批量生产) 意味着可以消除从劳动力、空间到库存的任何浪费,当浪费被消除或减少时,诸如增强生产柔性和更安全的工作环境等好处就会随之而来。

尽管单件流能够在降低库存成本、增强生产柔性和改进质量等方面带来好处,但要顺利实施单件流生产需要考虑工位设备的衔接和工人的协同。因此,为了确保衔接和协同有效,可能需要增加额外的辅助装置、设备,以及开展人员技能培训等,这会导致单件流生产的实施成本增加。所以，一旦资源（如设备、人员等）、工艺等发生较大改变则需要做相应调整，并持续改进才能维持单件流效果。另外，类似热处理这种工艺可能不适合采用单件流模式，或许采用小批量流是一个较好的折中策略。在生产成本允许的情况下，热处理工艺可以采用感应式高频加热设备，以实现单件流动式热处理。

2.1.1 单件流实施主要步骤

（1）开展工艺路线分析，基于成组技术（group technology，GT）实施单件流动。通过对所有产品进行工艺路线分析，将具有相似工艺路线的产品归并成族（组），对产品族需求量进行帕累托排列分析，对于需求量大的产品族开展专门的连续流生产。

（2）加工设备/工具设施按加工路线（工艺流程）顺序排列。

（3）计算生产节拍和周期时间（cycle time）。这里将周期时间定义为衡量一个订单的完成某道工序（或工位）所需要的时间，生产线中的每道工序都有自己独立的周期时间。若周期时间远小于生产节拍意味着生产能力过剩，而周期时间远大于生产节拍意味着生产能力不足。为了实现按生产节拍生产（也称为生产同步化，即周期时间趋近或等于生产节拍），有必要采用平准化改进方法，如作业改善、作业负荷分担转移、增加作业人员等。

（4）采用 U 形布局，开展单元式生产（cell production）。实践中受制于车间面积有可能无法严格按照 U 形布局，因而也可以采用 S 形或其他布置方式。通常，单元生产指的是一个作业人员负责整条生产线，一人完成该生产线上的全部作业。生产线按照 U 形布置，可以缩短工人从最后一个作业到第一个作业的往返距离。

（5）作业标准化。作业标准化是指在规定的生产节拍时间内，合理高效地确定一名作业人员负责的设备台数，并确定作业人员的作业顺序、作业方法和作业时间。作业标准化是精益生产中制造、改善和管理的基本内容。

另外，实施单件流需要考虑使用小型低成本设备（装置）。由于大型设备的生产能力很强，很容易让后续操作（工序）无法及时跟上，从而导致大量的中间产品积压。此外，大型设备还会造成投资和占地面积的增加。因此，单件流生产并不采用自动化程度高、生产批量大的设备，而主张采用小型、低成本设备。在不影响生产的前提下，越便宜的设备越有利，因为这样不但减少了设备投资，而且在操作中的灵活性高，便于临时调整布置。高柔性的连续流生产需要多技能工的支持，同时多技能工也是实现少人化、提高效率的必备条件。U形布局有可能需要一个人同时操作两台或多台设备，这就要求作业人员不能坐着工作，而应该采用站立走动的作业方式或者移动座位方式，从而提高工作效率。单件产品的订单异质性，使得生产环节只能一个一个地生产，尤其对定制门窗这类单件产品而言，采用单件流方式提高其产出率就变得十分有意义①。

2.1.2 成组技术与单元生产

　　成组技术核心概念是充分利用事物间的相似性，将许多具有相似信息的生产对象归并成族（组），并用大致相同的方法去解决相似族中的生产技术问题，以达到节省时间、提高效率和规模生产的目的。通常可以按零部件（产品）的形状、尺寸、生产工艺的相似性，将产品分类归并为组，开展成组生产，这样有利于生产管理，使复杂的单件小批量生产达到专业化和标准化。成组技术在车间通常要将设备划分为机器小组或加工单元，每个单元都用于生产专门的产品族，这样的布置称为单元生产，如图 2.1 所示。

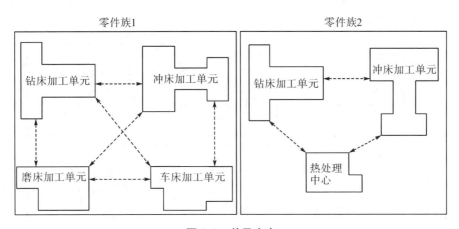

图 2.1　单元生产

---

①　TU Y, DEAN P. One-of-a-kind production［M］. London：Springer London, 2011：15-21.

成组技术的最初组织形式被称为成组单机和单机封闭。成组单机实际上是一种机床成组加工技术，能够将一组工序相同或相似的零件族集中在一台机床（机器）上加工。单机封闭是指在一台机床上可完成相同或相似零件的全部工艺过程。多工序零件采用成组单件加工时，并非始终与其他零件固定在同一相似零件组中，而是将多工序零件中相似的工序集中到一台机床上完成，其余工序分散到其他单机上完成。

最经典的成组技术组织方式被称为成组加工单元，这是一种在生产车间划分一定的单元区域，单元区域内配置一组实现不同工艺的机器和工人的生产方式，通常是一个工人看管多台机器，用以完成一组或几组在工艺上相似的零件的全部工艺过程。区域内一般按照 U 形、C 形或 S 形布局加工设备，当然也可以采用其他布局形式，主要布局原则是确保机器之间距离最近，以缩短工人的作业移动距离。

成组流水线是指一种按照零件族的工艺流程顺序组织生产的生产方式，工序间的零件传递采用滚道和小车进行，一条成组流水线对应一个零件族，如图 2.2 所示。成组流水线中的零件应有相同的工艺加工顺序，近似相等的加工节拍，允许某些零件越过某些工序，这样的成组加工流水线柔性较强，能加工多种零件。成组流水线可用于构建混流装配生产线。若成组流水线中完成某一工序的机器有多台，则可以将其看成是一种柔性生产车间（hybrid flow shop）。

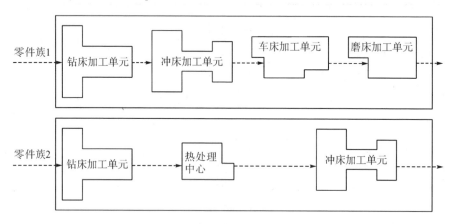

图 2.2　成组流水线

对于大型加工机器布置后不易移动，而产品组合（product mix）和零件族是动态变动的，需要经常重新布置的情况，车间机器应采用机群式布局方式（job shop），每台机器仅用于某零件族的专门生产，这被称为成组加工中心，如图 2.3 所示。与成组加工单元的"紧凑型"布局相比，这样的成组加工中心需要增加物料搬运系统以提高零件在工序（机器）间的传递效率。另外，为了提高成组加工中心效率，可以考虑开发或使用通用工装夹具（或模具），这种工装夹具的固定机构可活动调整，能够固定零件族中的所有零件。因此，这有助于减少换模时间（set-up time）。排队论（M/M/1 模型）表明：如果换模时间减少，系统的产出时间也会减少相同的百分比。

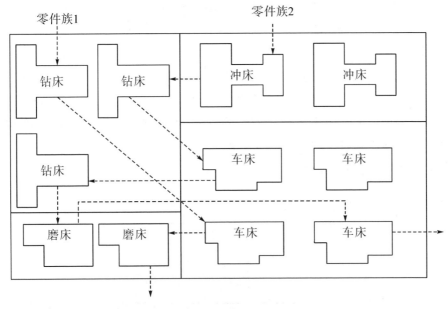

图 2.3　成组加工中心

成功实施成组技术主要面临两个问题：一是零件族的识别，当企业的零件类型超过一万种时，要将所有零件进行评审并分组为不同零件族是一项艰巨的任务；二是成组加工单元中机器物理位置的重新安排是一项耗时费力的事情，机器重新安排意味着此期间机器不能使用，会产生闲置时间浪费。

2.2 利特尔定律

1961 年，美国麻省理工学院教授 Little 证明了排队稳态系统中平均实体数量 L，单个实体在系统中逗留平均时间 W，以及两个实体连续到达系统的平均时间 $1/\lambda$ 三者之间满足关系：$L=\lambda \times W$。这一数学关系被称为利特尔定律（Little's law）[①]。

L、W、λ 这三个参数在生产运营领域分别对应在制品量 WIP、周期时间 LT 和产出率 TH。换言之，利特尔定律通过 $WIP=LT \times TH$ 这一数学关系表明了 WIP、LT 和 TH 之间的本质关系。

现假设有一条无任何波动的理想单产品串联系统 Φ，其 $TH \in [0, \max(Cp)]$。当 Φ 内部 WIP 增加到 $TH=\max(Cp)$ 时，受瓶颈约束限制，即使继续增加 WIP 也无法提升 TH。即 $TH=\max(Cp)$ 时，WIP 就是该 Φ 最大容纳在制品数量的上限，用符号 WIP^* 以示区别。如图 2.4 所示，即 $WIP=WIP^*$ 时系统产出率最大。

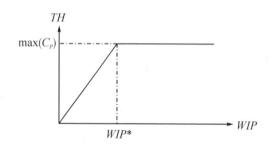

图 2.4 TH 与 WIP 关系

在图 2.4 中，当 $WIP > WIP^*$ 时，Φ 内部 WIP 继续增加而 TH 不会改变。根据利特尔定律 $WIP=LT \times TH$，所以 LT 会增加。这意味着超过了系统 Φ 的处理能力，在制品必须排队等待。

当 $WIP=WIP^*$ 时，$TH=\max(Cp)$。则根据利特尔定律成立，因此得到 Φ 最短循环时间 $\min(LT)$，如图 2.5 所示。

---

① LITTLE J D C. A proof for the queuing formula: L = λ W [J]. Operations Research, 1961, 9 (3): 383-387.

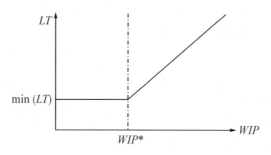

图 2.5 LT 与 WIP 关系

通过分析利特尔定律可以得出以下重要结论：

（1）增加 WIP 可以提高产出率 TH，但 WIP 的增加超过 WIP* 点时，TH 将不再随 WIP 的增加而增加。

（2）WIP 在 WIP* 点左侧增减时 LT 不随 WIP 变化，始终保持系统 Φ 的 LT 最小；当超过 WIP* 点，LT 将随 WIP 的增加而增加。

（3）系统 Φ 服从瓶颈制约产能（产出率）原则，所以必须为 WIP 固定一个上限，否则当在制品投放量超过系统瓶颈上限时，将无法继续提升产能。

因此，利特尔定律指明了提高生产系统性能的方向。对于单产品无波动生产系统的在制品数范围 WIP ∈ [1, WIP*]，在制品上限设定为 WIP* 时可以保证该系统循环时间最短，产出率最高，此时在制品数 WIP* 是系统维持高产出的在制品水平上限。

生产线受到波动影响时，系统内部可以通过调整 WIP 来调节 TH 的大小，并且一直保持 LT 相对最小。这种调整始终将系统内部的在制品积压数量维持在系统能够消化的范围之内，同时保持较高的输出和最短耗时。当需求发生波动时，需求小于最大产出率，则按需投放。当需求大于最大产出率，则按系统能够消化的 WIP* 进行生产。因此，固定在制品上限能够更好地应对波动。

将看板机制与固定在制品上限思想进行整合就形成了 CONWIP 拉式系统概念。在 CONWIP 拉式系统中，看板与在制品相互对应，可以实现内部状态与外部变化的协调。这种根据系统状态拉动生产是一种应对频繁波动的较好解决方式。早期拉式概念是用来描述丰田公司使用看板卡控制生产系统的独特方式，以区别于 MRP 推动方式。拉式概念要求只有当工件获得看板卡后才能投入到生产系统转换环节。由于缓存区存放的在制品在产出后将造成库存空缺，看板卡传递的是库存空缺信号，而库存空缺是通过外部需求触发，因此拉式概念中投入与产出二者联系密切。霍普与斯皮尔曼深入研究纯拉式系统看板行为后，明确提出拉式系统与推式系统的定义：只要系统中工件依据系统状态投料，并且由此给系统中在制品水平设定一个内在限制，那么这个系统就是拉式系统；反之则是推式系统①。看板卡表面上起着传递信息的作用，实质上起着限制在制品水平（固定在制品上限）的重要作用。显而易见，CONWIP 的概念不仅准确描述了拉式系统的本质，同时还有着更为严谨的数学依据——利特尔定律。CONWIP 中 *WIP* 上限的确定等于 CONWIP 看板数的设定。CONWIP 拉式理论中控制看板的概念等同于控制 *WIP* 的概念。

值得注意的是，影响生产系统性能的因素非常多，拉式系统只是一种生产控制机制，不能希望通过一套规则就能解决所有的生产问题。有些波动是可以通过科学管理方法预先消除的，即可以最大程度降低对系统性能的影响。比如通过基础 IE 方法、生产线平衡技术、物流系统分析与规划、全面质量管理、人因工程、7S 管理、生产调度优化、故障诊断与可靠性预防设计等技术最大程度限制波动发生，尽量使波动处于低波动或无波动状态。

将波动处理成低波动或无波动状态是为了让拉式系统更好地应对无法避免的波动，如确定型波动、随机波动。成功实施 CONWIP 拉式系统需要健全的科学管理制度作为保障。丰田 Kanban 拉式系统也只是 JIT 的一部分，JIT 主要技术还包括平衡生产节拍、IE（industrial engineering）方法、单件流、单元生产、全面质量管理等。这些管理技术有助于将生产线投入环节和加工转换环节的波动程度降至最低。

2.3　推拉结合点与延迟生产策略

推拉结合点又称为客户订单分离点（customer order decoupling point, CODP），它是企业采用基于预测的存货生产转向按客户需求接单生产的切换点。该切换点的上游采用基于预测驱动的推式生产方式（push），而下

---

① 霍普，斯皮尔曼. 工厂物理学：制造企业管理基础 [M]. 北京：清华大学出版社，2002：340-349.

游采用基于订单驱动的拉式生产方式（pull），因此该切换点被称为推拉结合点。一般而言，企业产品的生产依次涉及研发设计、物料采购、加工制造、装配和交付等主要生产环节。这些环节是一个不断增值的过程，各生产环节结合处就是推拉结合点的位置，如图 2.6 所示。

图 2.6 中，推拉结合点越接近研发设计环节，说明产品的定制化程度越高，订单异质性就越强，订单批量往往越小甚至为单件，这意味着对生产系统柔性能力要求越高。推拉结合点越靠近交付环节，对生产系统的生产效率要求就越高。可见推拉结合点的位置选择影响着生产柔性和生产效率的均衡，选择推拉结合点位置的策略通常被称为延迟生产策略，或企业产品运作市场策略。这里的延迟生产是指生产某种产品使其差异化的活动延迟到客户订单到来之后进行。由于延迟生产强调在顾客订单确认后才开始差异化生产，这必然对生产系统的响应速度、缩短生产周期和准时交付有更高要求，否则可能会发生订单延迟交付，从而弱化延迟生产策略的效果。

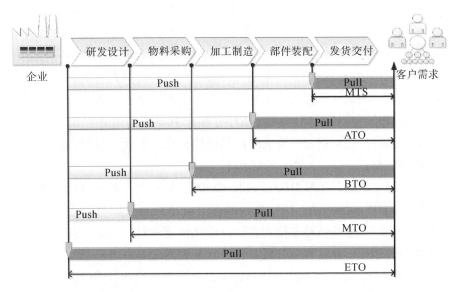

图 2.6　推拉结合点

大规模定制生产在追求生产系统柔性的同时追求高效生产，且大规模定制生产只存在在制品库存，不存在成品库存[①]。因此，选择合适的延迟

---

① SHARMAN G. The rediscovery of logistics [J]. Harvard Business Review, 1984, 62 (5)：71-79.

生产策略对大规模定制企业而言就变得十分重要了，不同的延迟生产策略对产品的生产成本和生产周期有很大影响。可见，延迟生产策略对企业开展大规模定制生产具有重要的指导作用。

比较典型的延迟生产策略有装配延迟生产策略（ATO 策略）、制造延迟生产策略（MTO 策略）和设计延迟生产策略（ETO 策略）。装配延迟生产策略是接到客户订单后将自制和外购的零部件进行组合装配的生产策略。这是一种在接到客户订单后对半成品进行成品装配的生产方式，以满足一定范围内的客户需求。装配延迟生产策略中产品的零部件设计、零部件制造过程不受客户订单驱动。通常所组装的产品可划分为产品族（产品系列），产品族中的各种零部件可以通过备货方式提前生产或采购，一旦接到客户订单则可进行个性化组装。装配延迟生产策略常用于家电等产品制造中，如品牌电脑通过组装不同 CPU、内存、显卡、主板等标准化部件来满足顾客对电脑配置的个性化需求。制造延迟生产策略是产品结构既定，接到客户订单后才开始原材料的采购然后进行生产的一种典型接单生产策略。制造延迟生产策略对生产系统的柔性能力、响应速度有较高要求，以满足不断变化的客户定制要求。设计延迟生产策略是产品结构未定，接到客户订单后才开始设计、采购原材料，以及加工生产的一种生产策略。一般采用设计延迟生产策略时，客户除了对产品设计有要求，还会高度参与供应商选择和原材料采购，甚至对生产工艺和交付时间都有严格要求。设计延迟生产策略强调的是只有客户下单才知道客户需要什么产品，并且这种产品当前没有现成的产品结构信息，需要经过研发设计才能确定产品结构。

需要指出的是，虽然 BTO（build-to-order）也是一种制造延迟生产策略，但与 MTO 不同的是，BTO 是接到客户订单后通过原材料或少量的半成品进行生产，采购活动在接到客户订单之前就进行。例如，若产品的零部件通用性不强、原材料采购周期较长且采购活动不由客户驱动，则可以采用 BTO 策略。这样可以通过物料或零部件的提前准备，缩短客户订单整体运作周期，提升企业快速交付的能力。

2.4　客户询单管理与交货期报价决策

2.4.1　客户询单管理

单件小批量生产企业的客户首先提出询单（价）请求，然后企业就客户询单内容进行响应。由于订单异质性原因，企业需要谨慎地对每一位客户订单问询内容（如：技术要求、定价、交货时间等关键内容）做出决策并及时将决策结果反馈给这些客户。客户询单与企业反馈可能要经历多轮才有可能达成合同。对于接单生产企业来说，要赢得订单，就必须在交货日期和价格等方面提出既具有竞争力又切合实际的报价[①]。简言之，基于时间的竞争成为企业赢得订单的重要竞争能力，同时也考验着企业的交付能力和信誉。从收到客户询单请求到企业确认订单和反馈的过程通常被称为客户询单管理（customer enquiry management，CEM）阶段。

企业在客户询单管理阶段要决定是否对询单进行报价以及报价内容，这一决策过程非常复杂，涉及订单加工成本和生产周期核算，以及确定要价和交付时间等报价要素。具体而言，首先，企业要确定订单的工艺路线，包括设置机器的时间、零部件加工时间以及总装时间；其次，企业必须决定何时能够对相应的加工中心安排足够的能力来完成订单；最后，企业还要综合分析市场行情等因素。通常企业经营管理层会成立一个专门负责报价的决策部门，该部门负责考虑所有重要的询单问题。来自市场部和生产部的管理人员或代表都要参与该决策部门组织召开的报价决策会议，原则上报价决策的制订应充分考虑这两个部门的实际情况和部门目标的差异性。然而，在个体逐利性驱使下，企业往往会为了获得订单而优先听从市场部给出的赢单提案[②]，至于如何按报价日期和要价开展生产等决策问题会推迟到订单合同达成后再考虑。因此，当企业接单量大的时候，生产部门往往会面临很大的交付压力。一旦产能不足就会面临订单延期交付的

---

①　ZORZINI M, HENDRY L, STEVENSON M, et al. Customer enquiry management and product customization［J］. International Journal of Operations & Production Management，2008，28（12）：1186-1218.

②　HENDRY L C. COPP：a decision support system for managing customer enquiries［J］. International Journal of Operations & Production Management，1992，12（11）：53-64.

情况，从而导致违约损失，对企业长远发展是不利的。在客户订单报价环节要确定一个有竞争力和切实可行的交货期，应该先进行合适的能力规划并对生产负荷实施有效控制。总而言之，生产负荷控制和确定交货期是客户询单管理的重要决策活动，这对公司业绩有很大影响。

值得再次强调的是，这里的生产负荷不仅仅指已经进入车间正在被加工处理的订单负荷，还包括在订单积压列表中等待释放（投放）的订单负荷，以及企业期望获得正在报价的订单负荷。等待释放的订单负荷与车间订单负荷的总和可以看成是生产系统的现有负荷量。车间订单负荷又可以看成是车间每个工位上的负荷。显然，正在报价的订单负荷与生产系统现有负荷量之和不能超过企业生产系统的最大负荷量。生产系统最大负荷量可以由车间的瓶颈设备（或加工中心）能力衡量，或根据历史数据由生产管理者确定一个估计值。超出生产系统最大负荷量的部分就应作为订单交货期报价的决策依据，此时订单交货期报价决策应该考虑如何尽量与客户协商一个合理的交付时间，而不是直接拒绝该笔订单交易。当然，企业的生产部门应积极调整生产系统的生产能力从而为企业争取客户订单创造有利条件。常见的生产能力调整策略包括：①加班；②优化人员或设备等资源配置以改善瓶颈能力；③外协。

生产车间负荷控制的根本目的是缓冲生产变动，以确保生产车间负荷平衡，生产状态稳定及高效产出。缓冲生产变动的主要方式包括：库存缓冲（buffers）、能力缓冲和生产提前期缓冲[①]。比如，单件小批量生产环境就是一种高变动生产环境，需要企业更有效地使用库存缓冲、能力缓冲和生产提前期缓冲。

客户询单管理决策活动本质上就是一种订单负荷评审方法，它将报价订单的负荷量与生产能力进行比较，以确定能力（缓冲）是否足够，以及所需生产提前期（缓冲），从而确定交货期报价。可见，客户询单管理会对这三种缓冲中的能力缓冲和生产提前期缓冲产生影响，而订单释放机制会对库存缓冲产生影响[②]。因此，将客户询单管理决策与订单释放机制集

---

① HOPP W J, SPEARMAN M L. To pull or not to pull: what is the question? [J]. Manufacturing & Service Operations Management, 2004, 6 (2): 133-148.

② THÜRER M, STEVENSON M, SILVA C, et al. Lean control for make-to-order companies: integrating customer enquiry management and order release [J]. Production and Operations Management, 2014, 23 (3): 463-476.

成就成为解决高变动生产环境中负荷控制问题的有效途径。显然，这就是WLC概念的核心内容，因此WLC概念也是客户询单管理研究的一个重点。

2.4.2 交货期报价决策

交货期可分为外生（exogenous）交货期和内生（endogenous）交货期。外生交货期是指订单交货期由市场部门与客户商定，生产部门根据生产系统产能状况对外生交货期进行评估，然后制订能力计划确保按时交付。内生交货期是根据生产系统产能和待报价订单负荷状况进行的交货时间推算，内生交货期的确定可以看成是在生产计划层级为多个订单/工件分配（指派）交货期的调度决策问题，因而内生交货期被视为一种生产计划的输出[①]。在企业实践中，交货期报价不会严格按照内生或外生划分得那么清晰，一般是生产部门根据客户订单要求制订一个内生交货期，将该交货期与客户的交货期进行比较，当内生交货期小于外生交货期则可以按外生交货期进行订单交货期报价，否则就要跟客户协商订单交货期。可见，确定内生交货期是进行订单交货期报价决策的一个重要依据。

最经典的一种内生交货期确定方法称为TWK（total work content）[②]，即

$$d_j = r_j + k \cdot P_j \tag{2.1}$$

式中，d_j 表示订单 j 的交货期，r_j 表示订单 j 到达车间时间，P_j 表示订单 j 全部作业所需时间，k 是一个倍数因子或称为交货期宽放因子，该值可以根据生产管理经验进行估计。为了更准确地确定 k 值，有研究人员基于利特尔定律提出了动态交货期宽放因子 k 的确定方法[③]。

令 N' 表示车间中未完成作业的订单数，λ 表示订单到达率，则根据利特尔定律，车间系统平均生产周期 $CT = N'/\lambda$。另外，车间系统平均生产周期也可以考虑为 $CT = k \cdot \mu \cdot \mu'$，其中，$\mu$ 表示每个作业的平均加工时间，

---

① ZORZINI M, CORTI D, POZZETTI A. Due date（DD）quotation and capacity+planning in make-to-order companies：Results from an empirical analysis［J］. International Journal of Production Economics, 2008, 112（2）：919−933.

② BAKER K R, BERTRAND J W M. A comparison of due-date selection rules［J］. AIIE Transactions, 1981, 13（2）：123−131.

③ VINOD V, SRIDHARAN R. Simulation modeling and analysis of due-date assignment methods and scheduling decision rules in a dynamic job shop production system［J］. International Journal of Production Economics, 2011, 129（1）：127−146.

μ' 表示每个订单的平均作业数。因此 $k = N'/(\lambda\mu\mu')$，则改进的 TWK 如式 2.2 所示。

$$d_j = r_j + \max(1,\ k) \cdot P_j \tag{2.2}$$

由于 $k = N'/(\lambda\mu\mu')$ 可能出现小于 1 的数，这显然不符合实际情况，因此通过 $\max(1,\ k)$ 确保 P_j 不会被缩小。

Hendry 提到了一个确定内生交货期的方法，如式 2.3 所示。

$$d_j = d_j^M + d^P + P_j + (N_j \times q) \tag{2.3}$$

式中，d_j^M 表示订单 j 的原材料期望到达时间，d^P 表示订单池中平均等待释放时间，N_j 表示订单 j 的所有作业数，q 表示车间中所有订单的每个作业的平均等待时间。

在作业车间环境下，Enns 给出了一个通过估计每个作业的车间逗留时间来确定 q 值的方法[①]，基本思路是用每个作业的平均车间逗留时间 f 减去每个作业在车间的平均加工时间 μ，并推导出 $f = (N'\mu/m\eta) - \mu$，其中，m 表示车间机器总数，η 表示车间利用率。因此式 2.3 可改写为

$$d_j = d_j^M + d^P + P_j + N_j\left(\frac{N'\mu}{m\eta} - \mu\right) \tag{2.4}$$

无论采用上述交货期确定方法还是其他方法，一旦确定了内部交货期，就可以向客户进行交货期报价。不是所有的客户都接受企业的交货期报价，因而围绕交货期协商或所谓的讨价还价就成为交货期报价决策问题的另一个重要议题。

对于一些订单交付时间要求高的客户，当交货期报价不被企业接受时可以考虑推迟一些已经安排好的订单，不过这么做之前，企业需要从经济和维持长期客户角度来权衡改变订单计划带来的后果。对于一些订单交付时间要求不高的客户，可以提供一个延迟的交货期，但为了能够让这类客户自愿接受，可以向客户提供降价或补贴。企业所提供的降价或补贴支出可以通过向订单交付时间要求高的客户收取一定的优先安排费进行弥补。换言之，在订单交货期报价协商决策中巧妙地利用经济手段可以较好地解决按时交付与产能不足的矛盾。

---

① ENNS S T. A dynamic forecasting model for job shop flowtime prediction and tardiness control [J]. International Journal of Production Research, 1995, 33 (5): 1295-1312.

Moodie 根据 Raiffa 的协商理论刻画了价格与交货期之间关系①，如图 2.7 所示。图 2.7 中阴影部分中的任意点都是企业和客户可能达成的协商协议。

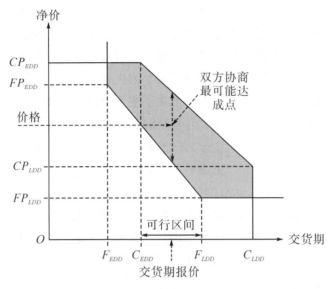

图 2.7　价格与交货期关系

图 2.7 中，C_{EDD} 是客户要求的最早（短）交货期，CP_{EDD} 是客户愿意为最早交货期支付的最高价格，包括基础价格和为了缩短交货期额外支付给企业的费用。C_{LDD} 是客户能接受的最长延迟交货期，CP_{LDD} 是客户愿意为最长延迟交货期支付的最低价格，即基础价格，超出 C_{LDD} 的交货期则客户支付为零，这意味着交易失败。F_{EDD} 是企业给出的最早交货期报价，F_{LDD} 是企业给出的最迟交货期报价。FP_{LDD} 表示企业对给出的最迟交货期报价可接受的最少订单要价，FP_{EDD} 表示企业对给出的最早交货期报价可接受的最多订单要价，显然若要价超出客户愿意支付的最高价格则该笔交易无法达成。因此，可行的交货期报价区间应该介于客户要求的最早交货期和企业给出的最迟交货期之间。如果客户和企业同样擅长谈判协商，那么双方最有可能达成协议的点将是该区间的中心延长线与阴影边界相交的截线段（虚线段）的中点位置，这是理论上双方可以分享最大潜在利益的地方。

①　MOODIE D R. Due date demand management: Negotiating the trade – off between price and delivery [J]. International Journal of Production Research, 1999, 37 (5): 997–1021.

总体来说，交货期报价决策对于单件小批量生产企业而言十分重要，是赢得订单的重要阶段。多数单件小批量生产企业面临着一个共同的困境：当潜在客户提出询单请求时，企业该依据什么样的原则进行合理交货期报价。如果企业的交货期报价不具有竞争力就不太可能赢得订单。只有能在客户要求的交货期之前或准时交付才能让该企业保持很高的客户满意度。另外，企业报价的交货期短虽然更有可能获得订单，但更有可能发生延迟交付风险，从而降低其交付服务水平的声誉。显然，合理交货期报价对生产系统的产能规划和负荷控制带来了很大挑战。需要指出的是，本书在探讨交货期报价决策问题时，通常是默认生产技术和制造质量是满足客户需求的，因为如果客户对企业的技术和质量基本要求不满意，那么客户就不会与企业进一步接触，更谈不上交货期决策问题了。当客户向企业发送询单请求时，企业面临的订单报价决策主要涉及以下内容：

（1）企业能提供的最早和最迟订单交付时间决策。

（2）基于交货期确定一个合理的订单要价，企业产能如何调整配合。

（3）当企业的竞争对手响应了客户询单请求时，企业又该如何反应。

2.5　激励理论

在客户询单管理阶段，最早与客户接触的是企业负责市场销售的职能部门，简称市场部。市场部在接到客户询单请求后会与生产部门一起确定订单报价方案。然后，市场部主要负责人与客户就订单报价方案中的技术、规格、要价、交货期等关键信息进行一轮或多轮的谈判。对于企业而言，订单报价方案最需要谨慎考虑的就是交货期。交货期承诺过短会给生产部门带来很大压力，增加延期交付风险。不合理的交货期承诺哪怕从生产计划层面到车间控制层面进行全面优化都很难有效抑制订单延期程度的恶化，而过长的交货期承诺又会与客户期望相悖，使得订单交货期报价缺乏竞争力，从而导致订单流失。通常，客户会在询单请求时提出一个紧的交货时限，这个紧交货时限是为了防止企业一旦发生延迟交付而不会完全打乱自身生产安排的一种提前期缓冲措施。这往往是由于信息不完备引起的客户自利性决策表现。因此，在谈判过程中如何正确引导客户披露真实需求信息，让企业做出理性交货期承诺就变得十分重要了。Naor 提到了一个向顾客征收通行费减少排队系统拥堵的问题来说明自利不能获得整体最优，并指出存在一个征收费用的区间，在该区间内加入队列的顾客和收费服务方都可以获得整体最优①。若将收费服务方看成是企业，这就是一个通过经济激励方式引导客户决策从而达到客户和企业双赢的情形。所以，本书将激励理论作为解决单件小批量生产环境中订单交货期承诺与生产决策问题的重要理论基础。

2.5.1 委托—代理模型

激励理论中的委托—代理模型②描述了当社会中代理人具有不同的目标函数且不具有私有信息时，委托人可以通过提供一个完全合同控制代理人的行为，使行为的结果与目标函数完全一致。但如果代理人具有私有信息，而委托人无法完全监控代理人的行为时，激励问题就成为影响代理效率的一个核心因素。在单件小批量生产环境中可以将具有定制需求的客户视为委托人，而将具有实现定制需求的生产企业视为代理人，进一步还可以将生产企业的市场销售部视为委托人，将生产企业的生产部视为代理人。另外，企业董事会与企业管理人员之间也是委托人与代理人关系。一旦委托人与代理人之间出现信息不完备情况（即信息不对称），就会导致非理性的交货期报价决策。因此，理性交货期报价决策可以转化为激励问题来解决。

一般激励理论涉及三种经典激励问题：一是隐匿行动问题，即委托人无法观测到代理人的行为情形下的激励问题，又称为道德风险问题；二是隐匿信息问题，即私有信息表现为委托人无法知道代理人所掌握关于成本和价值等信息下的激励问题，又称为逆向选择问题；三是信息不可验证性问题，即若事后委托人和代理人拥有相同的信息，但不存在第三方或权威机构能够观察到该信息，即这种信息不具备可验证性。信息的事后不可验证性是构成合同不完备的主要因素。隐匿行动问题和隐匿信息问题涉及研究这两种情形下委托人如何取得最优的资源配置结果。

在隐匿行动问题中代理人代表委托人在将要执行的各种方案之中进行选择，其中每种方案都会影响委托人的利益，同时也会影响代理的私人利

---

① NAOR P. The regulation of queue size by levying tolls [J]. Econometrica, 1969, 37（1）: 15.
② 让-雅克·拉丰，马赫蒂摩. 激励理论：委托-代理模型：第一卷 [M]. 北京：中国人民大学出版社，2002：1-309.

益。这里举一个涉及本书主题的例子。例如，企业产能不足的时候，企业管理人员（代理人）可以将维持正常生产的资金用作加班报酬，而不是用于雇佣更多的人手，也可以用于对客户在订单合同中的让步而提供的补偿，甚至选择不同的客户给予不同的补贴幅度。企业管理人员选择什么样的行动以及努力程度，影响着订单按时交付这个目标的实现。由于企业董事会（委托人）并不清楚企业管理人员的私人利益是什么，从而有可能涉及代理人的不道德问题，即隐匿行动问题发生。因此，设计一个有效的激励合同对于企业提高交付准时性是有意义的。信息不对称在隐匿行动下的最优激励合同设计发挥着重要作用。

隐匿信息问题中委托人与代理人之间存在不同程度的信息差，这种信息差会对合同设计带来影响。为了实现资源优化配置和提高帕累托有效的程度，合同设计必须能够让代理者的私有信息被披露。一种激励手段是能够给予披露私有信息的代理人一定的补偿，这种补偿可以看作是向代理人支付的信息租金，当然这类租金从委托人角度看是一种成本。现实中存在大量的隐匿信息问题，如投资者将自己的资产经营权委托给职业经理人，因为职业经理人知道投资的专业知识；股东们将企业的日常决策权委托给企业管理者，因为企业管理者了解企业经营与生产状况；有定制需求的客户向企业下单购买产品，其生产成本和技术状况一般只有企业知道，而所购买产品的用途和市场价值通常只有客户知道。

在信息不可验证性问题中，委托人与代理人之间不存在信息差，如果缺乏可验证性手段那么这样的合同不能起到激励作用，从而导致交易无法达成。例如，客户与企业具有相同的信息，如果合同双方中的某一方表示真实的情况并非双方所观察到的那样，并且对这种真实情况的外部验证需要付出成本代价，则这种交易就可能无法达成。

2.5.2　激励相容机制

在道德风险的信息非对称市场中代理人存在追求个体利益，从而损害委托人利益的情况，因此有必要建立一个激励相容的机制让代理人积极去维护委托人的利益。激励相容是机制设计理论中的重要概念，主要反映了市场经济中每个理性的经济人（个体理性）都会按照自利性开展行动；若能够设计一种机制（以合同规则的形式呈现），行为人追求个人利益的行为能恰好与集体利益最大化的目标一致，这样的机制就称为是激励相容的。换言之，在道德风险的信息非对称市场中，需要设计一个激励相容的机制以保证拥有私有信息的一方按照合同另一方的意愿行动，从而使得代理人和委托人的利益总体最大化。

由于一方不掌握另一方的私有信息，因此不拥有私有信息的一方需要设计一个机制（合同）让拥有私有信息的一方进行合同条款的选择，以此来辨识私有信息及其真实程度。辨识的关键是要让拥有私有信息的一方选择讲真话成为其占优策略，通过这种间接的方式（间接机制）获得真实信息的机制，这就是激励相容机制。例如，在企业生产经营活动中客户对订单交货期的真实需求是不会主动披露的，那么企业可以设计一个合同在其中约定对于交货期要求短的客户要提高订单要价，对于愿意延长交货期的客户给予价格补偿。若客户的真实交货时限不那么短，那么在理性支配下这些客户是没有动机去选择支付更高的费用来获得所需订单产品的，因而企业可以将短期产能留给真正急需的客户。

3 单件小批量拉式生产 CONWIP 控制解决方案

3.1 CONWIP 拉式生产研究综述

Golany 等对 CONWIP 控制的多产品族多单元制造环境构建了数学规划模型，解决了最佳在制品水平和订单池排队问题[1]。黄敏等基于遗传算法求解了 CONWIP 系统最优在制品数[2][3]。Helber 等对 CONWIP 闭环流水线构建了线性规划模型以求解最优库存水平[4][5]。为了缩短总的生产周期，Ajorlou 等针对 CONWIP 控制的多产品多机器流水生产线构建了数学模型，并采用人工蜂群算法优化在制品库存水平和零件排序[6]。Mehrsai 等将模糊方法用于优化 CONWIP 系统的在制品数[7]。

[1] GOLANY B, DAR-EL E M, ZEEV N. Controlling shop floor operations in a multi-family, multi-cell manufacturing environment through constant work-in-process [J]. IIE Transactions, 1999, 31 (8): 771-781.

[2] 黄敏, 王兴伟, 汪定伟. 多阶段 CONWIP 系统流通卡分布的确定方法 [J]. 控制与决策, 2000, 15 (6): 4.

[3] 黄敏, 汪定伟. 基于遗传算法和排队网的串联 CONWIP 系统流通卡数的确定方法 [J]. 自动化学报, 2002 (3): 413-417.

[4] HELBER S, SCHIMMELPFENG K, STOLLETZ R, et al. Using linear programming to analyze and optimize stochastic flow lines [J]. Annals of Operations Research, 2011, 182 (1): 193-211.

[5] HELBER S, SCHIMMELPFENG K, STOLLETZ R. Setting Inventory Levels of CONWIP Flow Lines via Linear Programming [J]. Business Research, 2011, 4 (1): 98-115.

[6] AJORLOU S, SHAMS I. Artificial bee colony algorithm for CONWIP production control system in a multi-product multi-machine manufacturing environment [J]. Journal of Intelligent Manufacturing, 2013, 24 (6): 1145-1156.

[7] MEHRSAI A, KARIMI H R, SCHOLZ R B. Toward learning autonomous pallets by using fuzzy rules, applied in a Conwip system [J]. The International Journal of Advanced Manufacturing Technology, 2013, 64 (5-8): 1131-1150.

在动态控制在制品水平方面，Hopp 等提出一种类似统计过程控制的在制品上限动态控制方法，并认为该方法适用于单产品流水线、多产品流水线以及装配系统[①]。需要注意的是，该方法在设定目标产出率上下界比较窄的时候，有可能出现在制品上限频繁增减的状况。基于经典的自动控制理论，Liu 等提出差分产出率控制法来动态调整 CONWIP 在制品数量，以达到所需产出率[②]。Renna 等采用两项移动平均法来评估需求波动程度以便动态调整在制品上限[③]。

Ryan 等注意到 CONWIP 看板卡分配问题对设计混流 CONWIP 系统性能有重要影响[④]。Herer 等通过构建数学规划模型求解了 CONWIP 系统的零件释放顺序问题，并通过模型解释了 CONWIP 优于 MRP 的原因[⑤]。Framinan 等讨论了流水 CONWIP 控制系统中订单池排序问题，提出了一种简单且快速的启发式排队规则以提高系统产出率[⑥]。Zhang 等构建了一个非线性整数规划模型来获得 CONWIP 系统的工件最优投产顺序和批量[⑦]。为了最大化 CONWIP 系统的平均收益率，Ioannidis 等对 CONWIP 系统在制品水平和订单池进行优化设计，但是该文献仅讨论了单环路 CONWIP 生产系统[⑧]。Hopp 等研究了敏捷自动化生产线中 CONWIP 系统设计与控制问题，并认为 CONWIP 机制在效率和稳健性方面都要优于推式机制[⑨]。Dalalah 等

① HOPP W J, ROOF M L. Setting WIP levels with statistical throughput control (STC) in CONWIP production lines [J]. International Journal of Production Research, 1998, 36 (4): 867-882.

② LIU Q, HUANG D. Dynamic card number adjusting strategy in card-based production system [J]. International Journal of Production Research, 2009, 47 (21): 6037-6050.

③ RENNA P, MAGRINO L, ZAFFINA R. Dynamic card control strategy in pull manufacturing systems [J]. International Journal of Computer Integrated Manufacturing, 2013, 26 (9): 881-894.

④ RYAN S M, FRED CHOOBINEH F. Total WIP and WIP mix for a CONWIP controlled job shop [J]. IIE Transactions, 2003, 35 (5): 405-418.

⑤ HERER Y T, MASIN M. Mathematical programming formulation of CONWIP based production lines; and relationships to MRP [J]. International Journal of Production Research, 1997, 35 (4): 1067-1076.

⑥ FRAMINAN J M, RUIZ U R, LEISTEN R. Sequencing CONWIP flow-shops: Analysis and heuristics [J]. International Journal of Production Research, 2001, 39 (12): 2735-2749.

⑦ ZHANG W, CHEN M. A mathematical programming model for production planning using CONWIP [J]. International Journal of Production Research, 2001, 39 (12): 2723-2734.

⑧ IOANNIDIS S, KOUIKOGLOU V S. Revenue management in single-stage CONWIP production systems [J]. International Journal of Production Research, 2008, 46 (22): 6513-6532.

⑨ HOPP W J, IRAVANI S M R, SHOU B, et al. Design and control of agile automated CONWIP production lines [J]. Naval Research Logistics (NRL), 2009, 56 (1): 42-56.

研究了一个多产品 CONWIP 生产系统，并结合非线性规划模型探讨了在制品队列长度优化问题[1]。Parvin 等提出一种动态启发式控制策略以提高 U 形 CONWIP 生产线任务区效率[2]。

另外，Dar-EL 等讨论了瓶颈对 CONWIP 系统性能影响[3]。Mhada 等构建了一个数学模型用于近似评估 CONWIP 系统性能，并用蒙特卡洛仿真方法进行验证[4]。Park 等讨论了零部件以 MTS 供应并按订单装配的多产品 CONWIP 装配系统，该研究采用一种近似算法分析 CONWIP 装配系统性能，该装配系统作业时间服从柯西分布，订单到达服从泊松分布[5]。

在 CONWIP 系统横向性能比较方面，Spearman 以数学推导方式证明了 CONWIP 系统比纯 Kanban 系统有更好的客户服务水平，然后通过仿真建模方法进行了验证[6]。Jodlbauer 等比较了 MRP 系统、CONWIP 系统、DBR（drum-buffer-rope）系统和 Kanban 的服务水平，认为在动态环境中 CONWIP 系统具有更强的稳健性[7]。基于 Petri 网理论，康杰等对 CONWIP、MRP 和 Kanban 系统进行比较，认为 CONWIP 系统在有效利用机器产能和控制在制品数量方面具有优势[8]。Harrod 等研究了作业车间中推式系统、Kanban 系统、CONWIP 系统和 POLCA 系统的仿真性能，并认为 CONWIP 系统在 MTO 环境中更容易实施[9]。Gong 等从信息量与决策延迟的角度对

① DALALAH D, AL A O. Dynamic decentralised balancing of CONWIP production systems ［J］. International Journal of Production Research, 2010, 48（13）: 3925-3941.

② PARVIN H, VAN ON M P, PANDELIS D G, et al. Fixed task zone chaining: worker coordination and zone design for inexpensive cross-training in serial CONWIP lines ［J］. IIE Transactions, 2012, 44（10）: 894-914.

③ DAR-EL E M, HERER Y T, MASIN M. CONWIP-based production lines with multiple bottlenecks: performance and design implications ［J］. IIE Transactions, 1999, 31（2）: 99-111.

④ MHADA F, MALHAMé R. Approximate performance analysis of CONWIP disciplines in unreliable non homogeneous transfer lines ［J］. Annals of Operations Research, 2011, 182（1）: 213-233.

⑤ PARK C W, LEE H S. Performance evaluation of a multi-product CONWIP assembly system with correlated external demands ［J］. International Journal of Production Economics, 2013, 144（1）: 334-344.

⑥ SPEARMAN M L. Customer Service in Pull Production Systems ［J］. Operations Research, 1992, 40（5）: 948-958.

⑦ JODLBSUER H, HUBER A. Service-level performance of MRP, kanban, CONWIP and DBR due to parameter stability and environmental robustness ［J］. International Journal of Production Research, 2008, 46（8）: 2179-2195.

⑧ 康杰, 李良. 基于 Petri 网的 CONWIP 控制系统的建模与仿真 ［J］. 西南交通大学学报, 2009, 44（4）: 5.

⑨ HARROD S, KANET J J. Applying work flow control in make-to-order job shops ［J］. International Journal of Production Economics, 2013, 143（2）: 620-626.

Kanban 系统、MRP 系统和 CONWIP 系统进行了比较，认为越少的信息量越能降低决策延迟，而 CONWIP 系统所需要的信息量最少①。

然而也有学者对 CONWIP 系统性能提出了不同看法。由于人们对看板卡控制系统的设计原理（discipline）并不十分清楚，缺乏统一的评价体系，使得人们对 CONWIP 系统性能评价产生了争议②③。Takahashi 等的研究表明，在需求变动下的 JIT 订单释放系统模型中，采用响应式（reactive）Kanban 系统要比响应式 CONWIP 系统更有效率④。Germs 等研究了 POLCA 系统、CONWIP 系统与多环路 CONWIP 系统，认为 POLCA 系统和多环路 CONWIP 系统具备平衡作业负荷能力，同时也承认系统性能还取决于看板数、利用率、订单到达类型和订单加工时间差异⑤。Cheraghi 等认为，基于拉式的生产系统只在控制间隔到达时间变动上比基于推式的生产系统表现得更好，不存在能够在任何条件下都具有最优性能的生产系统，不考虑参数输入值和生产系统类型就探讨哪种生产控制策略最优是毫无意义的⑥。

另外，Sader 使用电路模型模拟了 CONWIP 系统等的性能，这是很少见的一种建模方法⑦。Takahashi 等讨论了复杂供应链中 CONWIP 系统，Kanban 系统和同步 CONWIP 的性能⑧。林勇等分析了 Push/Pull 系统、CONWIP/Pull 系统两种混合生产系统，认为 CONWIP/Pull 系统更易于操作⑨。Korugan 等比较了 CONWIP 系统自适应策略与非自适应策略的性能⑩。

① GONG Q, YANG Y, WANG S. Information and decision-making delays in MRP, KANBAN, and CONWIP [J]. International Journal of Production Economics, 2014, 156 (7)：208-213.

② SATO R, KHOJASTEH G Y. An integrated framework for card-based production control systems [J]. Journal of Intelligent Manufacturing, 2012, 23 (3)：717-731.

③ FRAMINAN J M, GONZαLEZ P L, RUIZ U R. The CONWIP production control system：review and research issues [J]. Production Planning & Control, 2003, 14 (3)：255-265.

④ TAKAHASHI K, NAKAMURA N. Comparing reactive Kanban and reactive CONWIP [J]. Production Planning & Control, 2002, 13 (8)：702-714.

⑤ GERMS R, RIEZEBOS J. Workload balancing capability of pull systems in MTO production [J]. International Journal of Production Research, 2010, 48 (8)：2345-2360.

⑥ CHERAGHI S H, DADASHZADEH M, SOPPIN M. Comparative Analysis Of Production Control Systems Through Simulation [J]. Journal of Business & Economics Research (JBER), 2011, 6 (5)：87-103.

⑦ SADER B H. Development and application of a new modeling technique for production control schemes in manufacturing systems [D]. Provo：Brigham Young University, 2005.

⑧ TAKAHASHI K, MYRESKA, HIROTANI D. Comparing CONWIP, synchronized CONWIP, and Kanban in complex supply chains [J]. International Journal of Production Economics, 2005, 93-94 (2)：25-40.

⑨ 林勇, 乐晓娟, 付秋芳. Push/Pull 和 CONWIP/Pull 生产控制模式对比分析 [J]. 工业工程, 2006 (2)：6-10.

⑩ KORUGAN A, GUPTA S M. An adaptive CONWIP mechanism for hybrid production systems [J]. The International Journal of Advanced Manufacturing Technology, 2014, 74 (5-8)：715-727.

在 CONWIP 环路控制研究方面，尽管目前缺乏从 CONWIP 环路角度研究 CONWIP 控制的文献，但对近年的有关文献梳理不难发现，部分文献采用了单环路 CONWIP 控制方式。Satyam 等在对具有批量约束问题的多产品 CONWIP 系统进行性能分析时，采用了两环路 CONWIP 控制方式①。Braglia 等研究不平衡生产系统时将多环路 CONWIP 控制（m-CONWIP）与 POLCA 性能做了比较②。Aglan 等在研究柔性制造系统批量划分问题时使用多环路 CONWIP 控制作为柔性制造系统控制方式③。

涉及 CONWIP 控制应用研究的文献主要围绕如何将 CONWIP 拉式机制用于改善各类产品生产线效率，例如，计算机、半导体等电子类产品制造④⑤⑥⑦⑧；钢铁制品生产⑨⑩⑪⑫，这些文献表明：实施 CONWIP 拉式控制

---

① SATYAM K, KRISHNAMURTHY A. Performance analysis of CONWIP systems with batch size constraints [J]. Annals of Operations Research, 2013, 209 (1): 85-114.

② BRAGLIA M, CASTELLANO D, FROSOLINI M. Optimization of POLCA-controlled production systems with a simulation - driven genetic algorithm [J]. The International Journal of Advanced Manufacturing Technology, 2014, 70 (1-4): 385-395.

③ AGLAN C, DURMUSOGLU M B. Lot-splitting approach of a hybrid manufacturing system under CONWIP production control: a mathematical model [J]. International Journal of Production Research, 2015, 53 (5): 1561-1583.

④ SPEARMAN M L, HOPP W J, WOODRUFF D L. A hierarchical control architecture for constant work-in-process (CONWIP) production systems [J]. Journal of Manufacturing and Operations Management, 1989, 2 (3): 147-171.

⑤ UZSOY R, LEE C-Y, MARTIN-VEGA L A. A review of production planning and scheduling models in the semiconductor industry part i: system characteristics, performance evaluation and production planning [J]. IIE Transactions, 1992, 24 (4): 47-60.

⑥ 赵奇. 基于固定在制品数投料系统的半导体生产线调度 [J]. 计算机辅助工程, 2007, 16 (4): 14-18.

⑦ GILLAND W G. A simulation study comparing performance of CONWIP and bottleneck-based release rules [J]. Production Planning & Control, 2002, 13 (2): 211-219.

⑧ 王恒, 张志胜, 刘飏. 采用 CONWIP 投料系统的晶圆制造交货期设置方法 [J]. 工业工程, 2009, 12 (2): 6.

⑨ 黄敏, 王兴伟, 汪定伟. 某钢厂 CONWIP 与 Kanban 及 MRP 的仿真对比分析 [J]. 系统工程理论方法应用, 2000 (1): 5-10.

⑩ 黄敏, 汪定伟, 王兴伟. 轧钢厂 CONWIP 生产控制系统的仿真分析 [J]. 系统仿真学报, 1997, 9 (4): 7.

⑪ 黄敏, 汪定伟. CIMS 下钢铁企业 CONWIP 生产存储控制系统 [J]. 系统工程理论方法应用, 1998, 7 (4): 5.

⑫ SLOMP J, BOKHORST J A C, GERMS R. A lean production control system for high-variety/low-volume environments: a case study implementation [J]. Production Planning & Control, 2009, 20 (7): 586-595.

可以提高服务水平，准时交货率由 55% 上升到 80%。其他应用还有鼓风机叶轮生产①、灯具生产②、柔性制造系统控制③、储气筒生产④、包装生产线⑤。另外，有些产品具有典型的单件小批量生产特点，例如：叶轮生产⑥。这表明 CONWIP 可以用于单件小批量生产环境。此外，CONWIP 拉式机制还被应用在供应链相关领域⑦⑧⑨⑩。

　　总体来说，CONWIP 系统在制品上限设定、系统优化以及性能评价方面得到许多研究人员关注。尽管 CONWIP 系统的性能存在一些争议，但多数研究表明：CONWIP 系统作为一种拉式系统其性能是可接受的，甚至某些方面还优于其他拉式系统。上述文献所采用的 CONWIP 控制策略或方案都是预先给定的，多数文献所构建的模型比较简单，比如：单一产品线、串联、机器或工位数很少。在应用研究方面，多数应用研究以企业为背景提炼问题，侧重讨论应用效果，缺乏对实施 CONWIP 控制方法时遇到的问题以及相应解决方案的研究，没能系统地提炼出可用于指导实施 CONWIP 控制的流程或方法。尤其在单件小批量生产中，没有深入讨论单件小批量车间的不同生产组织方式与 CONWIP 控制的影响，缺少对构建或设计 CONWIP 控制策略方法的研究。

────────────────

　　① 黄敏. 面向 OKP 基于 CONWIP 的生产管理与控制方法的研究 [D]. 沈阳：东北大学，1998.

　　② HUANG M, IP W H, Yung K L, et al. Simulation study using system dynamics for a CONWIP-controlled lamp supply chain [J]. The International Journal of Advanced Manufacturing Technology, 2007, 32 (1-2): 184-193.

　　③ IP W H, YUNG K L, HUANG M, et al. A CONWIP model for FMS control [J]. Journal of Intelligent Manufacturing, 2002, 13 (2): 109-117.

　　④ 李兵. CONWIP 生产线仿真研究 [J]. 机械工程师, 2008 (7): 3.

　　⑤ 黄国栋，陈杰. CONWIP 拉式机制在自动包装线中的应用设计 [J]. 包装工程，2011, 32 (11): 4.

　　⑥ 黄敏，王玮. 面向 OKP 基于 CONWIP 的集成化系统 [J]. 系统工程，1998, 16 (6): 5.

　　⑦ 乐晓娟，林勇. 基于时间竞争的 CONWIP/Pull 供应链运营模式 [J]. 管理学报，2005 (z1): 4.

　　⑧ 吴克文，柯伟. 基于复杂供应链库存管理策略的系统动力学研究 [J]. 物流技术，2006 (4): 4.

　　⑨ 徐林伟. 汽车混流装配供应链 CONWIP 管理系统的仿真研究 [D]. 武汉：武汉理工大学，2010.

　　⑩ 韩晓菊，汪定伟. 供应链存储系统无线射频识别使能的定量在制品法控制策略仿真 [J]. 控制理论与应用，2016, 33 (4): 7.

3.2　单件小批量生产车间 CONWIP 控制的主要优势

将 CONWIP 拉式机制用于单件小批量生产车间控制，其目的是借助 CONWIP 拉式机制的优势提高单件小批量生产系统的效率。CONWIP 控制能够为单件小批量生产车间带来的优势主要包括以下三点：

第一，与其他拉式系统相比，CONWIP 系统控制结构相对简单，便于快速实施。这意味着 CONWIP 系统能够根据单件小批量生产环境灵活配置。CONWIP 系统要比 Kanban 系统更适合 MTO 方式，可以对生产变动做出快速响应[①]。因此，CONWIP 能够较好满足 1.2 节提到的单件小批量生产环境特点（1）与（2）的要求。

第二，众多研究表明 CONWIP 的某些性能（例如：高产出率、低在制品数、短生产周期）是可接受的，甚至表现出众。与 MRP 系统和 Kanban 系统相比，CONWIP 系统的决策延迟时间最短[②]。在 MTO 环境下，CONWIP 系统作为一种流水生产控制系统，要比 Kanban 系统和 POLCA 系统有更小的延迟均值和偏差[③]。因此，CONWIP 系统有很大的潜力满足 1.2 节提到的单件小批量生产特点（3）与（4）的要求。

第三，CONWIP 信号卡（看板卡）不绑定产品类型，环路内部采用推式机制，这适合于混流生产。因此，CONWIP 系统满足 1.2 节提到的单件小批量生产特点（5）的要求。

3.3　实施 CONWIP 控制存在的主要问题

尽管许多 CONWIP 研究表明 CONWIP 是一个有效的拉式控制方法，但这并不意味着 CONWIP 控制能够很容易实施，尤其在高度变动的复杂生产

---

① PRAKASH J, CHIN J F. Modified CONWIP systems：a review and classification ［J］. Production Planning & Control, 2014, 14 (3)：1-12.

② GONG Q, YANG Y, WANG S. Information and decision-making delays in MRP, KANBAN, and CONWIP ［J］. International Journal of Production Economics, 2014, 156 (7)：208-213.

③ HARROD S, KANET J J. Applying work flow control in make-to-order job shops ［J］. International Journal of Production Economics, 2013, 143 (2)：620-626.

环境中，实施 CONWIP 控制面临三个主要问题：

（1）CONWIP 理论缺乏有效的实施指导。CONWIP 实施指导不仅是一系列的建议或注意事项，还应该是一套系统化的实施方法、方案或流程。比如，为单件小批量生产环境开发 CONWIP 控制系统时，首先需要一个可行的 CONWIP 控制策略作为实施蓝图。该蓝图明确了 CONWIP 相关参数该如何设定，例如：CONWIP 拉式机制的触发位置、在制品上限设定、CON-WIP 信号卡类型等。

（2）缺乏针对 CONWIP 环路控制结构的研究。由于系统性能受限于系统结构本身，因而一个经过优化的环路结构会大幅提升 CONWIP 系统的性能。这应该要比仅依靠调整在制品上限获得的性能提升更为显著。例如，对于产能不足的单件小批量生产环境，就有可能通过调整 CONWIP 环路结构来平衡负荷，从而改善单件企业的交付能力。

（3）结合具体问题确定在制品上限的方法有待研究。在多环路 CONWIP 控制下，每个环路的在制品上限会综合影响 CONWIP 控制系统性能，这可以看成是一个组合优化问题。在单件小批量这类复杂生产环境中实施 CONWIP 拉式控制，采用多环路 CONWIP 控制结构比较常见，因此，开发高效的搜索算法求解最优在制品上限组合是十分有必要的。

3.4　面向单件小批量拉式生产的 CONWIP 控制方案框架

结合前文提到的单件小批量生产环境特点、CONWIP 控制的主要优势及其存在的问题，本书提出一种面向单件小批量生产环境的 CONWIP 控制解决方案——CONWIP 控制框架。该框架是一种系统化的 CONWIP 实施指导方法，可以根据实际生产环境设计合适的 CONWIP 控制方案或策略，能够在高度变动的复杂生产环境中发挥 CONWIP 拉式机制的优势。

3.4.1　CONWIP 控制框架的构成

CONWIP 控制框架包括车间环路控制层、订单池释放控制层，以及计划/控制协调层，如图 3.1 所示。其中，车间环路控制层与订单池释放控制层是主要部分。车间环路控制层位于生产控制阶段，该控制层根据单件企业所采用的车间生产组织方式以及其他环路约束条件，选择最优 CONWIP

环路策略进行拉式控制。CONWIP 环路控制策略制定主要包括 CONWIP 环路结构设计和在制品上限设定。

订单池释放控制层属于生产计划层控制，因而位于生产计划阶段。订单池是存放（记录）已经接受的订单但未下达订单生产任务的位置（列表文件）。该控制层对单件企业已接受的客户订单先进行作业量化（负荷衡量），然后与实际生产系统（车间）的产能比较（负荷评审），从而选择合适的客户订单，在合适的时间向车间释放（负荷释放）。

计划/控制协调层确定不同控制层指令的优先序。当订单池释放控制指令与车间环路控制指令发生冲突时，通过该协调层来最终决定执行哪个控制指令。本书规定当控制指令发生冲突时，车间环路控制层指令优先执行。显然，当订单池释放控制层下达释放指令，而车间环路控制层没有空闲 CONWIP 信号卡时，只能拒绝接受订单负荷。但是，诸如大客户订单优先加工、生产资源抢占、临时增加在制品数等情况被允许时，订单池释放控制层指令是可以优先被执行的。

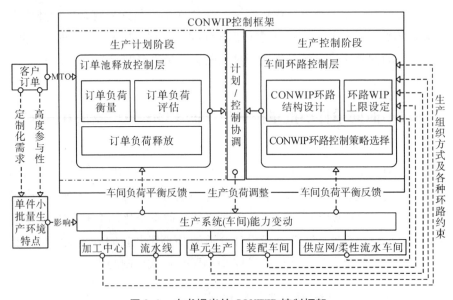

图 3.1　本书提出的 CONWIP 控制框架

在图 3.1 中，订单池释放控制层与车间环路控制层采用了并行架构方式，仅通过计划/控制协调层作为关联。两个控制层分别从生产系统（车间）获取车间负荷平衡反馈信息，然后各自产生控制指令，互不干扰。这种低耦合架构方式使得在实际生产环境中由于信息不准确、信息延迟等原因导致某个控制层未能及时响应时，另一个控制层可对车间生产变动维持相对平稳有序的控制。另外，这种并行架构还可以依据不同的生产要求灵活调整计划阶段和生产阶段的控制权，本书采用的是生产阶段车间层CONWIP 环路控制为主控制，计划阶段订单池负荷释放为辅助控制。通过这种架构方式，CONWIP 控制框架能够为单件小批量生产车间控制提供更高的柔性和稳健性，该框架可以被看成一种系统化的实施 CONWIP 控制的方法。

3.4.2　CONWIP 控制框架的基本思想

客户订单的定制化需求和客户高度参与性是形成单件小批量生产环境特点的重要因素。当所接受的客户订单增多，这些生产环境特点与车间生产组织方式（例如：加工中心、装配车间、柔性流水车间等）本身的特点共同作用使得整个单件小批量生产系统（车间）的产能变动程度远高于大批量、多品种小批量生产环境。在高度变动的生产环境中，要通过单件流的精益生产方式提高生产效率，就要确保生产系统内部的负荷是平衡的[①]。因为生产负荷平衡是进行单件流生产的先决条件。所以，在单件小批量生产车间实施 CONWIP 控制就是为了能在这一环节发挥作用，使得单件小批量生产控制系统能够快速地根据产能变动进行响应，及时制定负荷调控指令，然后将指令迅速反馈回执行层，从而确保负荷与产能有最大程度的平衡。

然而，仅在单件小批量生产车间实施 CONWIP 控制来大幅提升生产系统整体性能是不够的。这是由于生产计划阶段决定了选择什么样的订单负荷在何时进入生产车间。不考虑计划阶段这些因素的影响，CONWIP 控制的响应能力会被削弱，其优势很难发挥。在此种情况下，释放订单负荷的行为可被看成是一种直接释放机制（immediate release，IMM）。显然，单件小批量生产环境里多个客户订单拆分成若干作业进入 CONWIP 车间后，许多相同的作业具有不同的作业负荷（作业流程时间）。这使得 CONWIP 车间控制方法很难对环路内部的负荷量进行平衡。一般来说，单件企业的生产计划通常很难做到精确和固定，这使得计划任务的下达难以合理安排，从而削弱了 CONWIP 车间控制的能力。本书认为在生产实践中，计划制订

---

① TU Y, DEAN P. One-of-a-Kind Production ［M］. London：Springer London, 2011：4-57.

与现场控制脱节是导致包括 CONWIP 在内的大多数拉式控制方法难以长期维持最优表现的重要原因之一。

鉴于此，本书提出的 CONWIP 控制框架将 CONWIP 拉式机制从生产控制阶段延伸至生产计划阶段，强调生产计划阶段下达的生产任务（释放的订单负荷）要与 CONWIP 车间控制保持同步或协调一致。

CONWIP 控制框架的基本思路是在订单负荷释放之前就根据车间能力进行负荷评估（评审），然后制订的释放计划由车间 CONWIP 拉式机制触发，当订单负荷以作业负荷（或统称为车间负荷）的形式进入车间后，依靠 CONWIP 拉式机制进一步缩小车间负荷与车间能力之间的差距。CONWIP 控制框架中订单释放不采用 IMM 释放机制是为了将 CONWIP 拉式触发点从车间内部移到车间外部（即图 3.1 中计划/控制协调层）。另外，生产计划阶段根据车间能力进行负荷评估本质上是一种能力预约机制。这类似于交通运输部门为了解决即将到来的节假日巨大的运力变动，通过提前预售席位方式进行初步的运力调配，然后在节假日期间根据实际情况进行运力小幅调整（例如：临时增减车次等）。

简言之，CONWIP 控制框架将能力预约机制与车间拉式机制进行了整合，一方面能够减轻企业外部因客户对有限产能资源争抢带来的压力，另一方面能够降低企业内部因生产配置不合理导致生产效率低下的影响。

3.4.3　CONWIP 控制框架的执行流程

图 3.2 展示了 CONWIP 控制框架的执行流程。该流程共分 5 个步骤，分别是控制输入、控制决策、控制输出、控制执行与控制反馈。

第一步，控制输入。控制输入需要获取客户订单信息与车间信息。其中，客户订单信息包括与订单相关的工艺技术文件（例如：作业流程、标准作业时间等）、交货量、交货期、定价、违约罚金等。车间信息包括车间采用的生产组织方式、生产资源配置情况、车间现有能力、影响 CONWIP 环路的各种约束条件，以及其他对 CONWIP 环路策略制定产生影响的参数。

第二步，控制决策。客户订单信息作为订单池释放控制层的输入，用于订单负荷释放控制决策。车间信息作为车间环路控制层的输入，用于 CONWIP 环路控制决策。对于 CONWIP 环路控制决策而言，若生产环境未发生很大改变，则采用的 CONWIP 环路策略可以保持不变。

第三步，控制输出。负荷控制指令作为一种控制输出，其输出结果就是判断车间是应该接受还是拒绝订单负荷；若接受，则确定哪些订单负荷应该释放，以及何时释放。负荷控制指令由订单负荷释放控制与 CONWIP 环路控制协调决定。当 CONWIP 环路控制允许接受负荷（存在空闲的 CONWIP 信号卡）时，释放时间就确定下来，订单负荷释放控制所选择的具体订单负荷以作业负荷的形式进入车间。

第四步，控制执行。车间生产负荷量会随着新进入的作业负荷改变，从而实现生产负荷的调整。该步骤可以看成是控制输出的响应——控制执行，即负荷调整指令被执行。

第五步，控制反馈。根据新的车间生产负荷以及车间现有产能判断负荷平衡情况，并将负荷平衡现状分别反馈给订单负荷释放控制和 CONWIP 环路控制，即返回到第二步控制决策步骤中，从而实现负荷控制指令的更新。

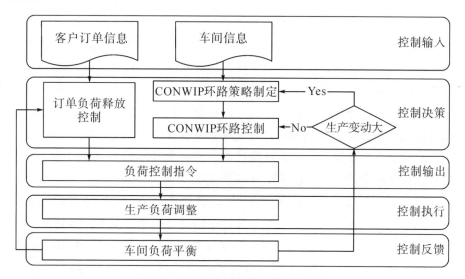

图 3.2　CONWIP 控制框架的执行流程

4 单件小批量拉式生产 CONWIP 环路结构设计法

　　面对单件小批量生产系统的高变动环境，仅考虑经典的 CONWIP 单环路控制结构是不够的，需要采用多环路控制结构来进一步对单件小批量生产车间的负荷做"离散化"控制。目前，大量关于 CONWIP 的研究文献中都是预先给定一种 CONWIP 环路控制结构，且多数以经典的单环路控制结构为主，至于为什么要这么设定则没有相应解释。可见，有关 CONWIP 环路控制结构的研究非常缺乏，如何根据现有车间信息设计合适的 CONWIP 环路控制结构有待讨论。CONWIP 开发、设计人员需要一种环路设计方法来辅助构建或设计合适的 CONWIP 环路控制结构。鉴于此，本书提出一种系统化的 CONWIP 环路结构设计方法来弥补这方面的不足。CONWIP 拉式系统有两个重要参数，一个是环路控制，另一个是环路的 WIP 上限设定。显然，环路结构设计是确定 WIP 上限的前提。

　　接下来，本书将首先介绍 CONWIP 环路结构对于 CONWIP 控制的重要性，然后从实施角度给出 CONWIP 环路结构设计的基本要求；接着根据基本要求提出 CONWIP 环路结构设计的层次分解思想，并详细介绍基于层次分解思想建立的 CONWIP 环路设计方法；最后将 CONWIP 环路设计法与 CONWIP 环路控制策略实施流程进行整合。

4.1 环路结构在 CONWIP 控制中的重要性

　　CONWIP 环路控制结构（简称 CONWIP 环路结构或环路结构）关注的是形成 CONWIP 环路各要素间的相互关系。CONWIP 环路结构由两个基本要素构成：一个是 CONWIP 控制范围（或幅度），它指的是 CONWIP 拉式信号从发射端到接收端所经过的路径，即 CONWIP 机制起作用的"距离"；另一个是 CONWIP 拉式信号触发位置，它指的是 CONWIP 拉式信号作用"距离"的起止点位置。例如，在一条串联流水线上实施 CONWIP 控制，若采用单环路结构，意味着 CONWIP 触发位置在流水线两端，该环路的控制范围覆盖了整条流水线；若采用多环路结构，意味着存在多个 CONWIP 触发位置，有些触发位置在流水线中间，每个环路的控制范围只覆盖整条流水线的一部分。

目前，许多有关 CONWIP 研究的文献都是预先给定一个 CONWIP 环路结构，且多以经典的单环路 CONWIP 控制为主。换句话说，CONWIP 环路结构在许多研究中都是默认给定的，并不作为研究对象被关注。由于利特尔定律表明，可通过调整 WIP 来提升系统性能，这促使许多 CONWIP 研究人员将关注的重点放在优化 WIP 上限方面[1]。然而从系统论的观点看，系统结构制约着系统功能及其性能。Germs 与 Riezebos 的研究表明，多环路 CONWIP 控制要比单环路 CONWIP 控制有更好的负荷平衡能力[2]，这意味着不同的 CONWIP 环路结构具有性能差异，一个合适的 CONWIP 环路结构有可能更好地提升 CONWIP 控制系统的性能。

环路结构在 CONWIP 控制中的重要性总结如下：

（1）CONWIP 环路结构是讨论 CONWIP 其他参数的前提或载体。无论是 WIP 上限设定还是其他参数设定，都是围绕一个具体的 CONWIP 环路结构进行的。

（2）一个设计合理的 CONWIP 环路结构所维持的最佳 WIP 上限远低于经典的单环路 CONWIP 控制。例如，一个存在瓶颈的流水线，可以通过多环路 CONWIP 控制将瓶颈位置单独控制，以降低瓶颈位置的在制品堆积。

（3）受制约的 CONWIP 环路结构具备可实施性的实际因素包括物理距离、管理权限、瓶颈漂移等。

（4）若将 CONWIP 环路结构看成是 CONWIP 控制的参数，则 CONWIP

---

① LITTLE J D C. A proof for the queuing formula：L = λ W ［J］. Operations Research，1961，9（3）：383-387.

② GERMS R，RIEZEBOS J. Workload balancing capability of pull systems in MTO production ［J］. International Journal of Production Research，2010，48（8）：2345-2360.

环路结构与环路的 WIP 上限构成优化组合问题，二者共同影响 CONWIP 控制性能。换言之，可以通过调整这两个主要参数来控制 CONWIP 系统性能，这提高了 CONWIP 控制的灵活性。

（5）可通过调整 CONWIP 环路结构使得 CONWIP 控制的系统具备负荷平衡能力，这种负荷能力平衡是通过结构调整实现的。

4.2　CONWIP 环路设计的基本要求

从实施角度考虑，CONWIP 环路设计需要满足如下基本要求：

（1）适用性要求。CONWIP 环路设计方法应该适用于多种生产环境或车间生产组织方式。换言之，CONWIP 环路结构设计方法既适用于大批量流水生产线，也适用于更为复杂的面向单件小批量制造的生产环境。

（2）系统化要求。CONWIP 环路设计方法应具有明确的设计目标和步骤。换言之，CONWIP 环路结构制定应是一种循序渐进，由一般到具体的过程。

（3）自由度要求。能够让 CONWIP 环路开发、设计人员结合经验与实际情况，在设计方法的引导下进行环路结构的灵活调整与创新。换言之，CONWIP 环路结构设计方法应该为 CONWIP 开发、设计人员提供一定的设计自由度。

（4）非唯一性要求。只有方案不唯一才能进行方案的评价选择。这里强调的非唯一性是指环路结构方案之间应该具有清晰的特点或可通过某些特征进行归类，即应该满足"组间差异、组内同质"的要求。

4.3　CONWIP 环路设计的层次分解思想

4.3.1　总体思想

为了满足上述基本要求，本书提出一种层次分解的 CONWIP 环路结构设计方法。该设计方法的总体思路可以概括为将一个抽象化的 CONWIP 环路结构层（类）分解为不同的子层级（子类），不同的子层级根据实际生产系统约束进一步分解，重复这种逐层分解的细化过程，直至 CONWIP 环路结构控制的是具体生产单元或资源为止。图 4.1 是 CONWIP 环路结构层次分解思路的示意图。

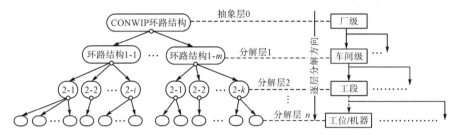

图 4.1　CONWIP 环路结构层次分解

CONWIP 环路结构层次分解思路可以理解为一种从抽象层次到具体层次的转换过程。抽象层次越高的模型其概括能力越强，因而抽象层次越高的环路结构更具一般性，能适用于更广泛的生产环境或车间生产组织方式，这满足 CONWIP 环路设计方法的适用性要求。层次分解过程显然需要结合实际生产环境约束，具体问题具体分析，不同的生产环境约束以及 CONWIP 开发、设计人员的经验会最终影响环路结构的形式，这满足对 CONWIP 环路设计法的自由度要求。

但是该如何满足系统化要求？即层次分解思路对建立系统化的 CONWIP 环路结构设计方法具有哪些启示，以便能提出系统化的设计步骤。另外，如何满足非唯一性要求？如果层次分解思路无法在理论上确保生成的环路结构具有非唯一性，那么基于层次分解思路建立的 CONWIP 环路设计方法也就难以满足非唯一性要求。为了回答上述问题，本书接下来对层次分解过程中环路结构表征及生成逻辑展开讨论。

4.3.2　环路结构的集合表征

图 4.1 中，最底层的环路结构（分解层 n）是最终所需生成的 CONWIP 环路结构，其完全由生产资源（机器或工位等）组成。若将最底层 CONWIP 环路结构看成一个集合族，则每个集合内部的元素对应着相应的生产资源。分解层 n 是分解层 $n-1$ 的子集合，可见层次分解思想蕴含着集合性质。这意味着层次分解思想中环路结构生成逻辑可用集合概念进行表征。为此，现假设有一生产系统包含三台机器 m_1、m_2 和 m_3。令机器集合 $M = \{m_1, m_2, m_3\}$，则 M' 可表示为 M 的全子集，即 $M' = \{\varphi, \{m_1, m_2, m_3\}, \{m_1\}, \{m_2\}, \{m_3\}, \{m_1, m_2\}, \{m_1, m_3\}, \{m_2, m_3\}\}$。

令 $M'' = M'/\varphi$，则 G 表示是 M'' 的任意子集。当 $b \in G$ 时，则序列 b（记为 $\langle b \rangle$）可看成是 CONWIP 环路结构，机器就是序列中的元素。下述规则进一步规定了 $\langle b \rangle$ 生成的形式：

规则 1：$\cup_{b \in G} b = M$ 且 $\cap_{b \in G} b = \varphi$；

规则 2：当 $m_i, m_j \in b$，$i<j$ 且 $j-i=1$ $\forall i$, $j = 1$, 2, $\cdots$, $|M|$ 时，则 $\langle b \rangle$ 存在；

规则 3：当 $|b|=1$ 时，则 $\langle b \rangle$ 存在；

规则 4：当 $m_l \in b_p$，$m_k \in b_q$，$p \neq q$，$\forall p$, $q = 1$, 2, $\cdots$, $|G|$，$l < k$ 且 $k - l = 1 \forall k$, $l = 1$, 2, $\cdots$, $|M|$ 时，则 $\langle \langle b_P \rangle, \langle b_q \rangle \rangle$ 存在；

规则 5：当 $m_i, m_j \in b$，$i<j$ $\forall i$, $j = 1$, 2, $\cdots$, $|M|$ 时，则 $\langle b \rangle$ 存在；

规则 6：当 $m_l \in b_p$，$m_k \in b_q$，$p \neq q$，$\forall p$, $q = 1$, 2, $\cdots$, $|G|$，$l < k \forall k$, $l = 1$, 2, $\cdots$, $|M|$ 时，则 $\langle \langle b_P \rangle, \langle b_q \rangle \rangle$ 存在；

规则 7：如果 $\langle \min_{b \in G} \{|b|\} \rangle$ 存在，则不作为环路结构。

规则 1 确保 G 中没有重复元素。规则 2 表示序列中每个元素按照编号顺序逐次递增排列。规则 3 规定了一个具有唯一元素的序列。规则 4 表示来自多个集合的元素构成的序列中，每个元素按照编号顺序逐次递增排列。规则 5 表示序列中每个元素只需按增序排列，不要求逐次递增。规则 6 表示来自多个集合的元素构成的序列中，每个元素只需按增序排列，不要求逐次递增。规则 7 表示在多个序列中，含有元素个数最少的序列不作为环路结构。

这里假设 $G = \{\{m_1, m_2\}, \{m_3\}\}$，令 $b = \{m_1, m_2\}$ 时，则 $\langle m_1, m_2 \rangle$ 和 $\langle m_2, m_1 \rangle$ 是 b 的两个序列。根据规则 1 和规则 2，则 $\langle m_1, m_2 \rangle$ 是有效序列；若 $b = \{m_3\}$，根据规则 1 和规则 3，则 $\langle m_3 \rangle$ 是有效序列。当 $G = \{\{m_1, m_2, m_3\}\}$，令 $b = \{m_1, m_2, m_3\}$ 时，根据规则 1 和规则 2，则 $\langle m_1, m_2, m_3 \rangle$ 是有效序列。可见上述规则制约着序列的生成，本书将起类似作用的规则称为环路结构生成规则，这些规则共同构成了生成 CONWIP 环路结构的生成逻辑规则，简称生成逻辑。表 4.1 更清晰地反映了集合、序列与环路结构生成逻辑规则之间的对应关系。

表 4.1　环路结构生成的对应关系

集合	序列	环路结构	生成逻辑
$\{\{m_1,m_2,m_3\}\}$	$\langle m_1,m_2,m_3\rangle$		1、2
$\{\{m_1\},\{m_2\},\{m_3\}\}$	$\langle m_1\rangle,\langle m_2\rangle,\langle m_3\rangle$		1、3、4
$\{\{m_1\},\{m_2,m_3\}\}$	$\langle m_1\rangle,\langle m_2,m_3\rangle$		1、2、3、4
$\{\{m_1,m_2\},\{m_3\}\}$	$\langle m_1,m_2\rangle,\langle m_3\rangle$		1、2、3、4
$\{\{m_1,m_3\},\{m_2\}\}$	$\langle m_1,m_3\rangle,\langle m_2\rangle$		1、3、5、6、7

由于生成逻辑可用集合概念表征，所以进一步可通过点集拓扑有关概念来证明 CONWIP 环路结构的生成具有非唯一性。为此，先给出拓扑结构与基的定义及相关定理。

定义 4.1：设 X 为非空集合，τ 为 X 的子集族，如果满足下列条件：

（i）X，$\varphi \in \tau$；

（ii）若 $V_1 \in \tau$ 且 $V_2 \in \tau$，则 $V_1 \cap V_2 \in \tau$；

（iii）若 $\tau_1 \subset \tau$，则 $\cup_{V \in \tau_1} V \in \tau$。

则称 τ 为 X 的拓扑结构，简称为拓扑。偶对 (X,τ) 称为拓扑空间。当无须指明拓扑 τ 时，也用 X 指代拓扑空间。τ 中元素称作拓扑空间 (X,τ) 的开集。

定义 4.2：设 (X,τ) 为拓扑空间，B 为 τ 的子集族。若 τ 的每一个元素（即 X 的每一开集）都是 $B \subset \tau$ 中一些元素的并集，则称 B 为拓扑 τ 的基，或称 B 为拓扑空间 X 的基，B 中元素称为基开集。

定理 4.1：若 B 是非空集合 X 的一个子集族，则 B 成为拓扑空间 X 上拓扑 τ 的一个基要满足两个性质：

（i）$\cup B = X$；

（ii）若 $U \in B$，$V \in B$ 且 $x \in U \cap V$，则存在 $b \in B$ 且满足 $x \in b \subset U \cap V$。

定理 4.1 表明，只要已知拓扑空间 (X,τ) 的基 B，则可以得到相应拓扑 τ。接下来将证明环路结构生成的非唯一性。

证明：令 $(\Omega,\Im)$ 为拓扑空间，且 $\Omega = \{m_{ij} | i = 1,2,\cdots,r, j = 1,2,\cdots,k\}$。其中，$m_{ij}$ 表示第 i 个集合中第 j 个机器。显然，Ω 是一非空集且 $\Im$ 是 Ω 的所

有子集族。根据定理 4.1，可知在 $(\Omega, \Im)$ 中必然存在一个生成 $\Im$ 的基，此处记为 Θ，即 $\Im$ 是以 Θ 为一个基的拓扑结构。令 $\Theta = \{\Theta_1, \Theta_2, \cdots, \Theta_i, \cdots, \Theta_r\}$ 且 $m_{ij} \in \Theta_i$。根据定义 4.2 可知，Θ 为 $\Im$ 的子集族，$\Im$ 的每一元素都是 Θ 中某些元素的并集。一旦给定 Θ，就可以生成 $\Im$。当任取 $\Im$ 中各个子集构成的子集族 $\Im' \subset \Im$ 时，$\Im'$ 在满足某生成逻辑下的序列必然对应着一个环路结构。显然，构成 $\Im'$ 子集族的方式不唯一，因此对应的环路结构也具有非唯一性，证毕。

4.3.3 CONWIP 环路结构设计重要启示

（1）层次分解思想中逐层分解过程本质上是对生产资源进行分类的过程。根据点集拓扑概念，Θ 作为一个拓扑结构的基，Θ_i 表示 Θ 的第 i 个子集合，且 $m_{ij} \in \Theta_i$ 表示机器元素。若将 Θ_i 给出集合类型，则 m_{ij} 就可根据 Θ_i 被识别分类。可见对 Θ_i 类型定义并分类的过程起到了逐层分解的作用。通常企业根据位于不同的生产环节或供应链中的位置会被相对地划分为上游、中游和下游，因此这种类型划分可用于 Θ_i 的类型定义，即：

$$\Theta_i \triangleq \begin{cases} U, & \text{if } 1 \leqslant i < a \\ M, & \text{if } a \leqslant i < b \\ D, & \text{if } b \leqslant i < r \end{cases} \tag{4.1}$$

式中，a、$b \in N^+$ 表示上游（U）、中游（M）和下游（D）类型的界。

（2）由于 $\Im$ 是以 Θ 为一个基的拓扑结构。而 $\Im' \subset \Im$，则 $\Im'$ 子集族对应着一个具体的 CONWIP 环路结构。如果 $\Im'$ 各子集的元素个数不定，则 $\Im'$ 可对应若干具体的 CONWIP 环路结构。因此，$\Im'$ 可理解为一种广义的 CONWIP 环路结构，或称为环路模式。

（3）环路结构生成规则组成了环路结构生成逻辑，而生成逻辑规定了生成 CONWIP 环路结构的有效形式。CONWIP 环路结构设计中环路结构生成规则可以用影响 CONWIP 拉式控制范围的约束条件替代。

（4）定义 4.2 表明，基通常比拓扑结构所含的开集数量少得多，而基中开集能满足某性质时，拓扑结构中的开集也成立。基起到约简的重要作用。CONWIP 环路结构设计中可利用基 Θ 的约简作用降低设计方法复杂度，同时提高设计方法的灵活性。

（5）由于环路结构是用集族描述的，这意味着环路结构设计中 CONWIP 拉式机制直接控制的是集合而非元素。换句话说，集合可以看成是 CONWIP 控制的基本单元。

（6）层次分解过程是由抽象到具体，这意味着CONWIP环路结构设计应该明确CONWIP控制的对象是什么，这决定着层次分解到何种程度就可以终止。

（7）在层次分解思想中，提到的CONWIP环路结构与CONWIP环路控制策略既有区别又有联系。环路结构可以看成是构成CONWIP控制策略的主要参数，CONWIP环路控制策略与环路结构具有一一对应关系。因此在不强调CONWIP其他参数时，可以用CONWIP环路结构（策略）表示CONWIP环路控制策略。

4.4　CONWIP 环路设计法的构成

根据CONWIP环路结构的层次分解思想及4.3.3节的启示，一种系统化的CONWIP环路设计方法被提出。如图4.2所示，该方法由三个步骤构成，分别是生产环境UMD识别（Upstream‐Midstream‐Downstream，上、中、下游区段）识别、环路模式设计和模式细化。各步骤详见4.4.1、4.4.2与4.4.3节。

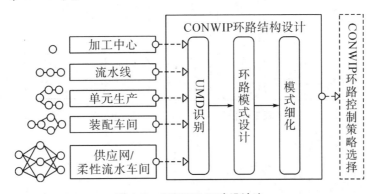

图 4.2　CONWIP 环路设计法

在图4.2中，UMD识别将不同的生产组织方式初步划分成上游区段（U）、中游区段（M）、下游区段（D），各个区段可根据分解程度继续划分UMD区段。这些区段被看成是CONWIP控制的基本单元。在环路模式设计中，这些区段（基本单元）与CONWIP拉式机制相结合，从而形成基本CONWIP环路结构。有几种常见的基本结合方式（称为环路基本模式）能够作为CONWIP环路结构设计的参考结构。这些基本模式还可以扩展成更复杂的 CONWIP 环路结构，以应对复杂多变的实际生产环境。在环路模式细化中考虑更加实际的影响环路结构的约束，从而进一步对这些基本CONWIP 环路结构进行调整细化。细化的 CONWIP 环路结构与 CONWP 其他参数共同组合，形成 CONWIP 环路控制策略，最后通过评价方法从这些CONWIP 环路控制策略中选出最优的 CONWIP 环路控制策略。

4.4.1　UMD 识别

如果将生产系统抽象成链路或网络，节点表示机器或工位，则根据某些环路约束条件，这些节点被划分至上、中、下游（UMD）区段的过程称为 UMD 识别。在链路或网络中，一种最典型的 UMD 识别就是将起始节点划分成上游，结束节点划分成下游，其余节点划分成中游。在实际生产环境中，物理距离、工艺路线、管理权限、合作协议，以及位于供应链不同位置等因素都会影响 UMD 识别。另外，如果混流产品较多且同族产品生产流程差异大，则 UMD 识别可以根据生产功能划分。如果混流产品较少且产品族生产流程差异小，则 UMD 识别可以按照生产流程划分。图 4.3 展示了 UMD 识别在工件加工路线不重复时的划分方式。

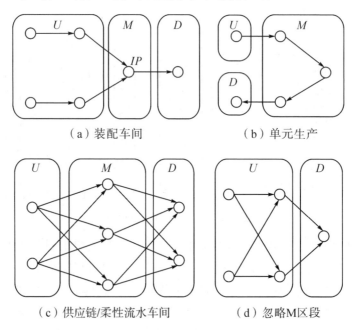

（a）装配车间　　　　　　　　（b）单元生产

（c）供应链/柔性流水车间　　　　　（d）忽略M区段

图 4.3　UMD 识别

图 4.3（a）中，具有汇聚位置或接口点（interface point，IP）的流水装配车间中，不同支路提供的零部件汇聚到接口点总装。汇聚位置会受到多个支路不同物料供应率的干扰，将其看成是独立的 M 区段，提供零部件的支路看成是 U 区段，后续总装线看成是 D 区段。从供应链的角度看，这种 UMD 识别是合理的。图 4.3（b）表示的是单元布局 UMD 识别，将首个工位和最末工位分别识别为 U 区段和 D 区段，其余工位归为 M 区段。图 4.3（c）表示的是供应链、生产网或混合流水车间的一种 UMD 识别方式。对于小规模的柔性流水车间而言，UMD 识别可以忽略 M 区段，如图 4.3（d）所示。

而对于作业车间（job shop）而言，工件的加工路线具有重复性，则 CONWIP 环路闭合性会被破坏。针对作业车间问题，本书提供四种 UMD 识别方式供参考，如图 4.4 所示。

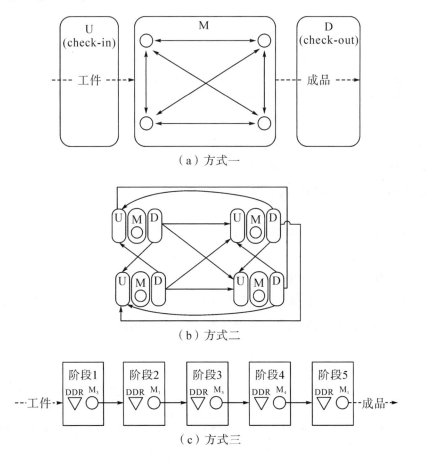

（a）方式一

（b）方式二

（c）方式三

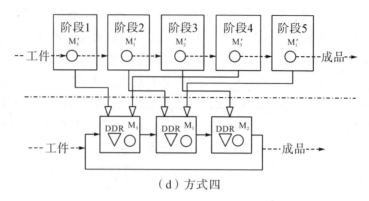

（d）方式四

图 4.4　作业车间 UMD 识别方式

方式一：将整个车间（shop floor）识别为 M 区段，工件进入车间的区域（check-in 区域）识别为 U 区段，完成加工离开车间的区域（check-out 区域）识别为 D 区段，如图 4.4（a）所示。U 区段与 D 区段作为 CONWIP 拉式机制触发位置。

方式二：作业车间中每一个加工中心单独识别为 M 区段，工件进入加工中心区域识别为 U 区段，离开加工中心区域识别为 D 区段。方式二是方式一的扩展，如图 4.4（b）所示。

方式三：通过增加机器将作业车间问题转化为流水车间问题。此处引用 Framinan 与 Ruiz-Usano 提及的例子来说明[①]。假设一作业车间有三台机器（M_1，M_2，M_3）循环加工四种类型的零件（J_1，J_2，J_3，J_4），不同类型零件加工路线用矩阵表示为

$$M_{ij} = \begin{pmatrix} 1 & 2 & 3 \\ 3 & 2 & 1 \\ 2 & 3 & 1 \end{pmatrix}$$

其中，(i, j) 表示第 i 个工件需要第 j 个顺序上的机器进行加工。现在通过增加机器 M_1 和 M_2，将作业车间问题转化为由机器 $M_3 - M_1 - M_2 - M_3 - M_1$ 构成的流水车间问题，新的路线矩阵可以表示成

---

① FRAMINAN J M, RUIZ U R. On transforming job-shops into flow-shops [J]. Production Planning & Control, 2002, 13（2）：166-174.

x

$$
\begin{array}{c}
 \quad M_1 \quad M_2 \quad M_3 \quad M_4 \quad M_5 \\
\begin{array}{c}
J_1 \\
J_2 \\
J_3 \\
J_4
\end{array}
\left(
\begin{array}{ccccc}
 & x & x & x & \\
x & & x & & x \\
x & x & x & & \\
 & & x & x & x
\end{array}
\right)
\end{array}
$$

进一步观察可知, $M_3 - M_1 - M_2 - M_3 - M_1$ 可以看成是五个阶段。每个阶段有一台机器。这又可转化成柔性流水车间问题。考虑到部分工件可能并不需要某台机器提供服务。因此,每台机器的缓冲区需设置一个动态调度规则 (dynamic dispatching rule, DDR),如图 4.4 (c) 所示。DDR 规定工件进入某机器缓冲区时首先判断该工件是否需要该机器提供服务,如果需要该机器提供服务,则工件所在缓冲区按照 SPT (the shortest processing time) 规则对所有待加工件排序;否则,该工件直接送至下游机器缓冲区。在实践中,DDR 最好有在制品信息实时更新功能,否则有可能导致 CONWIP 的在制品控制信息与实际在制品数量不一致,形成死锁。

方式四:方式三不适合对机器采购成本敏感的中小单件企业。Guinet 与 Legrand 采用了"虚"作业将作业车间调度问题转化为流水车间调度问题[①]。这种转化方法的一个优点就是不会额外增加机器数。受此启发,本书提出一种结合 DDR 和环形布局的转换方式。在图 4.4 (d) 中,环形布局可以在不增加额外机器的同时将作业车间问题转化为流水车间问题。

总体来说, UMD 识别的根本目的是获得 CONWIP 控制的基本单元——UMD 区段,它是构造对象的蓝图。同理,UMD 区段可以看成是一种抽象类,而机器、工作中心、复杂生产网络都可以看成是 UMD 抽象类实例化的结果。若将 UMD 区段看成是一种集合族,则该集合包含上游子集 (U)、中游子集 (M) 和下游子集 (D)。显然,工厂、车间、部门、工段和加工中心等都具有集合性质。UMD 区段无论是被当作类还是集合,都具有聚类的特征,并且每个区段还可以继续迭代划分 UMD 区段,如图 4.5 所示。

---

① GUINET A, LEGRAND M. Reduction of job-shop problems to flow-shop problems with precedence constraints [J]. European Journal of Operational Research, 1998, 109 (1): 96-110.

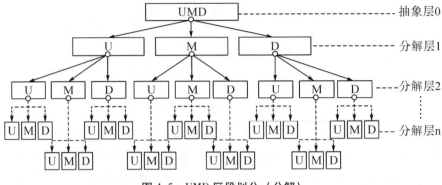

图 4.5　UMD 区段划分（分解）

4.4.2　环路模式设计

环路模式设计步骤关注如何将 CONWIP 基本控制单元（UMD 区段）与 CONWIP 拉式机制相结合，并能够反映出环路结构之间"组间差异、组内同质"的非唯一性要求。总而言之，环路模式设计需要确定 CONWIP 控制的"宏观"范围。环路模式可用以下四种符号描述：

（1）／：表示多环路之间的分隔点；

（2）∧：表示将多个环路合并为一个单环路；

（3）∨：表示将一个单环路分隔成多个环路，它是∧的逆过程；

（4）¬：表示取消拉式环路，即采用推式控制机制。

采用符号描述环路模式的目的是突显环路控制的宏观结构与拉式控制范围，这有利于引导 CONWIP 策略制定人员更好地设计 CONWIP 环路结构的细节。环路模式设计中有几种常见的环路基本模式，这些基本模式可扩展为复合环路模式。图 4.6 展示了五种基本环路模式，其中 CONWIP 信号卡由虚线表示。

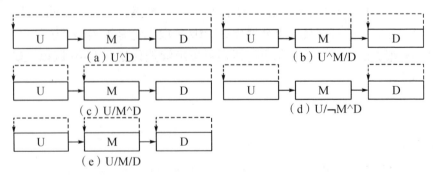

图 4.6　基本环路模式

图 4.6（a）是一个经典的 CONWIP 单环路模式，记为 U^D 模式。该模式中，UMD 区段被同一个环路控制。在该环路结构中，环路控制范围起始于上游端并且终止于下游端。图 4.6（b）表示 U 区段与 M 区段被同一个环路控制，D 区段被另一个环路控制，该环路模式记为 U^M/D 模式。图 4.6（c）表示 U 区段被一个环路控制，M 区段和 D 区段被另一个环路控制，该环路模式记为 U/M^D 模式。图 4.6（d）表示 U 区段和 D 区段分别被环路控制，M 区段取消 CONWIP 控制，这种模式记为 U/¬M/D 模式。图 4.6（e）表示 UMD 区段分别被环路控制，该环路模式记为 U/M/D 模式。

此外，U/D 模式表示将生产系统划分为 U 区段与 D 区段。复合模式 U^M/M^D 表示 U 区段和部分 M 区段被同一个环路控制，D 区段和其余 M 区段被另一个环路控制。而复合模式 U^M/¬M/D 强调了部分 M 区段取消 CONWIP 控制（见图 4.7），组合符号"/¬"可理解为推—拉接口位置。$U/\bigvee_{i=1}^{n}M^{(i)}/D$ 模式表示 M 区段由 n 个环路所控制。

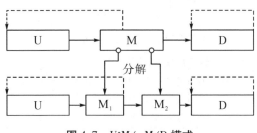

图 4.7 U^M/¬M/D 模式

4.4.3 模式细化

模式细化是基于实际的环路结构约束条件对环路模式进一步调整和细化，这是 CONWIP 环路结构设计的最后一个步骤。设计完成的 CONWIP 环路结构再结合 CONWIP 其他参数从而最终形成 CONWIP 环路控制策略。一个 CONWIP 环路结构对应着一个 CONWIP 环路控制策略。

环路约束决定着 CONWIP 环路结构之间的合并与分离。在实际生产环境中，许多因素可以看作是环路结构约束条件。本书将影响 CONWIP 环路结构的因素划分为企业内部因素与外部因素两大类。企业内部因素可细分为车间状态、生产环境、制造要求和管理权限四个维度，见表 4.2。企业外部因素可细分为物流与供应、市场需求、政策三个维度，见表 4.3。在实践中环路结构约束条件有可能需要 CONWIP 开发/设计人员与企业生产管理人员共同协商制定。

表 4.2 企业内部 CONWIP 环路结构约束条件

维度	约束条件
车间状态	瓶颈漂移限制； 生产波动程度（频率）； 机器能力； 负荷平衡
生产环境	工作研究、作业分析、车间任务； 操作员技能； 设施布局； 流水车间组织形式、作业车间组织形式； 车间规模； 生产资源数量； 库存重要度； 物料搬运与供应方式（机制）； MTO、MTS、ETO、ATO
制造要求	工艺要求、生产质量要求
管理权限	管理层次和幅度； 车间管理人员的职责范围与授权； 部门边界、业务范畴、工作内容； 因业务需要而设定的"推—拉"接口位置

表 4.3 企业外部 CONWIP 环路结构约束条件

维度	约束条件
物流与供应	地理位置与距离； 与供应链伙伴的合作程度（例如：原材料供应商、核心部件供应商）； 物流供应效率； 供应过程的可靠度
市场需求	客户参与度和话语权； 客户产品需求、服务质量需求； 因市场环境而设定的"推—拉"接口位置
政策	政府政策、法规要求； 专利壁垒； 行业标准； 特别的或临时性管理（监管）措施

上述约束条件也可以作为 UMD 识别的参考。但是环路约束条件和 UMD 识别本质是不同的。环路约束条件强调的是 CONWIP 环路控制范围，而 UMD 识别强调的是对生产资源的划分。

例如：采购部门属于上游（U 区段），而制造部门属于下游（D 区段），考虑到部门边界、业务范畴或各部门负责人的职责范围等约束条件，CONWIP 环路控制范围只能限于各部门内部，即 U/D 模式。当总经理授权制造部门负责人管理采购业务时，此时这两个部门就可以用一个 CONWIP 环路控制，即 U^D 模式。这两个部门可看成是生产资源，而总经理的授权就是制约 CONWIP 环路控制的约束条件。

4.5 基于 CONWIP 环路设计方法的环路控制策略实施流程

CONWIP 环路设计最终目的是为 CONWIP 环路控制策略提供合适的 CONWIP 环路结构。因此，有必要将 CONWIP 环路设计方法整合到 CONWIP 环路控制策略实施流程中。这也便于回答何时使用 CONWIP 环路设计方法的问题。图 4.8 给出了 CONWIP 环路控制策略实施主要流程：环路控制策略设计、环路控制策略实施、环路控制策略测试，以及环路控制策略的运作与维护。CONWIP 环路设计与 CONWIP 其他参数设定都属于环路控制策略设计流程，该流程由初步设计、详细设计与策略评价构成。

当 CONWIP 环路结构确定后，就可以考虑设定 CONWIP 其他参数，例如：设定 WIP 上限、排队调度规则、CONWIP 信号卡的类型等。WIP 上限的设定或求解最优 WIP 值被研究得最多。通常有两类求解方法，一类称为静态法，主要基于数学规划方法来获得理论上界；另一类属于动态调整，主要通过统计方法或模糊控制方法监控系统变动，动态调整负荷上界。调度理论中提出的许多排队规则或机器调度方法可用于 CONWIP 缓冲区以及订单池排序，FCFS（first come first served）是 CONWIP 控制中最常见的一种排序方式。图 4.8 中 CONWIP 卡类型是指 CONWIP 信号卡所控制（承载）的不同信息类型。具体而言，按照 CONWIP 信号卡所控制的路线数量分别划分为共享卡（多个线路共享）和指定卡（每个线路单独控制）①；按照 CONWIP 信号卡所控制的范围划分为单环路（S-loop）与多环路控制（M-loop）；按照 CONWIP 信号卡所绑定的产品类型可分为绑定类型卡（M-closed）与非绑定类型卡（S-closed）②。经典的 CONWIP 信号卡属于单环路、线路单独控制且非绑定产品类型卡。

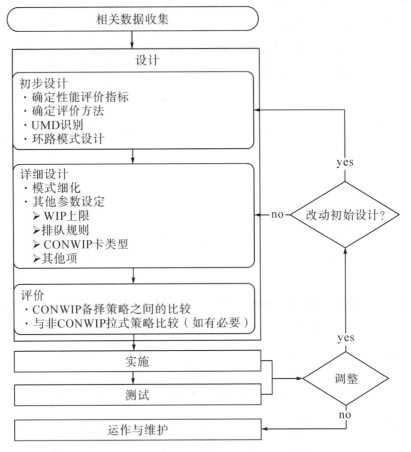

图 4.8　CONWIP 环路控制策略实施流程

　　① KHOJASTEH-GHAMARI Y. A performance comparison between Kanban and CONWIP controlled assembly systems [J]. Journal of Intelligent Manufacturing, 2009, 20 (6): 751-760.
　　② FRAMINAN J M, RUIZ-USANO R, LEISTEN R. Input control and dispatching rules in a dynamic CONWIP flow-shop [J]. International Journal of Production Research, 2000, 38 (18): 4589-4598.

5 单件小批量流水车间 CONWIP 环路控制策略

CONWIP 环路结构是 CONWIP 环路控制的基础。一个有效的 CONWIP 环路控制可以看成是 CONWIP 环路结构参数与 CONWIP 在制品上限参数的组合优化策略（以下简称 CONWIP 环路控制策略）。本章将进一步探讨单件小批量环境下柔性流水车间和装配流水车间的 CONWIP 环路控制策略的性能，以便更好地发挥 CONWIP 拉式控制效果。

5.1 CONWIP 系统与环路策略相关研究

CONWIP 研究已经开展了三十多年，研究人员在性能评价、建模、参数求解和模型改进等方面发表了大量论文，一些 CONWIP 研究人员认为瓶颈和过程时间变动是影响系统性能评价的重要因素。Spearman 等[1]讨论 CONWIP 装配系统问题时，指出了瓶颈位置和 Set-up（加工准备或换线换模）时间对 CONWIP 装配系统的影响。Duenyas 等[2]提出了一个由多条制造线和装配线构成的生产系统，其中，制造线和装配线均由多台服从指数分布的机器工作站构成，CONWIP 机制用于调节工件的释放。该研究表明，产出率是机器加工速度的非递减函数，装配线上的瓶颈要比制造线上具有相同情况的瓶颈对生产系统的产出率影响更大。另外，具有指数作业时间

---

① SPEARMAN M L, WOODRUFF D L, HOPP W J. CONWIP: a pull alternative to kanban [J]. International Journal of Production Research, 1990, 28 (5): 879-894.

② DUENYAS I, HOPP W J. Estimating the throughput of an exponential CONWIP assembly system [J]. Queueing Systems, 1993, 14 (1-2): 135-157.

的装配系统的最优看板卡数，可看作是具有相同平均加工时间且考虑故障率递增情况下的装配系统的看板卡数的下界。Park 等[1]研究了一种多产品生产系统，该系统中每个部件均采用 MTS 生产方式，最终产品由不同的部件组装而成，以满足客户订单需求。该研究假设订单达到服从泊松分布，每个工位的处理时间服从 Coxian 分布。在 CONWIP 控制下，这些部件由包含多个工位的流水线进行生产，该研究采用两阶段逼近技术对该 CONWIP 系统进行了分析。Ip 等[2]比较了单环路和多环路 CONWIP 生产控制系统在一个真实的灯具装配生产线上的控制效果，该装配线组装一系列具有离散分布时间和需求的灯具产品。他们的研究表明：就总成本和服务水平而言，单环路 CONWIP 比多环路 CONWIP 在灯具装配生产线上有更好的性能。在制品上限（WIP limit）对 CONWIP 系统的性能起着重要的作用，如何获得一个合适的在制品水平是许多 CONWIP 研究者关注的焦点之一。Hopp 等[3]提出了一个类似统计过程控制的统计产出率在制品控制法，该方法可以根据 CONWIP 生产系统能力状态动态调整在制品上限水平。Renna 等[4]开发了一种采用两项移动平均法评估需求波动的控制器来调整看板卡的数量，以保持较高的性能指标。此外，Cao 等[5]建立了一个非线性混合整数规划 CONWIP 系统模型。Satyam 等[6]分析了 CONWIP 控制下的多产品生产系统性能。该多产品生产系统由一个同步工位的闭环排队网构成，并采用二阶矩近似法度量了该网络中分叉/汇聚工位和其他作业工位的性能。为了满足单件小批量企业生产特点，黄敏等[7]对单阶段、多阶段串联和多阶段混联三种 CONWIP 系统进行了仿真建模，并考虑了 CONWIP 系统中不

① PARK C W, LEE H S. Performance evaluation of a multi-product CONWIP assembly system with correlated external demands [J]. International Journal of Production Economics, 2013, 144（1）: 334-344.

② IP W H, HUANG M, YUNG K L, et al. CONWIP based control of a lamp assembly production line [J]. Journal of Intelligent Manufacturing, 2007, 18（2）: 261-271.

③ HOPP W J, ROOF M L. Setting WIP levels with statistical throughput control（STC）in CONWIP production lines [J]. International Journal of Production Research, 1998, 36（4）: 867-882.

④ RENNA P, MAGRINO L, ZAFFINA R. Dynamic card control strategy in pull manufacturing systems [J]. International Journal of Computer Integrated Manufacturing, 2013, 26（9）: 881-894.

⑤ CAO D, CHEN M. A mixed integer programming model for a two line CONWIP-based production and assembly system [J]. International Journal of Production Economics, 2005, 95（3）: 317-326.

⑥ SATYAM K, KRISHNAMURTHY A. Performance analysis of CONWIP systems with batch size constraints [J]. Annals of Operations Research, 2013, 209（1）: 85-114.

⑦ 黄敏，王兴伟，汪定伟. OKP 企业 CONWIP 控制策略的仿真分析 [J]. 系统仿真学报，2001, 13（1）: 106-109.

同分支线路上的瓶颈效应影响。该研究中，单阶段 CONWIP 系统属于单环路策略，多阶段串联和多阶段混联 CONWIP 系统属于多环路策略。该研究表明，多阶段混联 CONWIP 控制策略效果最佳。黄敏等是国内早期开展 CONWIP 研究，以及将 CONWIP 与单件小批量生产结合起来研究的一批学者。

总体来说，上述研究主要集中在瓶颈对 CONWIP 系统的影响方面，对于 CONWIP 环路的研究仍然较少，并且都是在已知或给定 CONWIP 环路结构的前提下进行性能研究，缺乏从系统设计角度对 CONWIP 环路策略进行深入探讨。上述文献在对装配系统进行性能评价时，忽略了产品的装配需要多个部件的事实。具体来说，上述文献简化了生产计划和控制的一个非常重要的参数——产品结构信息，默认一个产品由单个零件或部件组成。实际上，一个产品由许多零件组装而成。不同类型的产品需要不同的零件数量，特定的零件需要不同的加工时间。不同类型产品之间装配数量的差异性对 CONWIP 环路控制效果有影响。另外，这些研究文献所提出的算法、模型和分析方法并不是针对 CONWIP 环路问题的。

5.2　单件小批量流水车间 CONWIP 环路结构设计

5.2.1　柔性流水车间 CONWIP 环路结构

柔性流水车间由若干阶段构成，阶段可按照作业流程划分。每个阶段包含可完成某道作业的若干并行机。柔性流水车间一般可描述为具有 n 个阶段，每个阶段由 k 个并行机组成的生产系统（记为 $n \times k$ 柔性流水车间），如图 5.1 所示。

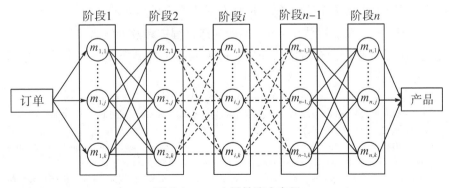

图 5.1　$n \times k$ 柔性流水车间

柔性流水车间也称为混合流水车间（hybrid flow shop，HFS），这是一种常见的生产车间组织形式。柔性流水车间能够满足多品种小批量生产、大规模客户定制和单件生产等多种要求[①]。在工业实践中也有许多情形可以被看成是柔性流水车间形式。为了更好地理解柔性流水车间组织形式，这里展示4种非机械加工行业的柔性流水车间组织形式场景。

场景1——玻璃容器制品生产[②]。在玻璃容器制品生产中，熔炉是加工玻璃容器制品的重要设备，玻璃原料被送至熔炉中加温熔化后再送至多个玻璃成型机中进行成型。之后，成型的玻璃制品进行退火工艺处理。该工艺阶段由若干并行窑炉组成，这些窑炉确保每个玻璃制品能够达到冷却和硬化所需的时间。退火的玻璃制品进入检验阶段，最后进行包装和储存。可见，玻璃容器的生产过程包括五个不同的工艺阶段：熔化、成型、退火、检验和包装。该玻璃容器制品生产中的成型、退火、检验阶段都由若干并行加工设备或工位组成。

场景2——冰激凌生产[③]。冰激凌生产有三个阶段，分别是搅拌、冷却和罐装。第一阶段有两台搅拌机用来根据配方混合原料。混合物被送到三个容量为1万升的加工罐中，在那里进行巴氏消毒、均质，并添加色素和调味料。产品必须在罐中保持至少4小时，最多48小时。第二阶段，将混合物放入冷却器中冷却，使冰激凌变得黏稠。该阶段有三种不同类型的冷却器，共32个，每种产品都可以按给定类型进行加工。第三阶段，从冷冻机出来的冰激凌半成品被送至灌装机，灌装机为冰激凌塑形。接下来，它经过一个冷冻通道，最后进入包装机。冷冻通道使用氨、氮和盐水冷冻。使用氨和盐水通道的管线是固定的，而使用氮气通道的管线是可移动的。在某些情况下，两台灌装机可以为同一冷冻通道供料。一台灌装机可以接收来自多个搅拌器的产品，每个搅拌器只生产一种口味的冰激凌。

场景3——船舶涂装作业[④]。船舶建造过程中涉及分段涂装作业，该作业包含冲砂和喷涂两个阶段。冲砂阶段涉及多个冲砂车间，每个冲砂车间

① 王芳. 面向碳效优化的柔性流水车间调度研究 [D]. 武汉：华中科技大学，2017.

② PAUL R J. A production scheduling problem in the Glass-Container Industry [J]. Operations Research，1979，27（2）：290-302.

③ RIBAS V I，COMPANYS P R. A hybrid flow shop model for an ice cream production scheduling problem [J]. Journal of Industrial Engineering and Management，2009，2（1）：60-89.

④ 张志英，林晨，杨连生，等. 面向分段涂装作业的混合流水车间调度 [J]. 上海交通大学学报，2014，48（3）：7.

可以进行批处理。喷涂阶段涉及多个喷涂车间和多个喷涂工作队。喷涂工作队可以在任意喷涂车间施工。这就构成了具有批处理能力的两阶段柔性流水车间形式。

场景 4——集装箱码头装卸作业[①]。集装箱码头的装卸作业过程可看成一个由岸边集装箱起重机（岸桥）、集装箱卡车（集卡）、堆货场集装箱起重机（场桥）组成的三阶段混合流水车间组织形式。船舶靠泊后由岸桥将集装箱从船上卸载至集卡，然后由集卡运输至该集装箱所要放置的箱区，由场桥将集装箱从集卡上卸下放在堆场中，装箱是卸箱的逆过程。集装箱的卸货过程可看成工件在流水线上被加工的过程，集装箱就是工件，依次通过岸桥、集卡和场桥三个加工中心，每个加工中心由若干并行机组成。

本书以一个 4×3 柔性流水车间为实例构建 CONWIP 环路结构。基于 CONWIP 环路设计方法，本书将柔性流水车间的各个阶段作为 UMD 识别的基本节点。笔者考虑了 7 种环路模式，除了 5 种基本环路模式，本书结合该实例特点另扩展了两种复合环路模式：$U^\wedge M/M^\wedge D$ 和 $U^\wedge M/\neg M/D$。笔者基于这 7 种环路模式设计了 10 种 CONWIP 环路结构，并假设这 10 种 CONWIP 环路结构都满足模式细化中的环路结构约束条件，以便尽可能多地测试不同 CONWIP 环路控制结构，从而更全面地反映不同环路控制策略的性能差异。图 5.2 展示了这 10 种环路结构，其中 S_i 表示第 i 个阶段且 $i=1$，2，3，4。由于 CONWIP 环路结构与 CONWIP 环路控制策略具有一一对应关系，因此本书余下部分均用 CONWIP 环路结构策略表示 CONWIP 环路控制策略。

表 5.1 列出了以环路模式为特征的环路结构分类。其中，策略 1 具有 $U^\wedge D$ 模式特点，策略 4 和策略 9 具有 $U^\wedge M/D$ 模式特点，策略 2 和策略 10 具有 $U/M^\wedge D$ 模式特点。策略 7 具有 $U/\neg M/D$ 模式特点。策略 5 和策略 6 具有 $U/M/D$ 模式特点。策略 3 和策略 8 分别由复合模式 $U^\wedge M/M^\wedge D$ 和 $U^\wedge M/\neg M/D$ 描述其基本特点。显然，与环路结构相对应的 CONWIP 环路控制策略也满足这种分类。

---

① 谢晨，梁承姬，徐德洪. 基于 HFSS 的集装箱码头集成调度模型的建立与求解 [J]. 华中师范大学学报（自然科学版），2016，50（3）：7.

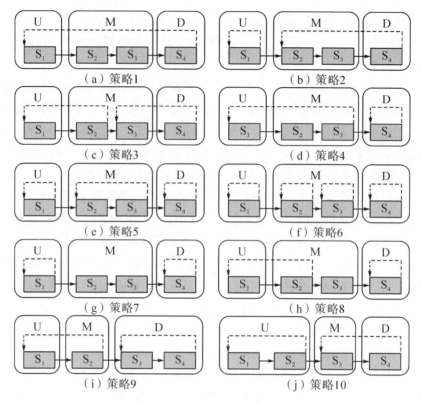

图 5.2　柔性流水车间 CONWIP 环路结构

表 5.1　柔性流水车间 CONWIP 环路模式分类

策略	环路模式						
	基本模式					复合模式	
	U^D	U^M/D	U/M^D	U/¬M/D	U/M/D	U^M/M^D	U^M/¬M/D
1	○						
2			○				
3						○	
4		○					
5					○		
6					○		
7				○			
8							○
9		○					
10			○				

5.2.2　装配流水车间 CONWIP 环路结构

装配是生产制造的基本活动之一，它将不同零部件组装为半成品或成品。开展装配活动的生产车间有三种组织形式，第一种是在一个工位（或加工中心）上进行的装配作业，该装配作业由若干流程构成；第二种是由许多工位构成的生产线，工位相互串联，执行更复杂的装配流程；第三种是由若干串联的装配线构成的装配网络。

复杂的装配网络中必然存在多条物料（零部件）路线汇聚（Join）到同一个节点（工位）进行组装的情况，显然也存在组装的逆过程——分拆，即部件在一个节点被拆分后送往不同节点的情况，这就形成了节点分叉（Fork）情况。这种装配网络又被称为 Fork-Join 排队网络系统，如图 5.3 所示。

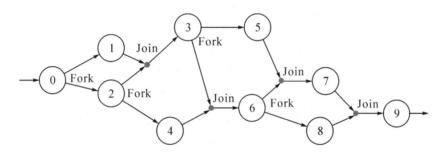

图 5.3　Fork-Join 排队网络系统

在现实中这种 Fork-Join 特征不一定是供应链网络或装配生产线才具备，一些服务作业系统也具备。例如，仓储中心的集散作业就可看成一个Fork-Join 排队网络系统[①]。具体而言，当送货车队抵达仓储中心时会在多个规定的卸货区进行卸货拆箱，多个叉车将不同货物转运至不同货位存放。仓储中心卸货和存放货物的时候也可能同时进行着出库作业。此时，多个叉车会将货位中的货物转运至不同的集装箱进行打包装箱，并由驶往不同目的地的货车装车离开。在这个实例中，送货车队在不同区域卸货可看成是 Fork 节点，叉车转运至不同货位也属于 Fork 节点，而出货装箱是Join 节点，集装箱归集到提货区被货车运走可看成是 Join 节点。

---

① 万颖. 集装箱配送中心拆装箱库 Fork-Join 网络与系统仿真分析方法研究［D］. 武汉：武汉理工大学，2017.

本节提到的装配流水车间就是这种具有汇聚特征的装配网络。这种装配流水车间控制的难点在于如何解决负荷平衡问题。负荷不平衡主要表现为在多个网络节点或多条子线路上会产生多个不同程度的瓶颈，或表现为瓶颈漂移现象。一般高效率的生产线都希望各工位的生产节拍同步，然而对于负荷不平衡的装配流水车间而言，要让每个节点同步是比较困难的。装配流水车间实现负荷平衡需要在作业调度计划和车间负荷控制两个层面进行优化。

图 5.4 是一个具有分支汇聚特征的装配流水车间，其生产组织方式可描述为上游由两个子生产线分别进行零部件加工，加工完的零部件汇聚到装配线进行总装。这种装配流水车间的汇聚位置变动很大。

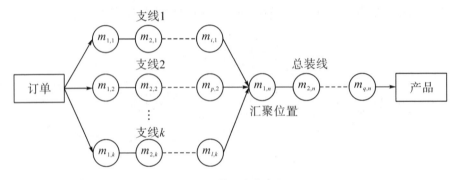

图 5.4　装配流水车间

本节以两支线汇聚总装线的装配流水车间为实例，构建 CONWIP 环路结构，其中每条支线包含 2 台机器，总装线包含 3 台机器。对于具有汇聚特征的装配流水车间而言，汇聚位置识别为 M 区段以便能被单独控制，而支线识别为 U 区段，总装线识别为 D 区段。本节基于 5 种基本环路模式设计了 8 种 CONWIP 环路结构，并假设这些环路结构都满足模式细化中的各种约束条件。图 5.5 展示了这 8 种环路结构。

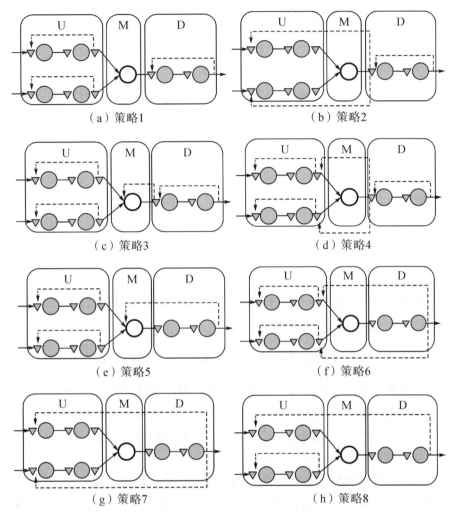

图 5.5　装配流水车间 CONWIP 环路结构

这 8 种装配流水车间 CONWIP 环路控制结构可以归类到 5 种基本环路模式中，如表 5.2 所示。策略 1 具有 U/¬M/D 模式特点。策略 2 具有 U^M/D 模式特点。策略 3 和策略 4 都具有 U/M/D 模式特点。策略 5 和策略 6 都具有 U/M^D 模式特点。策略 7 和策略 8 都具有 U^D 模式特点。

表 5.2 装配流水车间 CONWIP 环路模式分类

策略	设计模式				
	U^D	U^M/D	U/M^D	U/¬M/D	U/M/D
1				○	
2		○			
3					○
4					○
5			○		
6			○		
7	○				
8	○				

5.3 单件小批量柔性流水车间 CONWIP 环路控制策略

5.3.1 单件小批量柔性流水生产车间负荷分配方式

在单件小批量生产过程中，满足订单差异性要求的同时，还需考虑高效产出问题。这意味着单件企业需要一种柔性与效率都兼顾的生产组织方式，而柔性流水生产车间组织方式能够较好地满足单件企业对于生产柔性与效率的双重要求。

一些单件小批量产品（订单）的粗加工环节会采用柔性流水生产车间组织方式（简称柔性流水车间）。这是因为在粗加工环节，工件（零部件）结构往往具有同构性，但工艺参数（用料、加工方式、尺寸大小等）有较大差异。换言之，这些工件的生产流程相同，但各自的作业任务（工序）不尽相同。柔性流水车间可将生产流程划分成若干作业阶段，每个作业阶段配置不同机器，以满足不同工件的作业任务要求。生产调度理论中，一般将构成柔性流水车间的机器统称为并行机，根据加工能力，并行机又分为同速并行机和异速并行机。

在实际单件小批量生产环境中，异速并行机是一种较为常见的形式。生产现场的加工机器（设备）通常由通用机器和专用机器组成。专用机器效率高，适合特定作业流程，但其购置费用和维护成本高，因而中小企业难以大量配置。在粗加工环节，当生产任务繁重，专用机器被占用或在维护调试时，通用机器依靠工人技能可替代专用机器承担相同作业任务，只是加工效率相对较低。此种情况就可看成是一种异速并行机形式。异速并行机表明柔性流水车间同一作业阶段内的机器能力是不等的，这意味着车间（作业）负荷分配方式会对柔性流水车间的产出效率产生影响。

单件小批量柔性流水生产车间的负荷分配有两种情况：

情况 1：分配负荷不均。当并行机出现故障或者检修维护并且某些机器（如专用机器）不可替代时，会导致一部分机器能力闲置，另一部分机器会维持高负荷甚至超负荷状态，车间负荷分配总体不平衡。这种负荷分配不均的情况可看成是由机器资源限制和机器能力限制之下工件调度不合理造成的。

情况 2：均衡分配负荷。当并行机正常运作并且机器可被替代时，根据现阶段并行机负荷程度，来自上一作业阶段的工件被分配至负荷最少的机器处等待加工。此时车间负荷分配总体平衡，并行机利用率达到最大。

显然，单件小批量柔性流水生产车间无论负荷分配是否均衡都是影响 CONWIP 控制性能的重要因素。因此，本书针对柔性流水生产车间的仿真实验设置了两种负荷分配规则，以观察 CONWIP 环路策略在不同负荷分配情况下的性能表现。

规则 1：车间负荷随机分配规则，该规则要求不考虑机器总负荷情况，将进入柔性流水车间的工件随机分配至所需机器上加工。

规则 2：车间负荷均衡分配规则，该规则要求将进入柔性流水车间的工件优先分配至总负荷最少的机器上进行加工。

5.3.2 评价指标与实验设计

5.3.2.1 评价指标

在单件小批量生产环境中，企业会将提前完成的产品入库保管，并按照规定的交货期按时交付。在订单完成到交付前所发生的库存相关费用由单件企业承担。另外，如果订单无法在规定的交货期内交付，则单件企业将会因为违约遭受较重的拖期惩罚，从而损失收益。总体来说，单件小批量生产环境看重的是准时性，即订单交付能力。提前或滞后交付订单都会降低单件生产企业的经济效益。因此评价指标要能够反映这一特征。本书采用平均净收益（average net revenue，ANR）为主要评价指标，响应能力

R_P、收益—投入比 η 作为辅助评价指标。具体介绍如下：

（1）平均净收益 ANR。该指标同时衡量拖期罚金和提前完工库存保管费用，能够较好地反映单件小批量生产对于准时性的追求。

$$ANR = \frac{1}{n} \sum\nolimits_{j=1}^{n} (\lambda_j - \omega_j T_j - \tau_j q \lambda_j) \qquad (5.1)$$

式中，n 表示已完成订单总数；λ_j 表示订单 j 的收益；ω_j 表示订单 j 的单位时间拖期罚金；τ_j 表示订单 j 的存放时间，即 $\tau_j = -\min\{L_j,\ 0\}$。其中，$L_j = C_j - d_j$，表示订单 j 的拖期时间，C_j 指订单 j 的完成时间，d_j 指订单 j 的交货期；$T_j = \max\{L_j,\ 0\}$ 表示订单 j 的延迟；q 表示单位时间的库存保管费率，按占订单收益的百分比作为库存保管费。

（2）响应能力 R_P。该指标反映了 CONWIP 环路控制策略 p 响应变动条件获得最大收益的能力。

$$R_P = \frac{\sum\nolimits_{i=1}^{N_f} A_{ip}}{N_f} \times 100\% \qquad (5.2)$$

式中，$A_{ip} = 1$ 表示环路策略 p 在变动条件 i 中具有最大平均净收益，否则为 0；N_f 表示变动条件总数。R_P 值为 1 说明相对于其他备择策略，该环路控制策略能够在所有变动条件中获得最大平均净收益。这是一个相对指标，该指标不考虑为了达到最大平均净收益需投入系统中的在制品数。

（3）收益—投入比 η。该指标表示产出收益 O_r 与在制品投入 I_w 之比。O_r 与 I_w 的取值依赖于对产出收益与在制品投入的具体定义。采用收益—投入比指标可以清晰地反映 CONWIP 环路控制策略的所需（投入）在制品数的"性价比"，η 越大，说明该环路控制策略综合效益越好，即用更少的在制品投入获得了更大的收益回报。例如，当两个环路策略 a 与 b（$a \neq b$）存在 $O_r^a > O_r^b$ 且 $I_w^a > I_w^b$ 时，η 就可以评价 a 与 b 控制策略综合效益最优的问题。

$$\eta = \frac{O_r}{I_w} \qquad (5.3)$$

考虑到本节实验是为了评价多种生产变动情况下的 CONWIP 环路控制策略综合性能表现，将产出收益 O_r 定义为多种变动情况下生产系统获得的最大平均净收益的期望，见式 5.4。将在制品投入 I_w 定义为在多种变动情况下生产系统需维持的平均最低（佳）在制品量，见式 5.5。

$$O_r = \frac{\sum_{i=1}^{N_f} ANR_{ip}^*}{N_f} \qquad (5.4)$$

式中，ANR_{ip}^* 表示环路策略 p 在变动条件 i 中的最大平均净收益。

$$I_w = \frac{\sum_{i=1}^{N_f} w_{ip}}{N_f} \qquad (5.5)$$

式中，w_{ip} 表示环路策略 p 在变动条件 i 中具有最大净收益时的在制品数。

5.3.2.2　实验设计

仿真实验采用 Plant Simulation（www.siemens.com）离散仿真软件对 5.2.1 节中设计的 10 种 CONWIP 环路结构进行建模。仿真实验每次观察 20 组，每组采用不同随机数种子，置信度设定为 95%。为了获得仿真模型稳态时的统计数据，本书将前 100 个订单所耗费的时间规定为"预热"时间，仿真模型统计了完成 1 000 个订单的数据。通过全因子分析实验，将最大 ANR 时的 WIP 水平定为在制品上限。每台机器的设置时间（set-up）服从 [1，200] 均匀分布。不考虑机器故障影响，机器一次只能完成一道作业，不允许抢占。ANR 指标中，λ_j 服从 [1，100] 随机均匀分布，ω_j 服从 [1，10] 随机均匀分布，q 值设定为 0.01。

订单交货期设定采用 TWK 法[①]，见式 5.6：

$$d_i = r_i + k \cdot p_i \qquad (5.6)$$

式中，d_i 表示第 i 个订单的交货期；r_i 表示第 i 个订单的抵达时间；p_i 表示订单 i 的总工作量；k 为经验系数，可调整交期松紧程度，此处为了反映出单件小批量订单拥有各自的交货期，令 k 服从 [1，10] 的均匀分布。

作业变动程度通过正态分布变动系数设定，作业时间（单位为分钟）变动划分为三个水平：

（1）低度变动（L）：作业时间均值为 100，标准差为 5，即 $CV_{low} = 0.05$；

（2）中度变动（M）：作业时间均值为 100，标准差为 30，即 $CV_{medium} = 0.30$；

（3）高度变动（H）：作业时间均值为 100，标准差为 60，即 $CV_{high} = 0.60$。

---

① BAKER K R, BERTRAND J W M. A comparison of due-date selection rules [J]. AIIE Transactions, 1981, 13 (2): 123-131.

用 $\alpha/\varphi/\gamma$ 域表示车间变动条件。α 域表示位于上游的机器具有相同变动程度，φ 域表示位于中游的机器具有相同变动程度，γ 域表示位于下游的机器具有相同变动程度。例如 $L/M/H$ 表示上游作业变动系数为 0.05，中游作业变动系数为 0.30，下游作业变动系数为 0.60。每个域有三种作业变动水平，一共有 27 种作业变动条件，本书不考虑其中 13 种变动条件，即 $M/M/M$、$M/L/L$、$M/H/H$、$H/M/M$、$L/M/M$、$L/M/L$、$H/M/H$、$M/L/M$、$M/H/M$、$M/M/L$、$M/M/H$、$L/L/M$ 和 $H/H/M$。这是因为 M 变动水平与 L 变动水平（或 H 变动水平）之间的变化幅度要小于 L 变动水平与 H 变动水平之间的变化幅度。变化幅度越大，所观察的有用信息量越多，能够更好地对观察到的现象做出准确解释，同时可以提高实验效率。

5.3.3 车间负荷采用随机分配规则时的 CONWIP 环路控制策略比较

仿真实验结果如表 5.3 所示，在 $L/H/L$ 变动下策略 6 具有最大平均净收益，其响应能力 $R_6 = 7.14\%$。在 $L/H/L$ 变动下，策略 2 仅比策略 6 的平均净收益低 0.001，可近似认为这两种策略在 $L/H/L$ 变动下都能使平均净收益指标达到最大，所以策略 2 在这 14 种变动下平均净收益都达到最大，其响应能力 $R_2 = 100\%$。

表 5.3　10 种环路策略的平均净收益指标表现（置信度为 95%）

作业变动	策略				
	1	2	3	4	5
$L/M/H$	35.438±0.298	36.844±0.331*	36.160±0.304	35.503±0.312	36.468±0.325
$L/H/M$	35.144±0.300	36.560±0.314*	35.892±0.324	35.341±0.319	36.156±0.310
$M/L/H$	35.473±0.236	37.002±0.323*	36.197±0.299	35.530±0.333	36.568±0.333
$M/H/L$	35.133±0.189	36.640±0.299*	35.918±0.293	35.440±0.292	36.179±0.295
$H/M/L$	35.453±0.263	36.941±0.294*	36.202±0.300	35.663±0.304	36.420±0.315
$H/L/M$	35.477±0.290	37.028±0.312*	36.276±0.308	35.713±0.348	36.521±0.326
$H/H/H$	34.616±0.401	35.914±0.311*	35.375±0.280	34.827±0.298	35.605±0.328
$H/L/L$	35.545±0.225	37.123±0.302*	36.408±0.303	35.794±0.335	36.560±0.314
$L/H/H$	34.933±0.320	36.212±0.331*	35.632±0.305	35.067±.0329	35.956±0.324
$H/L/H$	35.275±0.221	36.744±0.324*	35.927±0.309	35.347±0.324	36.380±0.339
$L/H/L$	35.177±0.301	36.688±0.305*	36.067±0.308	35.403±0.321	36.213±0.299
$L/L/H$	35.487±0.367	37.019±0.323*	36.348±0.316	35.604±0.338	36.587±0.325
$H/H/L$	35.102±0.292	36.358±0.290*	35.690±0.300	35.285±0.285	35.928±0.302
$L/L/L$	35.844±0.315	37.586±0.298*	36.786±0.289	35.983±0.316	36.765±0.307

表5.3(续)

作业变动	策略				
	6	7	8	9	10
L/M/H	36.558±0.335	34.357±0.265	34.875±0.312	35.869±0.312	36.260±313
L/H/M	36.461±0.339	34.287±0.332	34.907±0.360	36.218±0.324	36.304±0.298
M/L/H	36.618±0.328	34.601±0.259	34.972±0.301	35.890±0.306	36.092±0.297
M/H/L	36.548±0.314	34.611±0.335	34.997±0.287	36.288±0.294	36.199±0.283
H/M/L	36.829±0.318	35.219±0.315	35.346±0.321	36.278±0.312	35.872±0.296
H/L/M	36.863±0.323	35.184±0.364	35.381±0.369	36.201±0.307	35.840±0.288
H/H/H	35.588±0.301	33.815±0.322	34.380±0.326	35.375±0.280	35.375±0.280
H/L/L	37.085±0.312	35.295±0.286	35.494±0.313	36.408±0.303	35.961±0.305
L/H/H	35.937±0.326	34.215±0.325	34.481±0.308	35.632±0.305	35.942±0.312
H/L/H	36.367±0.333	34.724±0.269	34.958±0.329	35.686±0.309	35.641±0.296
L/H/L	36.689±0.322 *	34.568±0.341	35.088±0.299	36.399±0.302	36.420±0.285
L/L/H	36.681±0.338	34.250±0.333	34.251±0.335	35.942±0.312	36.348±0.316
H/H/L	36.292±0.323	34.471±0.298	34.858±0.304	35.961±0.305	35.690±0.300
L/L/L	37.386±0.316	35.473±0.311	35.692±0.259	36.786±0.289	36.786±0.289

注: * 表示相同变动情况下具有最大平均净收益的环路策略。

图5.6中，综合14种变动情况的各个 CONWIP 环路控制策略所维持的最低平均在制品数和获得的最大平均净收益期望值，发现策略2所需更少的平均在制品数就可以获得与其他策略相差无几的平均净收益期望值。策略1、策略7和策略8投入更多的在制品才能获得相同的平均净收益期望值。显然，这不符合拉式生产的低库存精益思想，因为过高的库存不仅占用了企业流动资金，增加了库存管理成本，更重要的是掩盖了单件生产企业的许多管理问题。此外，策略1属于经典的单环路控制结构（属于 U^D 模式），而图5.6表明，部分多环路 CONWIP 控制策略表现优于单环路策略，但是并非所有多环路 CONWIP 控制策略都优于单环路策略。这意味着合理的环路结构对提升 CONWIP 控制策略性能非常重要。

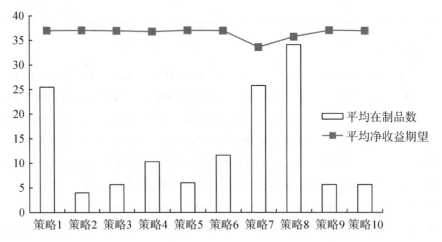

图 5.6　负荷随机分配下综合 14 种变动情况的 CONWIP 环路控制策略的表现

5.3.4　车间负荷采用均衡分配规则时的 CONWIP 环路控制策略比较

表 5.4 中，$L/M/H$、$M/L/H$ 和 $H/H/H$ 变动下，策略 5 具有最大平均净收益，其响应能力 $R_5 = 21.4\%$；$L/H/M$、$M/H/L$、$L/H/H$ 和 $L/H/L$ 变动下，策略 10 具有最大平均净收益，其响应能力 $R_{10} = 28.6\%$；$H/M/L$、$H/L/L$ 和 $H/H/L$ 变动下，策略 9 具有最大平均净收益，其响应能力 $R_9 = 21.4\%$；$H/L/M$ 变动下，策略 1 具有最大平均净收益，其响应能力 $R_1 = 7.14\%$；$H/L/H$ 和 $L/L/H$ 变动下，策略 6 具有最大平均净收益，其响应能力 $R_6 = 14.3\%$；$L/L/L$ 变动下，策略 2 具有最大平均净收益，其响应能力 $R_2 = 7.14\%$。

表 5.4　在 14 种变动情况下 10 种环路策略的平均净收益指标表现（置信度为 95%）

作业变动	策略				
	1	2	3	4	5
$L/M/H$	37.139±0.350	37.183±0.321	37.061±0.345	36.625±0.365	37.362±0.350*
$L/H/M$	36.799±0.376	36.856±0.313	36.698±0.331	36.593±0.317	36.910±0.309
$M/L/H$	37.262±0.337	37.266±0.334	37.192±0.341	36.772±0.369	37.403±0.346*
$M/H/L$	36.772±0.340	36.830±0.309	36.700±0.304	36.780±0.334	36.831±0.310
$H/M/L$	37.146±0.358	37.090±0.315	37.022±0.326	37.109±0.317	37.098±0.302
$H/L/M$	37.332±0.329*	37.201±0.331	37.153±0.315	37.100±0.344	37.140±0.319

表5.4(续)

作业变动	策略				
	1	2	3	4	5
H/H/H	35.856±0.340	35.998±0.317	35.903±0.355	35.597±0.337	36.065±0.310*
H/L/L	37.355±0.343	37.285±0.319	37.276±0.309	37.333±0.319	37.333±0.320
L/H/H	36.367±0.366	36.540±0.324	36.401±0.337	35.974±0.344	36.623±0.337
H/L/H	36.916±0.346	36.921±0.347	36.887±0.335	36.510±0.370	36.927±0.341
L/H/L	36.811±0.328	36.957±0.311	36.831±0.317	36.846±0.321	36.953±0.304
L/L/H	37.387±0.306	37.372±0.330	37.308±0.338	36.849±0.350	37.333±0.326
H/H/L	36.372±0.332	36.445±0.310	36.354±0.319	36.478±0.304	36.507±0.305
L/L/L	37.799±0.312	37.970±0.311*	37.845±0.308	37.719±0.313	37.387±0.307

作业变动	策略				
	6	7	8	9	10
L/M/H	37.163±0.327	35.097±0.469	34.913±0.336	36.740±0.347	37.212±0.342
L/H/M	36.727±0.329	32.638±0.894	34.760±0.542	37.092±0.330	37.212±0.331*
M/L/H	36.915±0.350	33.936±0.399	35.372±0.127	36.921±0.349	37.058±0.324
M/H/L	36.688±0.325	31.254±1.020	34.998±0.365	37.214±0.289	37.082±0.324*
H/M/L	37.099±0.293	34.281±0.231	36.652±0.841	37.302±0.321*	36.691±0.329
H/L/M	37.172±0.318	34.591±0.921	36.931±0.663	37.198±0.330	36.611±0.336
H/H/H	35.927±0.329	31.784±0.238	35.030±0.358	35.903±0.355	35.903±0.355
H/L/L	37.353±0.305	35.282±1.986	37.211±0.322	37.383±0.318*	36.708±0.303
L/H/H	36.349±0.332	31.639±0.222	34.681±0.322	36.419±0.337	36.897±0.361*
H/L/H	36.953±0.341*	32.258±0.563	35.897±0.287	36.598±0.315	36.371±0.313
L/H/L	36.942±0.310	32.586±1.934	34.954±0.391	37.301±0.299	37.312±0.316*
L/L/H	37.392±0.331*	35.496±0.872	35.597±0.900	37.001±0.342	37.308±0.338
H/H/L	36.500±0.301	31.784±0.240	35.247±0.211	36.950±0.316*	36.354±0.319
L/L/L	37.939±0.310	37.694±0.317	37.732±0.371	37.845±0.308	37.845±0.308

注: * 表示相同变动情况下具有最大平均净收益的环路策略。

图 5.7 是综合 14 种变动情况的各个环路控制策略的表现。其中，策略 2 所需要的平均在制品数远小于其他环路控制策略。策略 1 和策略 8 需要维持更高的在制品量才能接近最大的平均净收益期望值。

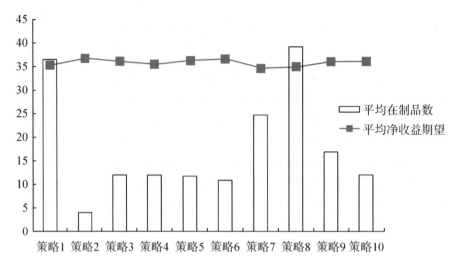

图 5.7　负荷均衡分配下综合 14 种变动情况的 CONWIP 环路控制策略表现

5.3.5　柔性流水车间 CONWIP 环路控制策略综合性能分析

本节使用总响应能力（TR）来衡量环路控制策略的响应变动的综合能力，见式 5.7：

$$TR = \frac{R_p^s + R_p^b}{2},\qquad(5.7)$$

式中，R_p^s 表示随机分配规则下的环路策略响应能力，R_p^b 表示均衡分配规则下的环路策略响应能力。

表 5.5 列出了这 10 种环路策略的总体响应能力。其中，策略 2 的总响应能力最高，达到 53.57%；其次，策略 10 达到了 14.3%；紧接着，策略 5、策略 6 与策略 9 相差不大，都达到了 107%。可见，策略 2 在柔性流水车间的总响应能力最高。

表 5.5　CONWIP 环路控制策略总响应能力

响应能力	策略									
	1	2	3	4	5	6	7	8	9	10
$R_p^s(\%)$	0	100	0	0	0	7.14	0	0	0	0
$R_p^b(\%)$	7.14	7.14	0	0	21.4	14.3	0	0	21.4	28.6
$TR(\%)$	3.57	53.57	0	0	10.7	10.72	0	0	10.7	14.3

图 5.8 反映了 CONWIP 环路控制策略在两种负荷分配规则下的收益—投入比 η 的情况。相较其他控制策略，策略 2 的 η 值在负荷随机分配与均衡分配下都高于其他策略，这意味其收益综合性能最强，即策略 2 的综合"性价比"最好。因此，策略 2 作为该柔性流水车间最优 CONWIP 控制策略是合适的。

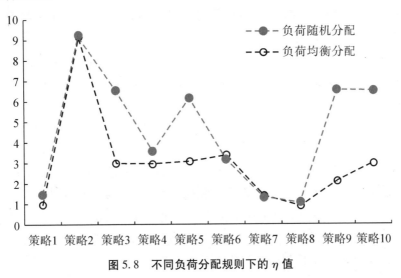

图 5.8   不同负荷分配规则下的 η 值

5.4   单件小批量装配流水车间 CONWIP 环路控制策略

5.4.1   单件小批量生产过程中的装配环节变动与装配比的概念

通常，单件小批量生产过程的最后环节就是装配。装配环节负责将各生产支线供应的零部件进行总装。从供应链角度看，装配环节存在很大的生产变动，这主要是因为：

（1）上游的变动影响装配环节。单件小批量产品的总装线位于整个生产系统的下游端，上游发生的各种延迟（例如：客户需求改变，设计变动，返工等）最后都会累积到下游装配环节。很大程度上，中小单件企业管理层包括客户在内，都将装配环节看成是确保准时交付的最后保障。因此，装配部门承担的压力更加突显，对车间控制系统响应变动的能力需求更加迫切。

（2）混流装配的作业变动大。单件小批量产品的定制化程度高，当多个订单的交货期设置较紧急且交货期较集中时，装配环节就会承担高负荷的混流装配任务，不同的装配流程使得装配工位所需作业时间存在较大差异。

（3）汇聚位置存在瓶颈漂移现象。单件小批量生产环境中，上游各个支线很难保持生产节拍同步。各个支路汇聚到总装线时，位于汇聚位置的装配作业会受到支路产出率的影响。这使得具有汇聚特征的装配流水车间很容易在汇聚位置形成瓶颈。当各种生产变动因素叠加后，会产生瓶颈漂移现象。这不仅影响后续装配作业，还可能干扰上游支线正常的生产秩序。

为了提高单件小批量装配环节响应变动的能力，为具有汇聚特征的单件小批量装配流水车间制定合适的 CONWIP 环路控制策略就显得很有必要。为此，本节给出装配比 α 的概念以反映这种汇聚特征。在生产实践中，装配流程图以及 BOM 表都存在装配比的概念。装配比 α 被定义为一个主装配体（或组件）需要 n 个零部件的配比，可写成 $\alpha = 1 : n$。例如，订单 j 的主装配体需要 n_j 个零部件组装，则 $\alpha_j = 1 : n_j$，其中，n_j 满足 $n \in N$ 且 $j \in J$，N 表示零部件集合，J 表示订单集合。

5.4.2 评价指标与实验设计

本书采用 Plant Simulation 对 5.2.2 节中设计的 8 种 CONWIP 环路结构进行建模。本次实验针对装配比 $\alpha = 1 : 1$ 和 $\alpha = 1 : n$ 两种情况下 CONWIP 环路控制策略性能进行比较，其中在 $\alpha = 1 : n$ 情况下订单 j 的 n_j 取值服从 $[1, 10]$ 均匀分布。

5.4.3 装配比为 1∶1 时的 CONWIP 环路控制策略比较

装配比为 1∶1 时的 CONWIP 环路控制策略比较结果见表 5.6。相较于其他策略，在 $L/M/H$、$L/H/M$、$H/H/H$、$L/H/H$、$L/L/H$ 和 $L/L/L$ 变动下，策略 6 具有最大平均净收益，其响应能力 $R_6 = 429\%$。在 $M/L/H$ 和 $H/M/L$ 变动下，策略 3 具有最大平均净收益，其响应能力 $R_3 = 14.3\%$。在 $M/H/L$ 变动下策略 5 具有最大平均净收益，其响应能力 $R_5 = 7.14\%$。在 $H/L/M$、$H/L/L$、$H/L/H$ 和 $L/H/L$ 变动下，策略 2 具有最大平均净收益，其响应能力 $R_2 = 28.6\%$。在 $H/H/L$ 变动下策略 1 具有最大平均净收益，

其响应能力 $R_1 = 7.14\%$。

表 5.6 8 种环路策略的平均净收益指标表现（置信度为 95%）

作业变动	策略			
	1	2	3	4
L/M/H	34.001±0.402	33.976±0.408	33.571±0.327	33.586±0.345
L/H/M	34.394±0.466	34.261±0.391	34.007±0.351	34.276±0.265
M/L/H	33.634±0.316	33.947±0.311	34.215±0.544*	33.381±0.506
M/H/L	34.218±0.332	34.248±0.318	34.227±0.345	34.117±0.272
H/M/L	34.060±0.348	33.843±0.332	34.257±0.247*	33.859±0.523
H/L/M	33.776±0.406	33.967±0.303*	33.922±0.348	33.938±0.448
H/H/H	32.468±0.423	32.473±0.354	32.803±0.519	31.543±0.283
H/L/L	33.945±0.319	34.117±0.309*	33.741±0.305	33.080±0.511
L/H/H	33.593±0.411	33.731±0.515	33.742±0.436	33.293±0.450
H/L/H	32.983±0.439	33.375±0.393*	33.266±0.427	32.609±0.518
L/H/L	34.467±0.406	34.697±0.384*	34.291±0.358	34.451±0.215
L/L/H	33.761±0.431	34.058±0.442	33.648±0.305	34.097±0.301
H/H/L	34.602±0.339*	33.675±0.349	33.118±0.283	33.249±0.332
L/L/L	35.058±0.375	35.105±0.270	34.837±0.392	34.989±0.377
作业变动	策略			
	5	6	7	8
L/M/H	33.464±0.231	34.260±0.418*	33.953±0.386	33.537±0.419
L/H/M	34.042±0.273	34.426±0.310*	34.150±0.299	34.174±0.390
M/L/H	33.513±0.318	34.127±0.388	33.656±0.384	33.725±0.316
M/H/L	34.413±0.285*	34.303±0.462	33.948±0.276	34.215±0.389
H/M/L	33.311±0.308	33.859±0.361	33.697±0.371	33.815±0.443
H/L/M	33.678±0.339	33.711±0.501	33.649±0.458	33.790±0.343
H/H/H	32.485±0.407	32.974±0.420*	32.755±0.353	32.593±0.409
H/L/L	33.052±0.324	33.703±0.341	33.809±0.421	33.949±0.329
L/H/H	33.425±0.320	33.952±0.270*	33.717±0.263	33.596±0.257
H/L/H	32.602±0.334	33.348±0.313	33.132±0.253	33.103±0.362
L/H/L	34.418±0.345	34.355±0.257	34.442±0.318	34.159±0.401
L/L/H	33.956±0.305	34.239±0.355*	34.008±0.382	33.572±0.329
H/H/L	32.560±0.270	33.785±0.475	33.584±0.286	33.711±0.262
L/L/L	34.644±0.327	35.344±0.357*	35.132±0.300	34.345±0.476

注：＊表示相同变动情况下最大平均净收益的环路策略。

图 5.9 反映了综合 14 种变动情况的 CONWIP 环路控制策略的表现。其中，策略 2、策略 3、策略 7 和策略 8 都需要很少的平均在制品数量就可以获得与其他策略相差无几的平均净收益期望值，策略 1 次之。策略 4、策略 5 和策略 6 需要投入更多的在制品才能获得相同的收益。

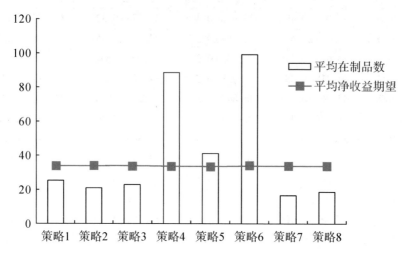

图 5.9　装配比为 1∶1 时综合 14 种变动情况的 CONWIP 环路控制策略的表现

5.4.4　装配比为 1∶n 时的 CONWIP 环路控制策略比较

装配比为 1∶n 时的 CONWIP 环路控制策略比较结果见表 5.7。相较于其他策略，$L/M/H$ 变动下策略 8 具有最大平均净收益，其响应能力 R_8 = 7.14%；$L/H/M$、$M/L/H$、$M/H/L$、$H/L/M$、$H/L/L$、$L/H/H$、$H/L/H$、$L/H/L$ 和 $L/L/L$ 变动下，策略 2 具有最大平均净收益，其响应能力 R_2 = 64.3%。$L/H/M$、$H/M/L$、$H/H/H$、$L/L/H$ 和 $H/H/L$ 变动下，策略 3 具有最大平均净收益，其响应能力 R_3 = 35.7%。

表 5.7　8 种环路策略的平均净收益指标表现（置信度为 95%）

作业变动	策略			
	1	2	3	4
$L/M/H$	31.210±0.284	32.283±0.311	32.436±0.297	–
$L/H/M$	30.954±0.337	32.343±0.442 *	32.316±0.382 *	–
$M/L/H$	30.466±0.292	32.290±0.403 *	32.165±0.280	–
$M/H/L$	30.992±0.400	32.519±0.366 *	32.285±0.528	–
$H/M/L$	28.495±0.447	31.695±0.279	31.768±0.340 *	–

表5.7(续)

作业变动	策略			
	1	2	3	4
$H/L/M$	28.465±0.357	31.910±0.305 *	31.768±0.421	–
$H/H/H$	27.238±0.455	31.031±0.255	31.210±0.358 *	–
$H/L/L$	28.821±0.394	31.945±0.318 *	31.879±0.411	–
$L/H/H$	30.416±0.285	32.360±0.407 *	32.007±0.306	–
$H/L/H$	27.552±0.525	31.715±0.276 *	31.537±0.366	–
$L/H/L$	31.155±0.485	32.505±0.418 *	32.445±0.303	–
$L/L/H$	30.970±0.364	32.320±0.507	32.351±0.382 *	–
$H/H/L$	28.452±0.325	31.545±0.305	31.620±0.349 *	–
$L/L/L$	31.586±0.539	32.739±0.376 *	32.701±0.333	–

作业变动	策略			
	5	6	7	8
$L/M/H$	–	–	31.346±0.315	32.504±0.392 *
$L/H/M$	–	–	32.051±0.411	32.024±0.413
$M/L/H$	–	–	30.840±0.336	31.535±0.262
$M/H/L$	–	–	31.214±0.308	32.038±0.394
$H/M/L$	–	–	29.281±0.381	31.409±0.445
$H/L/M$	–	–	28.904±0.420	31.325±0.322
$H/H/H$	–	–	27.881±0.328	30.934±0.341
$H/L/L$	–	–	29.103±0.276	31.468±0.303
$L/H/H$	–	–	31.261±0.341	31.293±0.326
$H/L/H$	–	–	28.233±0.347	30.949±0.422
$L/H/L$	–	–	32.065±0.351	32.018±0.519
$L/L/H$	–	–	31.695±0.405	31.995±0.430
$H/H/L$	–	–	28.942±0.399	31.266±0.398
$L/L/L$	–	–	32.603±0.418	32.079±0.344

注：* 表示相同变动情况下最佳平均净收益的环路策略；

– 表示平均收益率为负，即现有条件下无法实现盈利。

  表5.7中策略4、策略5和策略6平均净收益为负，有可能是具有汇聚特征的装配车间需要更多的时间来缓冲上游零部件累积的变动。尤其在 $\alpha=1:n$ 条件下，这三种策略无法在给定的交货期、持有库存管理成本约束下令目标函数最大，因而推测放宽约束条件应该有利于改善这种局面。为了验证该推测，以 $H/H/H$ 变动下的策略4为验证对象。将交货期系数 k

分别设定为 15 与 30，同时缩小库存持有保管费率至 0.001，这两种参数调整方案分别用（15，0.001）和（30，0.001）表示，其他实验参数不变。由实验结果可知（见图 5.10），策略 4 在放宽条件后平均净收益由负变正且呈现大幅提升趋势。

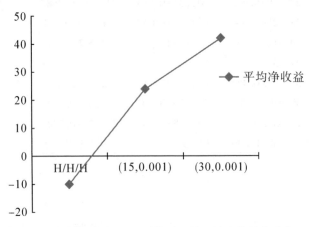

图 5.10　装配比为 1∶n 时策略 4 的平均净收益率变化

　　图 5.11 展示了综合考虑 14 种变动条件时，策略 1、策略 2、策略 3、策略 7 与策略 8 的平均变动净收益期望在小幅波动，这五种策略所需维持的最低平均在制品数相差明显，呈现阶梯递减趋势。策略 8 需要投入相对最低的在制品数量就能获得与策略 2、策略 3 近乎相同的收益。策略 1 投入的在制品数量最多，但所获得的收益相对最低。

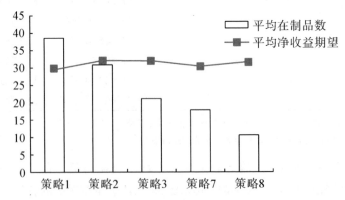

图 5.11　装配比为 1∶n 时综合 14 种变动的 CONWIP 环路控制策略的表现

5.4.5　装配流水车间 CONWIP 环路控制策略综合性能分析

由表 5.8 可知，策略 2 的总体响应能力最强，其次是策略 3。总响应能力表达式见式 5.7。

表 5.8　CONWIP 环路控制策略总响应能力

响应能力	策略							
	1	2	3	4	5	6	7	8
$R_p^1/\%$	7.14	28.6	14.3	0	7.14	42.9	0	0
$R_p^n/\%$	0	64.3	35.7	0	0	0	0	7.14
$TR/\%$	3.57	46.45	25	0	3.57	21.45	0	3.57

图 5.12 反映了 CONWIP 环路控制策略在两种装配比情况下的收益—投入比 η 的对比情况。策略 7 和策略 8 的 η 值总体上大于其他策略，而对于总响应能力表现最好的策略 2 和策略 3，其 η 值要小于策略 7 和策略 8，大于其他策略。这意味着这四个策略分别适合不同的实际需要。例如，当订单收益可观，能够忽略投放较高在制品引起的库存费用时，则策略 2 和策略 3 比较适合。如果单件中小企业需综合考虑收益与高在制品数引发的成本费用时，则策略 8 和策略 7 比较适合。

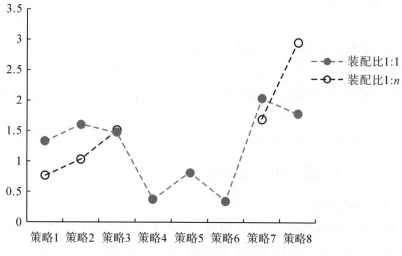

图 5.12　不同装配比条件下的 η 值

5.5 多环路 CONWIP 控制的在制品上限搜索算法

5.5.1 问题描述

多环路 CONWIP 控制过程中，整个 CONWIP 控制系统的性能受到多环路结构及其相应环路内部在制品上限的共同影响。当环路结构给定，则不同环路所容纳的在制品数是影响 CONWIP 系统输出的重要因素。换句话说，可以将多环路 CONWIP 控制策略的在制品上限搜索问题看成是不同环路所需在制品数的离散组合优化问题。一个最优组合能够以最少的在制品数让 CONWIP 系统的目标函数值最优，此时各环路所设定的在制品数就是最优在制品上限。

通常搜索最优在制品上限可以采用枚举法获得精确解，这有助于 CONWIP 性能分析。但是对于一个工业实践问题来说，随着 CONWIP 环路数和在制品搜索上界增大，搜索该解空间将耗费大量的时间成本。例如，仅一个简单的三环路结构，每个环路的在制品搜索上界设为 30，则需要搜索 27 000 次。显然，随着问题规模的增大，如何更快速地找到最优解是实施 CONWIP 控制方法需要面对的问题。

采用启发式方法可以有效提升搜索解的速度，但有可能找不到最优解。CONWIP 拉式系统中在制品上限的设定具有稳健性，在制品数量只需近似正确[①]。笔者在 5.3 节和 5.4 节的实验中也观察到，最优解（精确解）所对应的最大目标函数值与次优解的目标函数值相差不大。如果以效益—投入比 η 衡量，次优解性价比更高。鉴于此，本书提出基于 PSO（particle swarm optimization）算法来求解多环路 CONWIP 在制品上限组合优化问题。

5.5.2 改进型 PSO 算法设计

（1）编码方式。

PSO 算法求解离散组合优化问题，通常采用矩阵编码方式。每一行向量表示一个粒子所处位置（n=种群规模），每个行向量上的分量表示一个

---

① HOPP W, SPEARMAN M. 工厂物理学：制造企业管理基础 [M]. 北京：清华大学出版社，2002：18-23.

环路，具体编码如下：

$$X_{n \times m} = \begin{bmatrix} x_{11} & x_{12} & \cdots & x_{1m} \\ x_{21} & x_{22} & \cdots & x_{2m} \\ \vdots & \vdots & \vdots & \vdots \\ x_{n1} & x_{n2} & \cdots & x_{nm} \end{bmatrix}$$

由于 PSO 算法中位置变量 x'_{ij} 属于实数域，而每个环路上在制品水平是整数类型且至少为 1，所以 x'_{ij} 按式 5.8 进行取整操作，其中 "$\lfloor \quad \rfloor$" 表示向下取整，"$abs(\ )$" 表示取绝对值。

$$x_{ij} = \begin{cases} \lfloor abs(x'_{ij}) \rfloor & x'_{ij} \leqslant -1 \\ 1 & -1 < x'_{i,j} < 1 \\ \lfloor x'_{i,j} \rfloor & x'_{i,j} \geqslant 1 \end{cases} \tag{5.8}$$

（2）初始解的生成。

x'_{ij} 值初始化按照 [1, UB] 区间的均匀分布函数随机生成，并进行整数化操作。UB 是粒子所处位置上界，即在制品搜索上界，通常需要生成 $n \times m$ 个随机数。由于 CONWIP 环路内在制品水平至少为 1，换言之，存在一个特殊的解向量，该向量上每个分量取值为 1。该特殊解向量表明存在一个优化性质（见定理 5.1），该性质可用于 CONWIP 多环路在制品上限的搜索优化。

定理 5.1： CONWIP 系统产出率不为零时所需最低在制品数等于 CONWIP 环路总数。

该定理的证明很直观，当任意环路的在制品上限为零时，CONWIP 系统的产出率为零。只有确保每个环路的在制品上限至少为 1（特殊解向量），CONWIP 系统的产出率才不为零。每个环路在制品上限为 1 时，在制品总数等于环路总数。

定理 5.1 可以作为判定其他生成解是否为最优解的充分条件。当其他解向量所对应的目标函数值小于或等于特殊解向量所对应的目标函数值时，说明该解向量一定不是最优解。因为在此种情况下，特殊解向量更适合成为最优解。通过定理 5.1 可以减少不必要的适应值比较操作（个体历史最优位置、群体最优位置），从而在一定程度上提高 PSO 算法的搜索效率。

基于上述分析，可进一步将初始解生成的矩阵 $X_{n \times m}$ 的第一个行向量直接设定为该特殊解向量，而随机初始解只需生成 $(n-1) \times m$ 个。

（3）主要参数设置。

① 学习因子设置为：$C_1 = C_2 = 2.5$。

② 采用非线性动态惯性权重方法：$w = w_{end} + (w_{start} - w_{end}) \cdot e^{-k(\text{iter/maxIter})^2}$，其中 iter 为迭代次数、maxIter 为最大迭代次数，w_{start} 为初始惯性权重，本书取值为 0.9；w_{end} 为终止惯性权重，本书取值为 0.4；k 为控制因子，控制 w 与 iter 变化曲线的平滑度，本书取值为 3.0。

③ 速度与位置更新设置。

粒子 i 的第 d 维速度：$v_{id} = v_{min} + (v_{max} - v_{min}) \cdot r$，其中，$v_{min}$ 为速度下限，v_{max} 为速度上限，$r \sim U(0, 1)$；

速度更新公式为：$v_{id}^{iter+1} = wv_{id}^{iter} + C_1 r(pbest_{id} - x_{id}^{iter}) + C_2 r(gbest_d - x_{id}^{iter})$；

位置更新公式为：$x_{id}^{iter+1} = x_{id}^{iter} + v_{id}^{iter}$，其中，$pbest_{id}$ 表示粒子个体最优位置，$gbest_d$ 为粒子群最优位置。

④ 模拟退火 Metropolis 概率规则与禁忌规则的结合 ΔE。

模拟退火规则中，ΔE 表示更新后适应值与更新前的适应值偏差。$\Delta E < 0$ 则需采用 Metropolis 概率规则判断是否接受新解。由于整数解的生成是对实数值向下取整，有可能在粒子位置更新过程中，产生重复解，而对这些重复解求其适应值和进行更新操作是不经济的。为了进一步提高搜索效率，需要在 PSO 算法中考虑禁忌规则思想，将生成的解（粒子位置）存储在禁忌表中，当新生成的解（更新后的粒子位置）与禁忌表中的解相同，则不考虑重复生成解的最优值计算及其更新操作。

5.5.3 算法实现与验证方案

（1）算法实现。

本节提出两种改进的 PSO 启发式算法。一种改进算法主要结合了模拟退火规则与禁忌思想，简称 MPSO-1 算法。另一种改进算法是在定理 5.1 启发下结合模拟退火规则、禁忌思想，简称 MPSO-2 算法。

① MPSO-1 算法的实现过程。

Step1：初始化 PSO 参数、温度参数、最大迭代次数为 maxIter。

Step2：令迭代次数 iter=0。

Step3：定义一个禁忌表用于记录每个粒子的更新位置。

Step4：令 $i=1$。

Step5：当 iter>$\lfloor \frac{maxIter}{2} \rfloor$ 时，将行向量 x_i 与禁忌表中的粒子位置查重，若重复则转到 Step9。

Step6：求 $f(x_i)$ 适应值。比较 $f(x_i)$ 是否优于个体历史最优值，若优于，则更新个体最优值与最优位置。

Step7：比较 $f(x_i)$ 是否优于群体（全局）最优值，若优于，则更新群体最优值与最优位置，否则按照模拟退火 Metropolis 概率选择规则判断是否更新最优值与最优位置。

Step8：$i=i+1$，若 $i \leqslant n$，则转到 Step5；否则转到 Step9。

Step9：若满足算法终止条件 iter>maxIter，则终止；否则，更新每个粒子速度与位置。禁忌表清空，并在禁忌表中记录每个粒子更新后的位置。

Step10：iter=iter+01，返回 Step4。

② MPSO-2 算法的实现过程

Step1：初始化 PSO 参数、温度参数、最大迭代次数为 maxIter，令粒子位置矩阵第一行向量 $x_1 = (1, 1, \cdots, 1)_{1 \times m}$。

Step2：令迭代次数 iter=0。

Step3：定义一个禁忌表用于记录每个粒子的更新位置。

Step4：令 $i=1$。

Step5：当 iter>$\lfloor \frac{maxIter}{2} \rfloor$ 且 $\dim(X)>\lfloor \frac{n}{2} \rfloor$ 时，将行向量 x_i 与禁忌表中的粒子位置查重，若重复则转到 Step10。

Step6：求 $f(x_i)$ 适应值。当 $i=1$ 时，令 $f'=f(x_i)$。

Step7：若 $f(x_i) \geqslant f'$，则转到 Step8；否则转到 Step12。

Step8：比较 $f(x_i)$ 是否优于个体历史最优值，若优于则更新个体最优值与最优位置。

Step9：比较 $f(x_i)$ 是否优于群体（全局）最优值 $f(x_k^*)$。

Step9-1：若 $f(x_i)$ 优于 $f(x_k^*)$，则更新群体最优值与最优位置，转至 Step11。

Step9-2：若 $f(x_i)$ 等于 $f(x_k^*)$ 且 $\sum_{j=1}^{m} x_{ij} < \sum_{j=1}^{m} x_{kj}^*$，则更新群体最优值与最优位，转至 Step11。

Step9-3：若 $f(x_i)$ 劣于 $f(x_k^*)$，则按照模拟退火 Metropolis 概率选择规则判断是否更新最优值与最优位置，转至 Step11。

Step10：剔除行向量 x_i。

Step11：$i=i+1$，若 $i \leqslant n$，则转到 Step5；否则转到 Step13。

Step12：若 $f' > r \sim \text{Uniform}(0, f(x_i))$，则 iter=iter+1。

Step13：若满足算法终止条件 iter>maxIter，则终止；否则，更新每个粒子位置与速度。禁忌表不清空，继续记录每个粒子更新后的位置。

Step14：iter=iter+1，返回 Step4。

从算法实现过程来看，理论上 MPSO-2 算法要比 MPSO-1 算法计算速度更快。该算法使用了缩减种群规模的方式，这是考虑到 PSO 搜索到中后期，即 iter$>\left\lfloor \dfrac{\text{maxIter}}{2} \right\rfloor$，粒子群基本锁定了解空间最优区域，通过减少一定数量的非最优区域的粒子数来提高算法速度。同时给定了最多剔除粒子数量不超过初始粒子种群数 n（= popsize）一半的限制条件，即 $\dim(X) \leqslant \left\lfloor \dfrac{n}{2} \right\rfloor$。同理，Step12 是通过随机概率缩小迭代次数。MPSO-2 与 MPSO-1 算法相比强化了禁忌程度，MPSO-1 只考虑单次迭代粒子位置是否重复，而 MPSO-2 考虑了粒子在遍历所有迭代次数时的位置是否重复，包括群体最优位置。

（2）方案验证。

为了验证算法有效性，本书使用离散仿真软件 Plant Simulation 构建 CONWIP 环路控制结构。使用该软件提供的全因子分析模块，以及遗传算法 GA 模块作为算法性能参照，将 MPSO-1 算法、MPSO-2 算法用该软件提供的面向对象编程语言 Simtalk 进行编写，以便在相对一致的测试环境下进行性能比较。全因子分析模块是一种枚举法，可以获得精确解，所得目标函数值作为基准 Opt，误差百分比按式 5.9 计算，其中 H_{val} 表示其他算法的目标函数值。

$$\frac{\text{Opt} - H_{\text{val}}}{\text{Opt}} \times 100\% \tag{5.9}$$

每项测试重复五次，每次取不同随机数，作业变动程度设定为 $H/H/H$，其余实验参数与 5.3.2 节相同。硬件平台为 AMD 双核 CPU 2.3GHz，4G 内存。算法验证所需测试环境见表 5.9。

表 5.9　测试环境

测试项目	车间变动	车间生产组织方式与环路结构
1	负荷随机分配	见图 5.2（b）
2	负荷均衡分配	
3	负荷随机分配 装配比 1：1	
4	负荷随机分配 装配比 1：n	
5	负荷均衡分配 装配比 1：1	
6	负荷均衡分配 装配比 1：n	

5.5.4　测试结果

算法结果比较见表 5.10。

表 5.10　算法比较

测试项目	测试指标	全因子分析 （枚举法）	GA	MPSO-1	MPSO-2
1	Max ANR	37.013	36.118	37.013	37.013
	Min ANR	35.577	35.091	35.577	35.577
	Avg. ANR	36.318	35.636	36.318	36.318
	Total WIP	4	9	4	4
2	Max ANR	37.354	37.411	37.411	37.411
	Min ANR	36.138	35.786	35.786	35.786
	Avg. ANR	36.758	36.589	36.589	36.589
	Total WIP	18	16	16	16
3	Max ANR	51.772	51.854	51.262	51.485
	Min ANR	50.473	49.952	49.280	48.885
	Avg. ANR	51.030	50.736	50.463	50.333
	Total WIP	6	37	63	5
4	Max ANR	51.838	51.683	51.320	51.063
	Min ANR	49.823	48.643	49.395	48.831
	Avg. ANR	50.831	50.400	50.167	50.125
	Total WIP	29	46	52	14

表5.10(续)

测试项目	测试指标	全因子分析（枚举法）	GA	MPSO-1	MPSO-2
5	Max ANR	56.215	56.243	54.179	55.439
	Min ANR	53.620	53.489	52.601	53.496
	Avg. ANR	54.675	54.292	53.292	54.517
	Total WIP	33	103	63	43
6	Max ANR	51.888	52.143	50.940	
	Min ANR	49.243	48.960	48.592	
	Avg. ANR	50.696	50.593	49.623	
	Total WIP	14	112	98	13

表5.10中，尽管 GA 算法的 Avg. ANR 指标最接近评价基准，但随着测试变动程度提高（测试项目3到测试项目6），其 Total WIP 指标表现最差。这表明 GA 算法的高收益是以高库存量为代价，这显然不符合精益生产理念。表5.11更清晰地反映了这三种算法的误差程度，其中 MPSO-1 与 MPSO-2 算法的 Avg. ANR 最大误差度不超过2.6%。MPSO-2 算法的 Total WIP 指标误差远小于 GA 算法和 MPSO-1 算法。

表5.11   误差度（%）

测试项目	Avg. ANR			Total WIP		
	GA	MPSO-1	MPSO-2	GA	MPSO-1	MPSO-2
1	1.878	0.000	0.000	−125.000	0.000	0.000
2	0.460	0.460	0.460	11.111	11.111	11.111
3	0.576	1.111	1.366	−516.667	−950.000	16.667
4	0.848	1.306	1.389	−58.621	−79.310	51.724
5	0.701	2.529	0.289	−212.121	−90.909	−30.303
6	0.203	2.117	2.549	−700.000	−600.000	7.143

表5.12是四种方法计算耗时对比，全因子分析在6项测试中耗时都超过1个小时，GA 算法在测试项目1和项目2中耗时少。但随着车间变动程度和环路数量增加（测试项目3到测试项目6），MPSO-1 算法与 MPSO-2 算法耗时要明显少于 GA 算法，MPSO-2 算法要比 MPSO-1 算法用时更少。综上所述，综合衡量求解精度与计算时间可知，MPSO-2 算法综合表现最优。

表 5.12　计算耗时（时间单位：秒）

测试项目	全因子分析（枚举法）	GA	MPSO-1	MPSO-2
1	>3 600	240	824	635
2	>3 600	295	785	776
3	>3 600	1 495	1 882	1 269
4	>3 600	1 858	1 976	1 224
5	>3 600	3 059	2 580	1 639
6	>3 600	3 225	2 741	2 523

另外，图 5.13 反映了四种算法在这 6 项测试项中的效益—投入比 η，这里的效益定义为平均净收益，投入定义为平均在制品数。以全因子分析的 η 值变化为基准，可知，MPSO-2 算法的 η 值变化趋势更接近全因子分析。从 η 值大小可知 MPSO-2 算法找到的在制品上限组合要比全因子分析的在制品上限最优组合更有吸引力。

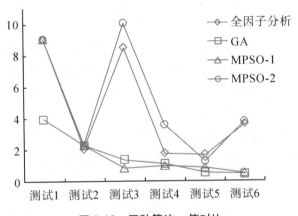

图 5.13　四种算法 η 值对比

总体来说，持有相对更少的在制品量，有助于中小单件企业降低库存管理成本，降低流动资金的占用。在生产系统能力接近极限时，想进一步提高 2~3 个百分点的收益，就需要投入更多的在制品。以很大的在制品投入换取收益的小幅增长，可能生产运作层与企业战略层存在不同观点。这很大程度上与单件企业规模、产品复杂度与技术含量、产品定位、竞争战略、企业组织文化、企业家精神等有密切关系。本书认为在收益无显著提升情况下，追求低库存更具战略意义。

5.6　CONWIP 环路控制要点归纳

（1）不同的评价目标，使得同一环路控制策略性能表现不同。最优环路控制策略是相对于评价指标而言。从实践角度看，当评价指标或者生产环境发生很大变动时，最好的方法就是重新调整环路结构以适应新的情况。

（2）CONWIP 环路控制需要综合考虑产出与投入的关系。尤其单件小批量生产环境，盲目追求高产出而忽视在制品库存水平会带来库存管理成本上升，增加生产运作管理难度。

（3）混流生产中，具有多条线路的流水车间构建 CONWIP 环路结构时，不同类型的 CONWIP 信号卡有可能带来环路数量的较大差异。

（4）单环路 CONWIP 控制没有多环路 CONWIP 控制性能好，但并不意味着任意多环路 CONWIP 控制都优于单环路 CONWIP 控制。显然，设计一个合适的环路结构非常重要。

（5）在柔性流水车间，CONWIP 控制的是作业（或机器）群组，建议可以设立专门的触发点（check in/out 机制），所有产品的路线都必须经过该触发点，以防止 CONWIP 环路控制机制被破坏。在实践中，可以将加工中心的出入口设定成 CONWIP 信号卡触发点。

（6）在具有汇聚特征的装配流水车间，CONWIP 信号卡不与产品类型绑定时，下述两种情况会导致死锁。

情况 1：$n_j >$ WIP limit 会导致死锁。例如，CONWIP 环路中在制品上限为 3 但实际需要 5 个零件装配。当环路内 3 个零件组装后还需要 2 个零件时，由于产品没有完成组装，无法离开 CONWIP 环路，而后续零件因环路内在制品限制不允许进入 CONWIP 环路，这就导致 CONWIP 机制死锁。本书建议将 $\max\{n_j\}$ 设定为 WIP limit 最小值，即 WIP limit $\geq \max\{n_j\}$，或者采用特殊的允许进入规则，但是制定这种特殊规则要谨慎，防止不周密的执行逻辑破坏了 CONWIP 机制。

情况 2：$n_j < n_i$（$j<i$；$i, j \in J$）会导致死锁。因为两个不同类型的产品 i 和 j 混流生产时，前一个产品 j 离开汇聚位置时要求环路上返回 n_j 个 CONWIP 信号卡，但是后一个产品 i 已经进入汇聚位置，此时会将

CONWIP 卡数从 n_j 替换为 n_i 个，使得 CONWIP 信号卡传递信息错误，甚至由于在制品信息记录不正确影响生产计划的实施。本书建议可在现场管控中增加一个规则——只有当同品种最后一个产品离开汇聚位置后，新产品的第一个工件触发的 CONWIP 信号卡才允许生效。或者，在上一个产品 j 没有离开汇聚位置之前就不允许后续产品 i 进入汇聚位置，从而不触发看板信号。也可以考虑在机器的 Set-up 没完成之前不允许触发看板信号，这适合于单独为汇聚位置设定 CONWIP 信号卡的情况。尽管在实际生产中情况 2 发生的概率不高，但是不能排除这种意外情况。并且一旦发生又没有很好的应对机制，那么将造成生产管理混乱。

（7）建立维护纠错机制。单件小批量生产车间环境变动大，使得 CONWIP 控制要稳定发挥作用需要科学的 CONWIP 车间管理规则，建立定期维护与纠偏机制。换言之，不要过度依赖生产技术与方法而忽视了管理制度的制定与严格执行。

6 单件小批量拉式生产订单池释放控制

　　将 CONWIP 作为一种单件小批量车间控制方法时，可以利用其多环路特点把不平衡的车间负荷"离散"化处理，再通过环路内的负荷量（在制品量）限制以及环路内部的机器调度方法增强车间作业负荷均衡化效果，从而提高产出效率。然而从生产计划与控制角度看，忽略计划阶段订单池释放决策的影响，车间层 CONWIP 环路控制带来的改善终究是有限的。Stevenson 等指出，CONWIP 是专门设计用于流水车间控制，无法解决整个生产计划与控制阶段的问题[1]。Thürer 等认为，CONWIP 是一种基于生产系统内部在制品的间接负荷控制方法[2]。因此，为了能够在单件小批量这样的复杂生产环境中进一步发挥 CONWIP 拉式控制的优势，需要一种衔接计划与控制阶段的订单释放方法。该释放方法要能够与 CONWIP 拉式机制兼容，以增强车间 CONWIP 环路控制的负荷平衡能力。目前，有关 CONWIP 订单池释放方面的研究不多见。因此，本章从订单池角度讨论 CONWIP 订单释放问题，提出一种基于能力松弛的负荷释放方法来弥补 CONWIP 控制在这方面的不足，以期提高 CONWIP 拉式控制在单件小批量生产环境中的响应能力。

---

　　① STEVENSON M, HENDRY L C, KINGSMAN B G. A review of production planning and control: the applicability of key concepts to the make-to-order industry [J]. International Journal of Production Research, 2005, 43 (5): 869-898.

　　② THÜRER M, STEVENSON M, SLIVA C. Three decades of workload control research: a systematic review of the literature [J]. International Journal of Production Research, 2011, 49 (23): 6905-6935.

首先，本章对订单释放机制与负荷控制相关研究进行了综述，阐述了生产计划与车间控制阶段的负荷控制概念；其次，本章围绕订单评审与释放方法介绍了负荷评估概念，讨论了负荷衡量方式，提出了基于能力松弛的 CONWIP 订单池释放控制方法；最后，本章对该方法进行了仿真性能评价。实验结果表明：该方法在平均净收益、拖期标准差、订单延迟百分比方面要比原有的能力松弛方法有更好的表现。当订单交货期条件和车间条件都比较苛刻时，采用基于能力松弛的 CONWIP 订单池释放方法能够更好地改善生产系统性能，提升高变动单件小批量生产环境下的 CONWIP 车间控制效果。

6.1 订单释放机制与负荷控制相关研究

一些研究侧重通过订单释放机制来控制复杂生产车间负荷变动。Lingayat 等认为，订单释放机制（ORM）类似于拉式系统，它可以及时向车间释放订单并减少在制品水平[①]。订单释放机制可以减少车间负荷，减少调度规则与车间产出性能之间的耦合程度[②③]。在订单释放机制研究中，客观缓解率（order review/release，ORR）原则及其方法在工作负荷平衡方面发挥了积极的作用。Melnyk 等指出，采用 ORR 时，在制品负荷平衡和准时交付之间可以达到一种均衡，ORR 能够将车间排队时间转移到订单释放阶段（即订单池或订单积压列表），这让生产系统有更大的灵活性来处理订单变动。毕竟，订单积压列表中的订单不会导致车间物理性拥堵和可能的物料损失风险[④]。Sabuncuoglu 等认为，ORR 的稳健性有助于增加使用 ORR 方法的信心，他们在基于负荷的释放方法的研究中选择了基于路

---

① LINGAYAT S, MITTENTHAL J, O'KEEFE R M. An order release mechanism for a flexible flow system [J]. International Journal of Production Research, 1995, 33 (5): 1241-1256.

② LAND M, GAALMAN G. Workload control concepts in job shops A critical assessment [J]. International Journal of Production Economics, 1996, 46-47 (1): 535-548.

③ RAGATZ G L, MABERT V A. An evaluation of order release mechanisms in a job-shop environment [J]. Decision Sciences, 1988, 19 (1): 167-189.

④ MELNYK S A, RAGATZ G L. Order review/release: research issues and perspectives [J]. International Journal of Production Research, 1989, 27 (7): 1081-1096.

径的瓶颈（PBB）释放策略作为性能比较基准①。另外，一些研究者关注 ORR 机制与物料控制系统的结合问题。为了平衡 DBR 系统的能力，Russell 等讨论了三种 ORR 机制，包括后向无限负荷、实时释放负荷和后向有限负荷②。Fredendall 等划分了 25 种负荷控制规则，包括 DBR、CONWIP、PBB 等规则，该研究认为在最高利用率和最低能力的车间情况下，这些规则对车间的性能都有显著的积极影响③。Thürer 等关注了基于负荷的订单释放机制和 DBR 释放机制在瓶颈影响下的性能问题④⑤。他们的研究结果揭示，当瓶颈严重程度较低时，负荷释放控制机制比 DBR 释放机制的表现好。针对 CONWIP 负荷平衡能力方面的研究，Germs 等在 MTO 环境下构建了一个分叉型车间模型，用于说明 POLCA 和多环路 CONWIP 中存在负荷平衡能力⑥。该研究指出，单环路 CONWIP 不具备负荷平衡能力，CONWIP 的订单池（即订单积压列表）是讨论订单释放机制的合适位置。Thürer 等提到，由于经典的单环路 CONWIP 缺乏负荷平衡能力从而影响了单环路 CONWIP 在复杂车间的应用⑦。因此，他们探讨了通过能力松弛规则来提高经典 CONWIP 性能的潜力。该研究所提出的面向 CONWIP 订单积压列表的能力松弛规则所采用的是基于作业单位数的度量方式，即作业数量而非作业时间衡量。另外，一些研究者考虑通过启发式算法来解决 CONWIP

① SABUNCUOGLU I, KARAPINAR H Y. A load-based and due-date-oriented approach to order review/release in job shops [J]. Decision Sciences, 2000, 31 (2): 413-447.

② RUSSELL G R, FRY T D. Order review/release and lot splitting in drum-buffer-rope [J]. International Journal of Production Research, 1997, 35 (3): 827-845.

③ FREDENDALL L D, OJHA D, WAYNE P J. Concerning the theory of workload control [J]. European Journal of Operational Research, 2010, 201 (1): 99-111.

④ THÜRER M, QU T, STEVENSON M, et al. Deconstructing bottleneck shiftiness: the impact of bottleneck position on order release control in pure flow shops [J]. Production Planning & Control, 2017, 28 (15): 1223-1235.

⑤ THÜRER M, STEVENSON M, SILVA C, et al. Drum-buffer-rope and workload control in High-variety flow and job shops with bottlenecks: an assessment by simulation [J]. International Journal of Production Economics, 2017, 188 (9): 116-127.

⑥ GERMS R, RIEZEBOS J. Workload balancing capability of pull systems in MTO production [J]. International Journal of Production Research, 2010, 48 (8): 2345-2360.

⑦ THÜRER M, FERNANDES N O, STEVENSON M, et al. On the backlog-sequencing decision for extending the applicability of CONWIP to high-variety contexts: an assessment by simulation [J]. International Journal of Production Research, 2017, 55 (16): 4695-4711.

积压调度问题①②③。

总体来说，上述研究没有深入讨论基于负荷（load-based）和基于看板卡（card-based）的拉式负荷控制方式之间的关系，在高变动 MTO 环境下对 CONWIP 负荷平衡能力的分析也不够充分。因此，本章将重点关注CONWIP 负荷平衡能力，研究基于负荷的释放机制的 CONWIP 订单池释放控制法，从而提高单件小批量拉式生产控制系统的性能。

6.2 生产计划与车间控制阶段的负荷控制

生产系统中的负荷可定义为作业量，是指人员或机器完成工作所需的时间量，即所谓的负荷时间量。另外，负荷也可以定义为完成工作的个数，称为负荷数量。在负荷控制方法中，WLC 衡量的是负荷时间量，而诸如 Kanban、CONWIP 等衡量的是负荷数量，即所谓的在制品数、工件数或作业数。由于负荷数量是整数类型，负荷时间量是正实数类型，所以在负荷衡量方面负荷时间量要比负荷数量更加精确，因而负荷数量可以看成是负荷时间量的间接衡量。理论上采用负荷时间量的拉式系统要比采用负荷数量的拉式系统有更好的性能表现。但是在实践环节，采用负荷时间量衡量对车间作业信息收集的详细度、准确度、实时度以及采集方式等方面有着更高要求，这通常需要结合自动化、物联网技术实现。尤其考虑到一些中小单件企业存在生产资金压力大、生产数据管理不充分等客观情况，因而采用负荷数量衡量方式仍然具有实践优势。

衡量负荷是为了便于对负荷实施控制，而负荷控制的目的是实现生产系统负荷平衡。一个订单负荷是相应若干作业负荷的总和，因而订单负荷与作业负荷本质上相同。通常一个订单进入生产计划阶段就意味着产生了订单负荷。车间围绕订单负荷制订各类计划（生产计划、能力计划、作业

① THÜRER M, FERNANDES N O, STEVENSON M, et al. On the backlog-sequencing decision for extending the applicability of CONWIP to high-variety contexts: an assessment by simulation [J]. International Journal of Production Research, 2017, 55 (16): 4695-4711.

② LEU B Y. Generating a backlog list for a CONWIP production line: a simulation study [J]. Production Planning & Control, 2000, 11 (4): 409-418.

③ FRAMINAN J M, RUIZ U R, LEISTEN R. Sequencing CONWIP flow-shops: analysis and heuristics [J]. International Journal of Production Research, 2001, 39 (12): 2735-2749.

计划、采购计划等），随后根据车间负荷状态判断该负荷计划是否被释放进入生产车间控制阶段。若被车间接受，订单负荷就会被拆分成若干作业负荷成为车间生产控制系统接管的对象（例如：作业、任务或工件），此时订单负荷转变为作业负荷。若订单负荷不被车间接受，则订单负荷将集中在一个计划过渡区域等待释放，这个区域被称为订单池[1][2]，在 CONWIP 理论中又称其为订单积压列表（backlog list）。另外，本书后续表述中订单和工件不加区别，每个工件包含若干作业。整个负荷控制的过程，如图 6.1 所示。

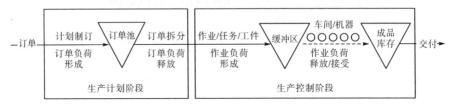

图 6.1 负荷控制示意图

6.3 订单评审与释放

订单评审的目的是对还未进入生产车间的订单负荷与车间现有能力是否匹配进行评估——简称负荷评估，以便做出释放"谁"以及何时释放的决策，从而确保生产系统负荷平衡。WLC 就是一种典型的订单评审与释放方法[3]。订单评审和释放功能可以为车间控制带来两大优势：

（1）确保满足交期的同时，维持低于负荷上限的在制品量[4]。

（2）降低进入车间的在制品数，从而减少诸如 EDD、SPT、FCFS 等常

① THÜRER M, STEVENSON M, SLIVA C. Three decades of workload control research: a systematic review of the literature [J]. International Journal of Production Research, 2011, 49 (23): 6905-6935.

② HENDRY L C, KINGSMAN B G, CHEUNG P. The effect of workload control (WLC) on performance in make-to-order companies [J]. Journal of Operations Management, 1998, 16 (1): 63-75.

③ 同②.

④ THÜRER M, LAND M J, STEVENSON M, et al. Concerning workload control and order release: the pre-shop pool sequencing decision [J]. Production and Operations Management, 2015, 24 (7): 1179-1192.

见排队规则之间的性能差异[1]，即工件排队越少，排队规则的重要性就越低[2]。

优势（1）是 CONWIP 拉式控制在单件小批量这类复杂生产环境中追求的目标。优势（2）不仅意味着降低了工件排队规则与拉式车间控制方法的耦合度，还意味着与存储实体库存（有形的在制品）相比，存储虚拟库存（计划性的订单负荷）几乎不发生库存管理费用。

考虑到车间瓶颈产能对负荷平衡有极大影响，Philipoom 等（1993）提出了一种基于瓶颈产能的订单评审与释放机制以及机器松弛（Machine's slack）的概念[3]。该机器松弛概念被 Thürer 认为是一种有效的负荷评估规则，它被视作一种重要的 WLC 机制[4]。

WLC 与 CONWIP 控制的目标相同，都是维持在制品处于最佳水平，并使工位前等待加工的在制品队列长度保持最短。然而与 WLC 相比，CONWIP 作为一种车间控制方法，其订单释放机制并不具备订单负荷评估能力。Lingayat 等[5]指出，CONWIP 无法处理环路内部的负荷平衡问题，CONWIP 更类似一种直接释放机制（IMM），显然直接释放机制是不考虑负荷评估的，因而不具备负荷平衡能力。需要指出的是，这里提到的 CONWIP 缺乏负荷平衡能力是针对单环路 CONWIP 控制而言，Germs 与 Riezebos 的研究表明，多环路 CONWIP 控制具有负荷平衡能力[6]，并且他们设计的多环路控制模型以及结论也支持通过多环路"离散"处理负荷，从而实现负荷平衡的观点。这也是第 5 章柔性流水车间中，单环路控制策略（策略 1）表现没有多环路控制性能好的原因。总之，为 CONWIP 订单池赋予一种有效的负荷评估功能将极大提高复杂生产环境下 CONWIP 拉式控制系统的效果。

---

① RAGATZ G L, MABERT V A. An evaluation of order release mechanisms in a job-shop environment [J]. Decision Sciences, 1988, 19 (1)：167-189.

② LAND M, GAALMAN G. Workload control concepts in job shops A critical assessment [J]. International Journal of Production Economics, 1996, 46-47 (1)：535-548.

③ PHILIPOOM P R, MALHOTRA M K, JENSEN J B. An evaluation of capacity sensitive order review and release procedures in job shops [J]. Decision Sciences, 1993, 24 (6)：1109-1134.

④ 同②.

⑤ LINGAYAT S, MITTENTHAL J, O'KEEFE R M. An order release mechanism for a flexible flow system [J]. International Journal of Production Research, 1995, 33 (5)：1241-1256.

⑥ GERMS R, RIEZEBOS J. Workload balancing capability of pull systems in MTO production [J]. International Journal of Production Research, 2010, 48 (8)：2345-2360.

6.4 CONWIP 订单池中的负荷衡量方式

订单池是存储计划订单负荷量并释放订单的地方（见图6.1）。订单池中考虑订单评审与释放时，首先要明确采用何种负荷衡量方式。显然，CONWIP 是一种基于数量的负荷衡量方式，那么 CONWIP 订单池中是该采用负荷数量衡量负荷还是负荷时间衡量负荷呢？订单负荷以数量衡量只能取整数——订单数量，而以时间衡量可以取实数——订单工作量时间，在直觉上后者比前者更准确。为了更严谨地回答这个问题，本书给出下述命题，若该命题不成立则说明基于负荷数量衡量的方式不如基于时间衡量的方式有优势。

命题6.1：CONWIP 采用负荷数量衡量方式与采用负荷时间衡量方式评估负荷的结论一致。$L_S(n) = L_S(W_{limit})$

证明：现假设存在一个满负荷能容纳 n 个在制品的车间，且在制品上限 $W_{limit} = n$。以负荷时间衡量 n 个在制品的负荷用 $L_S(n)$ 表示，即 $L_S(n) = L_S(W_{limit})$。按照 CONWIP 拉式规则，当一个在制品离开车间后，则在制品数 $n - 1 < W_{limit}$，车间负荷为 $L_S(n-1)$，且满足 $L_S(n-1) < L_S(W_{limit})$。令负荷偏差 $\Delta L = L_S(W_{limit}) - L_S(n-1)$。此时 CONWIP 释放机制触发，环路所控制的车间接受第 $n+1$ 个在制品，令该在制品的作业负荷（即作业的总流程时间）为 p_{n+1}，则存在三种情况：

情况一：$\Delta L < p_{n+1}$ 时，则车间负荷为 $L_S{}'(n) = L_S(n-1) + p_{n+1}$，在制品数 $n = (n-1) + 1$。

当 $L_S(W_{limit}) - L_S(n-1) < p_{n+1}$，有 $L_S(W_{limit}) < p_{n+1} + L_S(n-1)$。

已知，$L_S{}'(n) = L_S(n-1) + p_{n+1}$，所以式6.1成立。

$$L_S{}'(n) > L_S(W_{limit}) \tag{6.1}$$

因为 $W_{limit} = n$ 时，存在 $L_S{}'(n) = L_S(W_{limit})$，结合式6.1，则式6.2成立，即

$$L_S{}'(n) > L_S(W_{limit}) = L_S(n) \tag{6.2}$$

式6.2表明，当 $\Delta L < p_{n+1}$ 时，以负荷时间衡量方式进行负荷评估得到

的结论是超负荷，即 $L_S{}'(n) > L_S(W_{\mathrm{limit}})$；而以负荷数量衡量进行负荷评估得到的结论是满负荷，即 $L_S{}'(n) = L_S(W_{\mathrm{limit}})$，两者结论有异。

情况二：$\Delta L = p_{n+1}$ 时，则 $L_S{}'(n) = L_S(W_{\mathrm{limit}}) = L_S(n)$ 成立，推导过程同上，表明以负荷时间衡量方式进行负荷评估得到的结论是满负荷，以负荷数量衡量进行负荷评估得到的结论是满负荷，两者结论相同。

情况三：$\Delta L > p_{n+1}$ 时，则 $L_S{}'(n) < L_S(W_{\mathrm{limit}}) = L_S(n)$ 成立，推导过程同上，表明以负荷时间衡量方式进行负荷评估得到的结论是非满负荷，以负荷数量衡量进行负荷评估得到的结论是满负荷，两者结论有异。

上述三种情况评估结果不一致，以负荷时间衡量方式评估的结果要比以负荷数量衡量方式评估的结果精确。因此，命题 6.1 不成立。若将在制品看成是订单，而车间缓冲区看成是订单池（见图 6.2），则基于上述三种情况可知，按照订单数量方式会存在低估或高估车间负荷的情况。

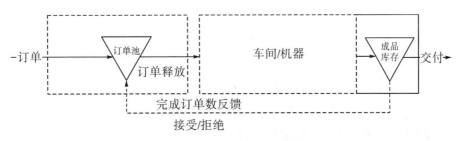

图 6.2　按照订单数量释放控制

综上所述，一个有效的 CONWIP 订单池负荷释放方法应该具备负荷评估能力，CONWIP 订单池中应采用负荷时间衡量方式。

6.5　基于能力松弛的 CONWIP 订单池释放控制法

6.5.1　能力松弛的基本概念

Philipoom 等（1993）提出一种基于加工路径瓶颈能力的订单评审与释放方法[①]。该方法将车间瓶颈作为所有机器的能力阈值，每个订单按照加

[①] PHILIPOOM P R, MALHOTRA M K, JENSEN J B. An evaluation of capacity sensitive order review and release procedures in job shops [J]. Decision Sciences, 1993, 24 (6): 1109-1134.

工能力松弛比排序，并根据订单在车间加工路径上的机器作业负荷与其加工能力大小决定是否释放订单。这种方法简称为能力松弛法（capacity slack，CS），如图 6.3 所示。

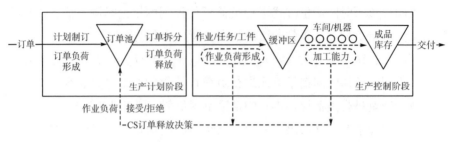

图 6.3　CS 负荷释放与控制

订单池中所有订单根据能力松弛比按升序排列，能力松弛比见式 6.3。

$$S_j = \frac{\sum_{i=1}^{m} \dfrac{p_{ij}}{T - L_i}}{N_j} \qquad (6.3)$$

式中，S_j 表示订单 j 的能力松弛率；p_{ij} 表示在订单 j 的加工路线上机器 i 的作业时间，若 $p_{ij} = 0$，则表明加工路径上不需要该机器；T 表示能力阈值；L_i 表示已经分配在机器 i 上的总的作业负荷；N_j 表示完成订单 j 所需的作业（工序）数，即加工路径长度，一台机器或工位负责一道作业；m 表示车间机器总数。

式 6.3 中，p_{ij} 可看成是订单负荷拆分成作业负荷后分配至各个机器上的负荷；$T - L_i$ 是机器能力阈值与机器现有负荷总量的差距，即机器剩余能力。$\sum_{i=1}^{m} \dfrac{p_{ij}}{T - L_i}$ 度量了订单 j 贡献的机器负荷与机器剩余能力的松紧程度。S_j 反映了订单 j 所在加工路径上平均加工能力的松弛程度，S_j 越小说明加工能力越紧张，订单 j 应该优先考虑释放，具体释放流程如图 6.4 所示。

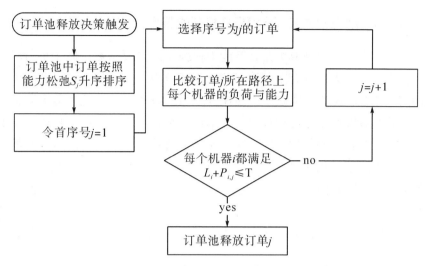

图 6.4　CS 订单释放决策流程

由图 6.4 可知，能力松弛排队规则与一般优化排队规则 FCFS、SPT、EDD 等有本质不同。能力松弛法是通过观察车间能力状态，根据车间能力松弛程度选择合适的订单释放，从而实现车间负荷平衡的目的。能力松弛法能够改善生产系统性能。表 6.1 从负荷控制角度列举了 CONWIP 控制与能力松弛法的不同。

表 6.1　CONWIP 控制与能力松弛法特点对比

特点	CONWIP 控制	能力松弛法
实施位置	车间	订单池
衡量负荷	数量	时间量
评估负荷	车间总负荷/环路负荷	加工路线负荷
释放负荷	不考虑/IMM/FCFS	能力松弛排序
限制负荷	在制品上限	能力阈值
平衡负荷	多环路协调、单环路不能平衡	负荷投放量

另外，触发 CS 订单释放决策流程存在许多方式，常见下列触发方式，本书采用第四种触发方式。

（1）周期性衡量车间负荷，发现负荷量变化就触发。

（2）机器负荷发生变化时立即触发。

（3）新订单到达时触发。

（4）释放的订单完成时触发。

6.5.2 能力松弛与 CONWIP 控制的整合

式 6.3 中，能力阈值 T 是计算能力松弛比的重要参数，属于负荷时间量。在作业变动大且具有瓶颈漂移的生产环境中，瓶颈的发现以及能力阈值的测量相对较困难。实践中，往往判定瓶颈或者车间接近负荷上限的直接方法就是观察在制品堆积程度。在单件小批量生产环境中，相同作业的负荷时间量存在不相等的情况，这就导致负荷数量与负荷时间量之间的较大误差，即所谓的负荷数量衡量没有负荷时间量衡量精确。因此，本书提出作业负荷标准时间系数 μ 的概念，作为负荷数量与负荷时间量之间的转换系数。

μ 为车间现有总负荷时间量 L_C 与工件的作业数期望 $E(N)$ 的比值，见式 6.4。

$$\mu = \frac{L_C}{E(N)} \tag{6.4}$$

式中，$L_C = \sum_{i=1}^{m} (L_i + p_{ij})$；$E(N) = \dfrac{\sum_{j=1}^{n} N_j}{n}$，$n$ 表示已经释放但未离开车间的工件数，即在制品数。

令一单位在制品的负荷时间量等于一道作业负荷标准时间，见式 6.5。

$$L_s(1) = 1 \cdot \mu \tag{6.5}$$

由于一台机器完成一道作业，结合式 6.5 可将 μ 看成是机器加工能力的标准单位时间量。对于作业车间而言，订单 j 的某道作业有可能反复需要同一台机器处理时，则 N_j 只对首次经过该机器上的作业计数。由于 CONWIP 中在制品数量 WIP 是车间负荷时间量的间接表示，结合式 6.5，可推出式 6.6。

$$L_s(1) \cdot WIP = \mu \cdot WIP \leqslant T \tag{6.6}$$

式 6.6 表明，当 WIP 达到在制品上限 WIP^* 时，式 6.7 关系成立。

$$T = \mu \cdot WIP^* \tag{6.7}$$

式 6.7 即为改进的能力阈值表达式。将式 6.7 代入式 6.3 中得到改进的能力松弛比，见式 6.8。

$$S_j^c = \frac{\sum_{i=1}^{m} \dfrac{p_{ij}}{\mu \cdot WIP^* - L_i}}{N_j} \tag{6.8}$$

式 6.8 将采用负荷时间量衡量的订单池释放方法与采用负荷数量衡量的 CONWIP 车间环路控制法进行了有效整合。这是一种在 CONWIP 订单池中根据能力松弛对订单进行负荷评估，同时在车间中采用 CONWIP 环路控制的方法。该方法使得 CONWIP 控制能够延伸至生产计划与控制两个阶段。本书将该方法称为改进能力松弛的 CONWIP 订单池释放控制方法，简称 MCS（modified capacity slack），其释放控制过程如图 6.5 所示。

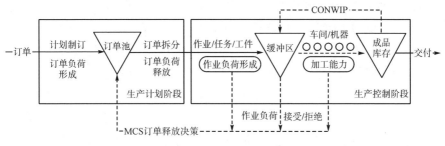

图 6.5 MCS 负荷释放与控制

6.5.3 MCS 方法中订单释放决策流程与优势

与 CS 订单释放决策相比（见图 6.4），MCS 方法将 CS 方法中作业负荷接受与拒绝的判断机制用 CONWIP 机制取代。在订单池中按照改进能力松弛比进行释放排序的同时，为了防止少部分订单在订单池中等待时间过长，后期产生很高的拖期罚金，还增加了一个简单的释放干预规则。该规则规定当订单在订单池的等待时长达到该订单交期时长 30% 以上就应考虑优先排在释放队列前面，以实现追赶交期的目的。图 6.6 是 MCS 订单释放决策流程。

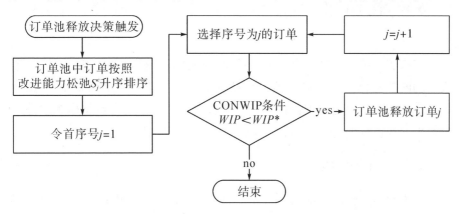

图 6.6 MCS 订单释放决策流程

整合了 CONWIP 拉式机制的 MCS 方法具有如下优势：

（1）从生产瓶颈角度看，使用在制品上限代替能力阈值，在制品堆积位置（瓶颈位置）容易被直接观测，便于度量。

（2）从决策数据收集要求看，CONWIP 环路控制发挥作用时，对订单池释放决策所需数据的详细度、准确度、实时度的高要求可适当放宽。

（3）从车间负荷平衡角度看，CS 方法是通过订单池释放决策实现车间负荷平衡。而 MCS 方法通过订单池释放决策对车间负荷进行预平衡，在生产过程中通过 CONWIP 环路控制对车间负荷实现平衡。

（4）从订单负荷释放决策看，CS 方法中订单释放时要求订单加工路径上的每个机器分配到的作业负荷都要小于或等于机器能力阈值时才允许释放。在实际负荷分配时，组成订单负荷的若干作业负荷受到工艺顺序约束，一些靠后的作业负荷仍然处于"在途"状态，并未真正抵达机器。很有可能这些"在途"负荷抵达所需机器时，机器能力已经可以满足这些负荷需求了。换句话说，CS 法释放决策是假定一旦订单负荷释放，拆分形成的作业负荷会立刻抵达工艺路径上相应机器位置。本书认为这一假定条件或许过于苛刻，实际上订单负荷施加在机器上的影响，会随着工艺路径上机器位置先后顺序依次递减。而 MCS 方法中负荷预分配评估只用于优先释放排序，只有空闲的 CONWIP 信号卡才能触发订单释放行为，而不用考虑订单负荷是否满足其工艺路径上所有机器加工能力这一"过严"条件，这在很大程度上提高了 MCS 方法的释放效率。

6.6 性能评价

本次实验考虑单件小批量生产环境中不同车间机器利用率、不同松紧交货期的共同作用下，订单池的负荷释放方法对车间生产系统的控制效果。仿真实验中设定的评价指标、订单参数和车间控制参数将体现单件小批量生产环境下变动程度高、追求订单准时交付的特点。

6.6.1 评价指标

在不影响实验效果前提下，为了描述方便，下文均用订单（order）表示作业、工件等概念。本次实验所使用的评价指标包括：

（1）平均净收益 ANR，详见式 5.1。

（2）拖期标准差（standard deviation of lateness，SDL），如式 6.9 所示。

$$SDL = \sqrt{\frac{\sum_{j=1}^{n} (L_j - \bar{L})^2}{n-1}} \qquad (6.9)$$

式 6.9 中，n 表示已经完成的订单数；L_j 表示订单 j 的拖期时间；$\bar{L}$ 表示订单平均拖期。

（3）车间负荷：负荷数量（在制品数）与负荷时间量（以小时计）。

（4）订单延迟百分比（percentage of tardy，PT），如式 6.10 所示。

$$PT = \frac{n'}{n} \times 100 \qquad (6.10)$$

式 6.10 中，n' 表示延迟完成的订单数。

6.6.2　考虑柔性流水生产车间情况

仿真实验采用 Plant Simulation 建模。实验每次观察 20 组，每组采用不同随机数种子，置信度设定为 95%。为了获得仿真模型稳态时候的统计数据，本书将前 100 个订单所耗费的时间规定为"预热"时间，仿真模型统计了完成 1 000 个订单的数据，仿真模型参数时间单位以分钟计。

（1）订单相关参数设定。

① 订单交货期设定采用 TWK，详见式 5.6，经过试验分别选取 $k=3$、7、11，以模拟订单交期很紧、一般、宽松三种情况。

② 订单到达订单池的间隔时间服从非负指数分布，期望均值 $\beta=300$。

③ 订单池释放方法分别考虑 IMM、EDD、CS、MCS。

④ 订单收益 λ_j 取值服从 [1，100] 随机均匀分布，订单拖期罚金 ω_j 取值服从 [1，10] 随机均匀分布，库存每日保管费率 q 值设定为 1%。

⑤ 每个订单的加工路径长度设为 7。

（2）车间相关参数设定。

本次实验构建了一个具有柔性流水并行机特征的生产车间仿真模型，如图 6.7 所示。

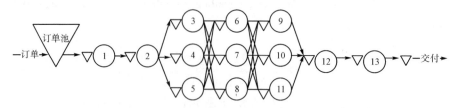

图 6.7　柔性流水车间模型示意图

该柔性流水车间模型有如下设定：

① 该车间由 13 台机器（工位）组成，车间机器一次只能完成一道作业，不允许抢占。

② 车间机器利用率分别设置为 86%、92% 和 100%；

③ 每台机器的设置时间（set-up）取值服从 [1，600] 均匀分布。

④ 订单在机器 1、机器 2、机器 12 和机器 13 的作业时间取值服从 [1，600] 均匀分布，机器 3 至机器 11 的作业时间取值服从 [1，1 200] 均匀分布。

⑤ 机器 3 至机器 11 为柔性流水车间生产组织方式，订单进入每个作业阶段后随机分配至某一并行机。

⑥ 所有机器缓冲区采用 FCFS（first come，first served）排队规则。

（3）负荷上限参数设定。

① CS 订单释放方法中通过全因子分析实验，每次能力值 T 逐次加 20 分钟，将达到最大 ANR 时的能力值 T 设定为能力阈值；

② MCS、EDD、IMM 订单释放与单环路 CONWIP 控制配合。通过全因子分析实验，每次在制品数逐次加 1，将达到最大 ANR 时的 WIP 水平定为在制品上限。

本次实验主要比较 MCS 方法与 CS 方法之间性能差异。同时为了比较基于能力松弛的释放机制与基于时间的释放机制的差异，还在 CONWIP 订单池中采用了 IMM 和 EDD 释放方法进行对比，实验结果如表 6.2 所示。

表 6.2　不同订单释放方法性能比较结果

利用率	交货期	订单释放	平均净收益 /万	拖期标准差 /小时	车间负荷	订单延迟 /%
86%	宽松 ($k=11$)	IMM	−17.146	330.439	81	74.495
		EDD	−12.766	302.669	75	77.685
		CS	−11.684	694.746	472*	65.615
		MCS	−6.823	582.498	96	68.765
	一般 ($k=7$)	IMM	−50.915	316.294	81	92.590
		EDD	−48.401	303.335	79	92.700
		CS	−41.308	912.144	336*	88.130
		MCS	−38.156	692.177	75	92.040
	很紧 ($k=3$)	IMM	−91.619	308.892	74	99.985
		EDD	−90.136	306.385	71	99.985
		CS	−81.161	1010.317	289*	99.840
		MCS	−78.189	861.074	56	99.985
92%	宽松 ($k=11$)	IMM	24.569	235.621	69	53.315
		EDD	29.415	202.968	70	54.710
		CS	25.344	333.011	516*	47.860
		MCS	27.894	309.728	97	46.955
	一般 ($k=7$)	IMM	−0.966	215.158	69	80.630
		EDD	1.035	199.932	75	81.235
		CS	3.795	579.604	333*	71.270
		MCS	6.673	445.622	70	76.730
	很紧 ($k=3$)	IMM	−38.599	203.417	69	99.585
		EDD	−37.702	199.816	75	99.585
		CS	−33.101	609.957	322*	99.425
		MCS	−29.592	660.094	46	99.580

表6.2(续)

利用率	交货期	订单释放	平均净收益/万	拖期标准差/小时	车间负荷	订单延迟/%
100%	宽松(k=11)	IMM	37.205	396.678	78	32.245
		EDD	41.304	163.594	55	25.905
		CS	36.319	240.267	505*	31.305
		MCS	38.655	212.227	96	28.685
	一般(k=7)	IMM	20.292	173.307	58	68.925
		EDD	22.805	156.065	50	69.930
		CS	21.819	397.354	334*	59.665
		MCS	24.467	319.561	66	60.560
	很紧(k=3)	IMM	−13.885	158.142	78	98.300
		EDD	−13.014	154.566	57	98.300
		CS	−10.320	691.001	192*	97.755
		MCS	−7.203	512.286	44	98.240

注：* 表示负荷时间量。

（1）平均净收益与拖期标准差性能分析：

①图6.8（a）表明，当订单交货期很宽松（k=11）时，车间机器利用率达100%和92%时，EDD方法的平均净收益指标表现最好，MCS方法表现次之。当车间机器利用率降至86%时，MCS的平均净收益指标表现最好。

②图6.8（c）表明，当订单交货期设定相对一般（k=7）时，MCS方法的平均净收益指标优于IMM、EDD和CS方法。EDD方法在车间机器利用率为100%时仅次于MCS方法。随着利用率进一步降至92%和86%，CS方法的表现优于IMM和EDD方法。当利用率为86%时，IMM、EDD的平均净收益下滑明显。

③图6.8（e）表明，当订单交货期设定很紧（k=3）时，无论利用率高低MCS方法的平均净收益指标都优于其他三种释放方法，CS方法的表现次之。另外，IMM和EDD方法的平均净收益指标相互间差异缩小，两者的拖期标准差相似，见图6.8（f）。这表明对于提升CONWIP车间控制效果，EDD规则在非常苛刻的交货期条件下优势消失。

④当订单交货期设定宽松（k=11）时，从拖期标准差变化程度来看，随着车间机器利用率降低（由100%降至86%），MCS、CS和EDD方法的拖期变化程度随之增大，见图6.8（b）。IMM方法在利用率达100%时拖期标准差最高。

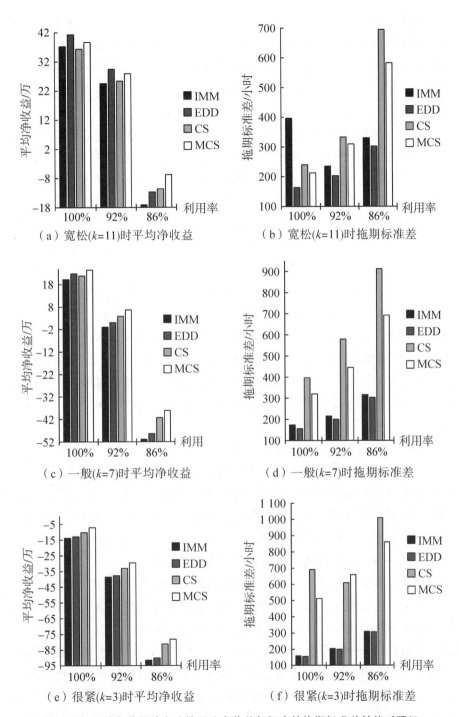

（a）宽松(k=11)时平均净收益

（b）宽松(k=11)时拖期标准差

（c）一般(k=7)时平均净收益

（d）一般(k=7)时拖期标准差

（e）很紧(k=3)时平均净收益

（f）很紧(k=3)时拖期标准差

图 6.8　四种负荷释放方法的平均净收益与相应的拖期标准差性能对照组

⑤当订单交货期设定为一般（$k=7$）时，从拖期标准差变化程度来看，随着车间机器利用率降低，CS 方法的拖期变化程度最高，MCS 方法次之，IMM 和 EDD 方法的拖期变化程度都相对较小，见图 6.8（d）。另外相对于宽松的交货期而言，IMM 方法和 EDD 方法之间的拖期变化差距在缩小。

⑥当订单交货期设定为很紧（$k=3$）时，从拖期标准差变化程度来看，车间机器利用率为 100% 和 86% 时，CS 方法的拖期变化程度最高，MCS 方法次之，见图 6.8（f）。相对于更为宽松、一般的交货期设定，EDD 与 IMM 方法在很紧的交货期下二者的相对拖期变化程度趋于一致。

⑦总体上，MCS 和 CS 方法在极端条件下比 EDD、IMM 方法有更好的收益且具有更高的拖期标准差。在更为宽松条件下，MCS 和 CS 方法优势会缩小甚至被超越。这说明 MCS 和 CS 方法更适合作业变动大、交期相对紧的场合，且 MCS 方法相较于 CS 方法的收益与拖期变动程度更具优势。

⑧MCS、CS 方法比 IMM、EDD 方法有更高的拖期变化程度，同时维持较好甚至更好的收益。这表明，MCS、CS 方法的调度决策原则是保证总体收益最大的前提下"牺牲"小部分订单的准时交付承诺。这部分订单的释放优先权不占优，导致延迟时间过大使得拖期标准差指标偏高。这也暗示着如果对这部分订单能够及时干预，将能够进一步提升 MCS 和 CS 方法的绩效。

（2）订单延迟百分比性能分析如下。

①在订单交货期设定宽松、车间机器利用率达 100% 时，EDD 方法的订单延迟百分比低于 MCS、CS 与 EDD 方法的相应指标，见图 6.9（a）。当机器利用率降至 92% 时，MCS 的订单延迟百分比要略低于 CS 且明显低于 IMM、EDD。当机器利用率降至 86% 时，CS 方法的订单延迟百分比最低，其次是 MCS。EDD 方法的订单延迟百分比最高。

②在订单交货期设定一般、车间机器利用率达到 100% 时，CS 方法的订单延迟百分比最低，MCS 方法的订单延迟百分比略高，IMM、EDD 的订单延迟百分比 CS、MCS 方法高出近 10 个百分比，见图 6.9（b）。当车间机器利用率分别降至 92% 和 86% 时，IMM 与 EDD 的订单延迟百分比仍高于 CS 与 MCS 方法，CS 方法仍然能维持相对最低的订单延迟百分比。

③在订单交货期设定很紧、车间机器利用率为 100% 时，CS 方法的订单延迟百分比最低，见图 6.9（c）。当车间机器利用率进一步降至 92% 和

86%时，这四种方法的性能差异逐步缩小。

④总体来看，随着交货期收紧、机器利用率降低，这四种方法的订单延迟百分比都呈现增长趋势，MCS 与 CS 方法的订单延迟百分比呈现接近 EDD 和 IMM 性能的趋势。尽管单看订单延迟百分比指标，MCS 方法表现并不如 CS 方法好，甚至接近 IMM、EDD 方法性能，但是结合平均净收益指标考虑，可知 MCS 方法的延迟程度应该是最低的，即平均延期时长相对最短，所以平均拖期惩罚程度最小从而平均净收益表现最好，见图 6.9 （a）、图 6.9 （c）和图 6.9 （e）。

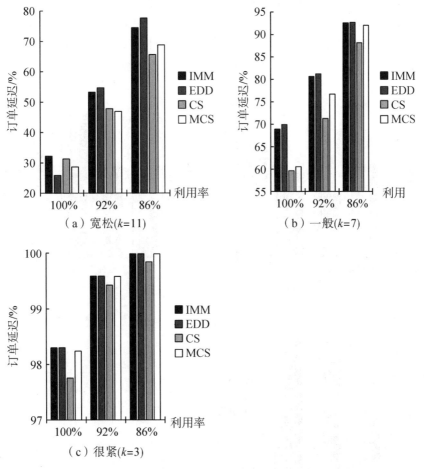

图 6.9　四种负荷释放方法的订单延迟百分比

（3）车间负荷性能分析。

MCS、IMM 和 EDD 方法都是基于车间控制使用 CONWIP 拉式机制的释放方法，这三种方法的车间负荷衡量采用负荷数量的衡量方式，相比之下：

①在车间交货期设定宽松时，MCS 方法的车间负荷要高于 IMM 与 EDD，这可能是由于交货期条件与车间能力条件都较好，相同条件下 MCS 方法允许向车间投放更多的在制品所致，见图 6.10（a）。EDD 方法的车间负荷最低，IMM 方法次之。

②在车间交货期分别设定一般（$k=7$）、车间机器利用率由 100% 降至 92% 时，MCS 方法的车间负荷量呈现显著下降趋势，见图 6.10（b）。随着交货期进一步收紧、车间机器利用率逐步降低，MCS 方法的车间负荷量远低于 IMM 与 EDD，见图 6.10（c）。这表明在订单交货期条件和车间条件都比较苛刻时，MCS 方法能够以最小的在制品投入获得很好的性能绩效。

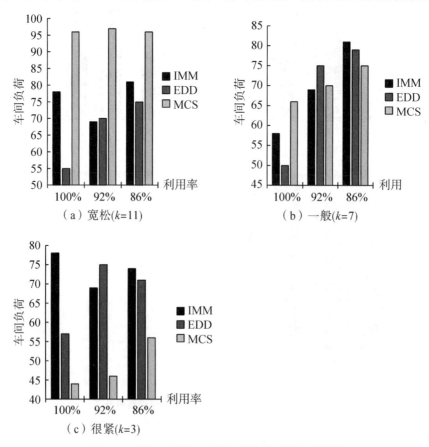

图 6.10　IMM、EDD 与 MCS 方法的车间负荷性能

CS 方法使用了非 CONWIP 拉式机制作为释放方法，车间负荷衡量是基于负荷时间量上限，即能力阈值。由图 6.11 可知，随着订单交货期与车间机器利用率逐步趋严，CS 方法的车间负荷量呈现下降趋势。另外，图 6.8 和图 6.9 表明，CS 要比 IMM、EDD 在平均净收益、订单延迟百分比方面总体上有更好的性能表现。

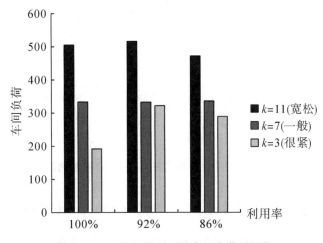

图 6.11　CS 方法控制下的车间负荷时间量

（4）库存保管费用对平均净收益的影响分析。

平均净收益指标（ANR）考虑了订单延迟惩罚与订单提前完工的库存保管费双重因素。而一些单件企业可能不会考虑库存保管费用的情况，即库存保管费率 $q=0$。此处以 MCS 为例（利用率为 92%），比较采用库存保管费与无库存保管费时的平均收益情况。由图 6.12 可知，当单件企业不考虑提前完工库存保管费用时，企业还能进一步提高收益。随着交付期和产能改善，库存保管费用对平均净收益的影响程度愈大，反之愈小。

综合上述分析，MCS 在订单交货期条件和生产车间条件都苛刻时，要比 CS、IMM、EDD 有明显的性能优势，能够以更低的投入获得更大的收益。从仿真结果来看，该方法非常适合于单件小批量这类生产过程变动大，同时看重准时交付的生产环境。

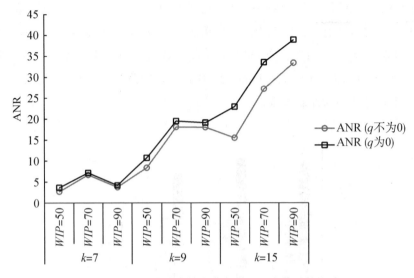

图 6.12　MCS 中库存持有费用对平均净收益的影响

6.6.3　考虑非纯柔性流水生产车间（non-pure HFS）情况

本节实验考虑了一个订单异质性更高（加工路线更灵活）的非纯柔性流水生产车间模型。如图 6.13 所示，实验每次观察 30 组，每组采用不同随机数种子，置信度设定为 95%。为了获得仿真模型稳态时候的统计数据，本书将前 100 个订单所耗费的时间规定为"预热"时间，仿真模型统计了完成 2 000 个订单的数据，仿真模型参数时间单位以分钟计。

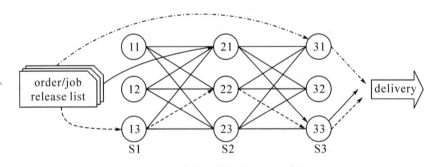

图 6.13　非纯柔性流水车间示意图

（1）订单相关参数设定：

①订单交货期设定采用 TWK 规则，该规则的 k 取值分别为 2、4、6、8、12。

②订单到达订单池的间隔时间服从非负指数分布，期望均值$\beta=300$。

③订单池释放规则分别考虑 IMM、EDD、CS、MCS。

④订单收益λ_j取值服从［1，100］随机均匀分布，订单拖期罚金ω_j取值服从［1，10］随机均匀分布，库存每日保管费率q值设定为1%。

⑤每个订单的加工路径长度服从［1，3］随机整数。路径长度为 1 的订单只进入 S3 阶段，路径长度为 2 的订单作业顺序为 S2 –S3，路径长度为 3 的订单作业顺序 S1–S2–S3 阶段（见图 6.13）。

（2）车间相关参数设定：

①该车间由 3 个加工中心组成，每个中心有 3 台并行机组成，车间机器一次只能完成一道作业，不允许抢占。

②车间机器利用率（u）分别设置为 87%、92%和100%。

③每台机器的作业时间与设置时间（set-up）取值都服从［1，1 500］均匀分布。

④订单进入每个作业阶段后随机分配至某一并行机。

⑤为了减少车间排队规则对评价指标的影响，所有机器缓冲区采用 FCFS 排队规则。

⑥采用单环路 CONWIP 控制。

（3）负荷上限参数设定：

①CS 方法中每次能力值T逐次加 30 分钟，将达到最大 ANR 时的能力值T设定为能力阈值；

②MCS、EDD、IMM 订单释放。每次在制品数逐次加 1，将达到最大 ANR 时的 WIP 水平定为在制品上限。

ANR 表现如图 6.14 所示，三种车间利用率（$u=87\%$、92%和100%）影响下，交货期非常紧时（$k=2$）CS 的 ANR 最大，MCS 次之，IMM 与 EDD 的 ANR 最小；随着交货期逐步放宽（$2<k\leqslant6$），MCS 的 ANR 值接近 CS 的 ANR 值；当交货期因子$k>6$时 MCS 表现超越 CS。令 CS 的 ANR 为性能上界（用 UB 表示），H表示其他方法的 ANR 值，则误差百分比为$(UB-H)/UB$。因此对于交货期非常紧的情况$k=2$，当$u=87\%$时，MCS 的误差百分比为 7.88%，其中$UB=32.076$，$H=29.549$，见图 6.14（a）；当$u=92\%$时，MCS 的误差百分比为 4.14%，其中$UB=39.980$，$H=38.326$，见图 6.14（b）；当$u=100\%$时 MCS 的误差百分比为 3.12%，其

中 $UB = 42.755$，$H = 41.419$，见图 6.14（c）。对于交货期非常紧的情况 $k = 12$，在机器利用率分别为 $u = 87\%$、92% 和 100% 时 CS 的性能会降低，见图 6.14。尤其在 $u = 100\%$ 和 $k = 12$ 时，EDD 的性能还要好于 CS，略低于 MCS，见图 6.14（c）。总体上，随着交货期和车间利用率改善，这四种方法的 ANR 性能差异缩小。

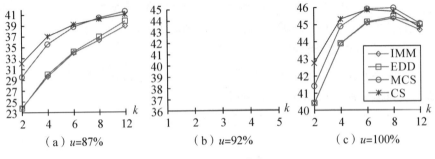

图 6.14　ANR 指标

结合 SDL 指标可以明显发现，ANR 指标表现更好的方法其 SDL 指标都很大，见图 6.15。这意味着相较于 EDD 和 IMM 而言，考虑车间产能约束的 CS 和 MCS 释放方法会不断降低少部分订单释放优先级，以提高多数订单释放效率。这种结果就会导致平均订单收益提高，而少数低优先级订单过大的延迟时间会增加延迟变动程度。

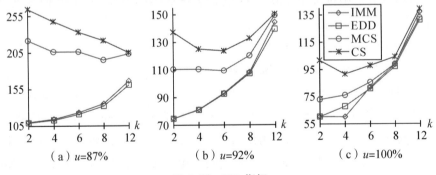

图 6.15　SDL 指标

对于 PT 指标而言，当 $k = 2$、4、6、8 和 12 时，这四种方法的延迟百分比具有递减趋势，如图 6.16 所示。一个有意思的现象是 MCS 方法在交货期非常紧的极端情况下（$k = 2$ 和 $u = 87\%$）有最大的延迟百分比，而在交货期非常松的极端情况下（$k = 12$ 和 $u = 100\%$）有最小的延迟百分比。

尽管延迟百分比表示订单延误数量很多，但是结合 ANR 指标来看则意味着当 $k=2$ 时，CS 和 MCS 方法使得延迟订单的延迟时间更短。这与 SDL 指标并不矛盾，ANR 指标和 PT 指标共同反映了订单的延迟程度，SDL 指标则表明是否存在订单极端延迟的情况。

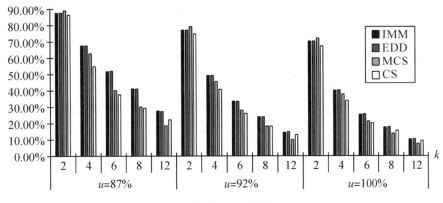

图 6.16　PT 指标

上述三个指标反映的是这四种方法的输出性能，可以看成是负荷上限的函数，见表 6.3。负荷上限是车间控制环节非常重要的管理参数，它与库存持有成本、精益生产等概念紧密联系。表 6.3 中，IMM、EDD 和 MCS 采用负荷数量衡量，而 CS 采用负荷时间量衡量（单位：小时）。当 $k=2$、4、6、8 和 12 时，在不同车间机器利用率下，CS 都明显优于 IMM 和 EDD。IMM 和 EDD 在预定的 50 上限设定未能找到最大 ANR 值。在 $u=100\%$ 和 $k=2$、4、6、8 和 12 时 EDD 所需要的在制品上限明显下降，可见基于时间的释放方法在宽松环境下仍具有一些优势。由于 CS 与 MCS 负荷量纲不同，表 6.3 采用负荷上限标准差（$s.t.$）来比较，可见 MCS 显著小于 CS（2 881＜47.828；1.095＜46.690；0.000＜38.665）。这意味着在相同交货期和利用率变动影响下，CS 方法性能优势需要针对这些变动进行专门的负荷调整才能获得，而 MCS 方法基本上可以一次性设定，不需频繁调整。换言之，MCS 比 CS 有更好的参数稳健性，这一优势使得 MCS 在实践环节要比 CS 方法具备更强的环境适应能力。

表 6.3　负荷上限

Utilization	k	IMM	EDD	MCS	CS（hours）
87%	2	50	50	16	74
	4	50	50	17	84
	6	50	50	17	99
	8	50	50	20	119
	12	50	50	23	194
	s. t.	–	–	2.881	47.828
92%	2	50	50	14	69
	4	50	50	14	84
	6	50	49	16	99
	8	50	45	16	109
	12	50	32	16	189
	s. t.	–	–	1.095	46.690
100%	2	50	46	14	64
	4	50	38	14	84
	6	50	34	14	94
	8	44	32	14	134
	12	43	23	14	159
	s. t.	–	8.414	0.000	38.665

　　上述实验结果还表明：尽管与 CS 相比，在 $k=2$（交货期非常紧）的情况下 MCS 有大约 3%~8% 的 ANR 性能差异，本书给出的观点是这种理论极端情况在现实情况下不大可能发生，因为就单件小批量生产实践而言，为所有高度定制化的订单都做出相同的非常紧的交货承诺本身就是非理性的行为。$k > 2$（交货期较紧、宽松）时，其 ANR 性能快速接近并超越 CS。另外，就算 $k=2$ 的情况发生，8% 的 ANR 差异能否接收也存在可博弈的空间。

　　综上所述，MCS 能够获得如下潜在优势：

　　（1）MCS 方法能应对更广泛的环境变动。这里的广泛环境变动是指高低生产变动都存在的情形。

　　（2）最优负荷上限一旦确定，MCS 比 CS 有更强的参数稳健性，即所谓的 "one-size-fits-all" 策略。每当生产负荷状况改变，CS 方法需要重新搜索最优负荷上限。MCS 的负荷上限调整幅度不大，甚至可以不做调整，这极大减少了算法执行次数。

（3）当订单作业流程复杂、存在混流生产时，负荷控制指令下达与生产系统响应存在滞后现象。这意味着当生产负荷高低变动频繁发生时，车间负荷平衡控制效果还没表现出来就有可能因频繁的负荷上限调整被抵消掉，而这种抵消又是不能立刻被察觉的。显然 MCS 的负荷上限不需要频繁调整，在这方面具有管理实践上的优势。

6.7　订单池释放控制要点归纳

（1）订单交货期松紧程度对于 CONWIP 订单池释放顺序有很大影响。在宽松的交货期和生产能力充足的生产环境中，采用 EDD 规则释放订单是一种简单有效的办法。而当交货期和产能变得苛刻时，EDD 方法并不适合这类情况。

（2）在 CONWIP 订单池中使用类似 CS 的负荷释放方法能够很好地辅助车间控制。但是 CS 方法需要获得更详细的生产车间负荷与产能相关数据，因此，需要解决如何及时获得准确生产数据的问题。

（3）MCS 方法是一种低耦合的 CONWIP 订单池释放控制方法，该方法将订单池释放排序与释放机制触发两种行为分离，实验表明这适用于单件小批量这样的复杂生产环境，尤其是交货期较紧、产能不足的这类情况。

（4）CONWIP 订单池位于计划阶段，CONWIP 环路控制位于车间控制阶段。通过负荷数量与负荷时间量的转换，能够很好地将生产计划与控制紧密联系起来。找到最佳的负荷数量与负荷时间量转换位置是 CONWIP 订单池释放控制的关键，MCS 方法将负荷量转换放在订单池位置。

（5）基于能力松弛的调度决策在确保总体收益最大情况下易导致一些订单发生过长的延迟交付现象，如果能有效地干预这部分订单将有助于进一步提高 MCS 和 CS 方法的性能。

（6）在优化负荷上限时，调整离散负荷数量要比连续负荷时间量更直观、容易，具有更好的可操作性。尽管理论上负荷时间量精度更高，但在实施环节负荷时间调整量仍然是连续时间量的离散化形式。负荷数量衡量有利于车间库存数量核对、成本估算，能够和已有的精益现场管理方法相衔接，如目视化管理等。

（7）对于 CS 和 MCS 这类基于能力的负荷调整方法，可以进一步通过设定减少订单在释放环节过长滞留时间的规则来提高产出效率。不过这可能要涉及与其他参数的组合优化，如车间调度规则、在制品上限和环路结构等。

（8）对于 CONWIP 控制而言，在订单池中采用面向产能负荷的释放规则要比选择面向时间的释放规则有更好的性能提升，更适合于单件小批量高变动生产场景。MCS 方法表明：CONWIP 负荷平衡能力薄弱问题是可以被解决的。

7 单件小批量企业交货期报价与拉式生产协同

在竞争激烈的 MTO 环境中，为了赢得订单，企业需要提供有竞争力的订单报价。对这些企业而言，订单报价是一个复杂的决策过程。如果向客户响应一个不具有竞争力（较长）的交货时间，则很可能流失订单；如果向客户承诺了一个苛刻的交货期，则有可能因为企业产能不足而造成交付延迟损失，进而承受高昂的违约罚金，影响企业服务信誉①②③。因此，关注单件小批量企业交货期报价与生产协同问题是十分有意义的。一种解决交货期报价决策和生产协同问题的思路是评估不同订单组合下的方案总收益，只选择那些能够为企业带来最大总收益的订单进行生产，关注订单接受与调度问题④⑤⑥。然而，出于一些现实考虑，如：未来市场不确定、抢占市场策略、市场营销人员业绩、维持长期客户关系与信誉、维持供应商给予的数量折扣、降低劳动力成本等，一些中小型企业不会轻易拒绝找上

---

① HAMMAMI R, FREIN Y, ALBANA A S. Delivery time quotation and pricing in two-stage supply chains: centralized decision-making with global and local managerial approaches [J]. European Journal of Operational Research, 2020, 286 (1): 164−177.

② BERTRAND J W M, VAN O H. Customer order lead times for production based on lead time and tardiness costs [J]. International Journal of Production Economics, 2000, 64 (1−3): 257−265.

③ MOODI D R. Demand management: the evaluation of price and due date negotiation strategies using simulation [J]. Production and Operations Management, 1999, 8 (2): 151−162.

④ WANG X, ZHU Q, CHENG T. Subcontracting price schemes for order acceptance and scheduling [J]. Omega, 2015, 54: 1−10.

⑤ WANG X, HUANG G, HU X, et al. Order acceptance and scheduling on two identical parallel machines [J]. Journal of the Operational Research Society, 2015, 66 (10): 1755−1767.

⑥ SLOTNICK S A. Order acceptance and scheduling: a taxonomy and review [J]. European Journal of Operational Research, 2011, 212 (1): 1−11.

门的客户。努力争取每一笔订单是这些企业经营者及其市场销售部门遵循的主要原则。然而，这里似乎存在一个困境——如果企业想要接收更多的客户订单，那么在产能约束下企业必然要面临极大的订单延迟交付及其带来的损失风险。走出该困境的一种途径是确定一个合理的交货期，该交货期必须同时满足客户交付时间诉求和企业订单盈利的要求。

在调查一些具有定制化生产特点的 MTO 企业（如：模具锻造件企业、捻绳机企业等）的订单报价决策过程之后，本书了解到客户为了确保企业供货不会影响自身市场收益，往往会向企业请求一个苛刻的交货期（即所谓安全期），因此承诺更短交货期的企业会更受客户欢迎。但是，企业只要给予一个让客户满意的价格补偿（或折扣），多数客户是愿意放宽交货时限的。这表明客户为了追求自身市场利益不受损失，会向企业提出过高的交货期要求，即所谓的个体理性约束[①]（individual rationality，IR）。而一个合理的经济补偿能够有效改善客户对苛刻交货期的追求，这也是个体理性的另一种表现。一些早期研究表明：MTO 环境中，一类客户愿意为更短的交货期支付更高的价格，另一类客户愿意为更低的订单价格等待更长的时间[②③④⑤]。这促使我们思考在 MTO 环境下利用这两类客户特点，通过市场端报价机制驱动客户给出更合理的交货期要求，从而更好地缓解生产控制系统的交付压力。然而部门之间的信息沟通有可能无效，企业市场部门和生产部门绩效评价是不同的甚至是冲突的[⑥]。因此，仅强调市场端报价机制的重要性或许是不够的，从生产运作角度考虑一个能够与市场端报价机制有效协同的生产系统控制机制是十分有必要的。

① AFÈCHE P. Incentive-compatible revenue management in queueing systems: optimal strategic delay [J]. Manufacturing & Service Operations Management, 2013, 15 (3): 423-443.

② ZHAO X, STECKE K E, PRASAD A. Lead time and price quotation mode selection: uniform or differentiated? [J]. Production and Operations Management, 2012, 21 (1): 177-193.

③ SO K C, SONG J S. Price, delivery time guarantees and capacity selection [J]. European Journal of Operational Research, 1998, 111 (1): 28-49.

④ LEDERER P J, LI L. Pricing, production, scheduling, and delivery-time competition [J]. Operations Research, 1997, 45 (3): 407-420.

⑤ WENG Z K. Manufacturing lead times, system utilization rates and lead-time-related demand [J]. European Journal of Operational Research, 1996, 89 (2): 259-268.

⑥ PEKGÜN P, GRIFFIN P M, KESKINOCAK P. Centralized versus decentralized competition for price and lead-time sensitive demand [J]. Decision Sciences, 2017, 48 (6): 1198-1227.

首先，本章针对单件小批量客户对价格和时间的敏感差异，设计了一个激励相容的订单交货期报价机制，该机制中客户与企业的私有信息不完全公开；其次，本章构建了一个基于 PBB 拉式控制机制的非纯混合流水车间模型，用于仿真评估交货期报价机制作用下的车间性能。研究表明，在延迟交付发生时，通过两种机制有效协同是可以降低企业订单拖期损失，甚至不会影响订单收益。这一发现对面向单件小批量生产的中小规模 MTO企业的订单交货期报价决策问题和生产管理与市场询单管理的系统整合有着重要的理论指导意义，为经常遇到延迟交付问题的企业运营提供了有价值的实施参考方案。

7.1 交货期报价与生产决策相关研究

一些早期研究表明，通过经济激励方式引导客户需求决策可以达到客户与企业之间的双赢。Naor 讨论过一个向顾客征收通行费来减少排队系统拥堵的问题，并指出，自利不能获得整体最优，通过确定一个征收费用的区间，进入该区间的顾客队列和收费服务方可以获得双赢[①]。Mendelson 和 Whang 设计了一种具有多个客户类型的 M/M/1 排队模型的激励相容定价方案，其中每类客户都有自己的延迟成本和预期服务时间[②]。Zhao 等总结了交货期和价格报价的两种实际做法，分别定义为统一报价模式和差异报价模式[③]。在该研究中，客户被划分为交货期敏感和价格敏感两种类型，交货期敏感客户更加重视短交货期，而价格敏感客户则更偏好较低的价格。Afèche 讨论了一个报价与生产决策问题，即当企业接受具有私有信息的异质性时间敏感客户订单时，如何设计静态价格/提前期菜单（供客户自主选择）和制定相应的调度策略以使企业的收入最大化，并采用一种基于可实现区域（achievable region）

① NAOR P. The regulation of queue size by levying tolls [J]. Econometrica, 1969, 37 (1): 15.

② MENDELSON H, WHANG S. Optimal incentive-compatible priority pricing for the M/M/1 queue [J]. Operations Research, 1990, 38 (5): 870-883.

③ ZHAO X, STECKE K E, PRASAD A. Lead time and price quotation mode selection: uniform or differentiated? [J]. Production and Operations Management, 2012, 21 (1): 177-193.

的机制设计法解决该问题①。该研究将客户分为对提前期具有耐心和缺乏耐心两类，这两类客户使用所设计的菜单选项做出最有利于自身的下单决策，并不依赖企业的订单排队长度。Afèche 和 Pavlin 将客户类型扩展为多类型，并考虑了客户具有不同延迟成本的情况②。此外，Afèche 等还讨论了 M/M/1 排队服务系统中基于需求率的客户类型及其边际评价③。

最近，Hammami 等使用串联 M/M/1-M/M/1 排队模型研究了具有时间和价格敏感需求的两阶段集中式 MTO 供应链交付时间报价和定价问题④。该研究认为，当产能超过某一个阈值，对交付时间和整体利润将不再有任何显著影响。Benioudakis 等建立了一个具有客户风险规避的 M/M/1 排队系统模型，在该系统中企业提供一个固定的进入价格、提前期报价和补偿率，客户自行决定是否进入⑤。另外，Debo 和 Li（2021）主要讨论了在生产/服务系统拥堵情况下采用自主决定服务的菜单设计中应该提供什么样的服务时长以及如何为其定价的问题⑥。在该研究中，持续时间较长（或较短）的服务被分配到低（高）优先级队列，该队列按基于时间的优先级规则排序。

在拉式生产研究方面有大量文献涉及在制品上限或生产负荷阈值的确定、拉式性能优化、拉式机制设计等主题。根据 Hopp 对拉式系统的定义和作业负荷的不同衡量方式，本章将拉式系统粗略地划分为基于看板卡的拉式控制方式（即作业负荷通过在制品数来衡量）和基于负荷的拉式控制方式（即作业负荷通过工作时间量来衡量）。PBB 是一种典型的基于负荷

① AFÈCHE P. Incentive-compatible revenue management in queueing systems: optimal strategic delay [J]. Manufacturing & Service Operations Management, 2013, 15 (3): 423-443.

② AFÈCHE P, PAVLIN J M. Optimal price/lead-time menus for queues with customer choice: segmentation, pooling, and strategic delay [J]. Management Science, 2016, 62 (8): 2412-2436.

③ AFÈCHE P, BARON O, MILNER J, et al. Pricing and prioritizing time-sensitive customers with heterogeneous demand rates [J]. Operations Research, 2019 (1): 23-28.

④ HAMMAMI R, FREIN Y, ALBANA A S. Delivery time quotation and pricing in two-stage supply chains: centralized decision-making with global and local managerial approaches [J]. European Journal of Operational Research, 2020, 286 (1): 164-177.

⑤ BENIOUDAKIS M, BURNETAS A, IOANNOU G. Lead-time quotations in unobservable make-to-order systems with strategic customers: risk aversion, load control and profit maximization [J]. European Journal of Operational Research, 2021, 289 (1): 165-176.

⑥ DEBO L, LI C. Design and pricing of discretionary service lines [J]. Management Science, 2021, 67 (4): 2251-2271.

的拉式控制系统，其作业负荷由工作时间量来衡量①②③。比如，PBB 这种基于负荷的拉式系统更强调订单池释放决策功能，因此也被称为 ORR 过程④。在多品种高变动 MTO 环境中，ORR 过程或功能在车间的负荷平衡改善方面发挥着重要作用⑤⑥⑦。特别是 PBB 拉式系统被认为是一种非常有竞争力的负荷控制方法，适用于具有紧交货期约束的多品种高变动 MTO 环境，也被用作各种生产控制系统性能测试的基准⑧⑨⑩。Malhotra 等以生产作业车间（job shop）为背景调查了具有 ORR 功能的三种生产控制系统性能，其中一种是考虑了两种优先订单释放策略的改进型 PBB 控制系统⑪。在该改进型 PBB 控制系统的订单池中，具有重要优先级的订单每天一开始就被释放进入车间，具有正常优先级的订单则需遵守 PBB 订单释放规则。

目前将拉式生产与报价问题相结合的研究文献还很少。Selçuk 描述了一个 Kanban 系统中确定提前期报价的问题，并通过二维马尔可夫链模型来

① HENDRY L C, KINGSMAN B G, CHEUNG P. The effect of workload control (WLC) on performance in make-to-order companies [J]. Journal of Operations Management, 1998, 16 (1): 63-75.

② HUANG G, CHEN J, KHOJASTEH Y. A cyber-physical system deployment based on pull strategies for one-of-a-kind production with limited resources [J]. Journal of Intelligent Manufacturing, 2021, 32 (2): 579-596.

③ PHILIPOOM P R, MALHOTRA M K, JENSEN J B. An evaluation of capacity sensitive order review and release procedures in job shops [J]. Decision Sciences, 1993, 24 (6): 1109-1134.

④ PHILIPOOM P R, MALHOTRA M K, JENSEN J B. An evaluation of capacity sensitive order review and release procedures in job shops [J]. Decision Sciences, 1993, 24 (6): 1109-1134.

⑤ MELNYK S A, RAGATZ G L. Order review/release: research issues and perspectives [J]. International Journal of Production Research, 1989, 27 (7): 1081-1096.

⑥ SALEGNA G J, PARK P S. Workload smoothing in a bottleneck job shop [J]. International Journal of Operations & Production Management, 1996, 16 (1): 91-110.

⑦ FERNANDES N O, THÜRER M, PINHO T M, et al. Workload control and optimised order release: an assessment by simulation [J]. International Journal of Production Research, 2020, 58 (10): 3180-3193.

⑧ HUANG G, CHEN J, KHOJASTEH Y. A cyber-physical system deployment based on pull strategies for one-of-a-kind production with limited resources [J]. Journal of Intelligent Manufacturing, 2021, 32 (2): 579-596.

⑨ MALHOTRA M K, JENSEN J B, PHILIPOOM P R. Management of vital customer priorities in job shop manufacturing environments [J]. Decision Sciences, 1994, 25 (5-6): 711-736.

⑩ SABUNCUOGLU I, KARAPINAR H Y. A load-based and due-date-oriented approach to order review/release in job shops [J]. Decision Sciences, 2000, 31 (2): 413-447.

⑪ MALHOTRA M K, JENSEN J B, PHILIPOOM P R. Management of vital customer priorities in job shop manufacturing environments [J]. Decision Sciences, 1994, 25 (5-6): 711-736.

分析提前期报价过程①。该 Kanban 系统是一个单阶段、单一类的拉式系统，该研究的数值分析表明：在利用率较低的情况下改变看板数量的影响是有限的。Thürer 等介绍了一个将客户询单管理与订单释放集成在一起的负荷控制概念。该研究结果表明：所提出的负荷控制概念能够降低延迟工件百分比，因而能够向客户提供一个短的交货期报价②。

总体来说，这些研究涉及报价参数的优化，如：定价、提前期报价以及客户类型识别。生产或服务系统通常被简化成一个具有能力约束的 M/M/1 排队系统。另外，上述关于 PBB 控制的研究文献大多数都没有涉及报价问题，在拉式系统与报价问题相结合的研究中更是缺少对报价机制设计的讨论。因此，本章的研究将有助于进一步了解交货期报价与拉式系统之间的关系，为订单报价决策和拉式控制系统改进提供有益的指导。

7.2　报价决策与交货期报价

7.2.1　报价决策概念

假设有 n 个客户的单件订单集合为 $J = \{1, 2, \cdots, n\}$。客户订单 $j \in J$ 的加工时间为 $P_j = \sum_{i=1}^{N_j} p_{ij}$，其中，$p_{ij}$ 为订单 j 的第 i 个作业时间，N_j 表示订单 j 的作业个数。订单交货期限要求为 d_j。订单 j 的价格补偿率（price premium rate）设为 γ_j，其中 $\gamma_j > 0$ 表示客户向企业支付价格补偿，$\gamma_j < 0$ 表示企业向客户支付价格补偿。订单 j 每天的拖期罚金比率设为 $\omega_j (\omega_j < 0)$。企业对订单 j 的要价设为 a_j。本书中，企业不知道客户订单市场收益 r_j，客户也不知道企业的产能大小和加工成本，即二者私有信息不完全公开。企业的收益 $u_j = a_j (1 + \gamma_j + \omega_j \cdot \max\{0, C_j - d_j\})$，对客户而言，$u_j$ 为支出成本，客户的净收益为 $r_j - u_j$。

当客户向企业提出订单加工请求之后，企业要根据订单要求确定加工

---

① SELCUK B. Adaptive lead time quotation in a pull production system with lead time responsive demand [J]. Journal of Manufacturing Systems, 2013, 32 (1): 138-146.

② THÜRER M, STEVENSON M, SILVA C, et al. Lean control for make-to-order companies: integrating customer enquiry management and order release [J]. Production and Operations Management, 2014, 23 (3): 463-476.

计划并核算加工成本，并向客户反馈订单报价 a_j、建议的交货期 d_s 等达成业务合同的关键决策信息。若客户请求的交货期与企业所建议的交货期不一致 ($d_s \neq d_j$)，企业需在满足订单工艺要求和车间产能平衡要求下与客户协商一个交货期。该交货期是企业承诺的交货期，企业需要努力确保订单完工时间不晚于该承诺的交货期，企业追求的是订单平均净收益 ANR = $\frac{1}{n} \sum_{j=1}^{n} u_j$ 最大化。

本书所讨论的问题中，尽管客户允许拖期发生，但应该尽量不拖期。为了阐述客户们在价格与时间上的敏感差异性，本书给出以下定义：

定义 7.1：价格敏感客户是指客户愿意接受企业提供的价格补偿以延长订单交货期。

定义 7.2：时间敏感客户是指客户愿意向企业支付价格补偿以尽量缩短订单交货期。

从生产控制角度看，价格敏感客户是受欢迎的，因为订单交货期越宽松，企业的加工灵活性就越高。相比之下，时间敏感客户会给企业生产系统负荷平衡带来很大挑战。定义 7.2 意味着时间敏感客户追求紧交货期能够获得更多收益（即符合个体理性要求），其有如下结论。

引理 7.1：对于时间敏感客户而言，若其订单 j 有两个交货期 d_1 和 d_2 ($d_1 < d_2$)，则有 $r_j(d_1) > r_j(d_2)$ 且 $r_j(d_1) - a_j(1 + \gamma_j(d_1)) > r_j(d_2)$。

证明：假设企业产能足够的情况下，客户选择 d_1 需支付价格补偿 $\gamma_j(d_1) > 0$。若订单市场收益 $r_j(d_1) < r_j(d_2)$ 且 $r_j(d_1) - a_j(1 + \gamma_j(d_1)) < r_j(d_2) - a_j$ 成立，该不等式化简为 $r_j(d_1) - a_j \cdot \gamma_j(d_1) < r_j(d_2)$。显然，客户选择 d_2 比选择 d_1 收益高，这样的客户追求紧交货期不能获利，即不满足个体理性条件。假设 $r_j(d_1) > r_j(d_2)$，但是 $r_j(d_1) - a_j \cdot \gamma_j(d_1) \leqslant r_j(d_2)$，则客户选择 d_2 比选择 d_1 仍然占优，因而这样的客户追求紧交货期不能获利，即不满足个体理性条件。假设 $r_j(d_1) > r_j(d_2)$ 且 $r_j(d_1) - a_j \cdot \gamma_j(d_1) > r_j(d_2)$ 时，客户选择 d_1 比选择 d_2 占优，这样的客户追求紧交货期才能获利。

引理 7.1 表明，缩短交货期为时间敏感客户带来的订单市场收益完全能够弥补其向企业支付的价格补偿，这意味着企业通过价格调整来引导时间敏感客户放宽交货期效果是有限的。这类客户交货期越紧且集中到达会增加企业准时交付违约风险。企业出于自利性考虑，可能会选择拒绝加工此类订单。因此，为了驱动企业接单，客户交货期要求越苛刻（紧），企业就应该获得更多的来自客户的价格补偿并承诺更低的拖期罚金，以确保时间敏感客户追求最大市场收益与企业提高收益的期望相一致。换言之，这种"企业—顾客"系统的社会效益应该最大化。

7.2.2 激励兼容的交货期报价流程设计

（a）企业制定补偿方案 $\psi(\beta)$，其中 $\psi: \beta \to (\gamma^{(\ell)}, \omega^{(\ell)})$，$\forall \ell = 1, 2, \cdots, z$；

（b）客户发出交货期请求 d_j，企业根据 $\psi(\beta_j)$ 与客户协商一个合理的交货期 d_j^*，并达成 (γ_j^*, ω_j^*) 约定；

（c）企业承诺按照 d_j^* 向企业准时交付订单，并按照 (γ_j^*, ω_j^*) 约定进行订单结算。

在上述协议中，补偿方案 $\psi(\beta_j)$ 显式的表示为一个线性分段函数，见式 7.1。

$$\psi(\beta) = \begin{cases} (\gamma^{(1)}, \omega^{(1)}), & \text{if } 1 \leq \beta < 2 \\ (\gamma^{(2)}, \omega^{(2)}), & \text{if } 2 \leq \beta < 3 \\ \vdots & \vdots \\ (\gamma^{(z)}, \omega^{(z)}), & \text{if } \beta \geq z \end{cases} \tag{7.1}$$

在式（7.1）中，令 $\beta = (d_j - t_{JS}) / \sum_{i=1}^{N_j} p_{ij}$，其中，$t_{JS}$ 表示订单 j 被企业接受后在订单池中的计划时间，t_{JS} 和 $\sum_{i=1}^{N_j} p_{ij}$ 是由企业的车间控制系统决定。β 反映了客户交货期限与订单负荷的倍数关系，β 值越小表明交货期越紧，反之亦然。当 $\beta < 1$，企业拒绝客户订单。

为了让 $\psi(\beta)$ 具有实践性且发挥激励作用，本书给出 $\psi(\beta)$ 的具体规定：

（1）$\psi(\beta)$ 要能够兼容定义 7.1 和定义 7.2，尤其对于时间敏感客户而言，要满足条件 $\gamma^{(\ell)} > \omega^{(\ell)}$。

（2）拖期不发生时（$\omega_j = 0$），对于时间敏感客户而言，$\psi(\beta)$ 中，$\gamma^{(\ell)}$，$\forall \ell = 1, 2, \cdots, z_0$，要满足条件 $0 < \gamma^{(z_0)} < \gamma^{(z_0-1)} < \cdots < \gamma^{(1)} \leq \bar{\gamma}$ 才能达到客户请求 d_j 越紧，其付出的代价（γ）越大的目的；对于价格敏感客户而言，$\psi(\beta)$ 中，$\gamma^{(\ell)}$，$\forall \ell = z_0 + 1, z_0 + 2, \cdots, z$，要满足条件 $0 > \gamma^{(z_0+1)} > \gamma^{(z_0+2)} > \cdots > \gamma^{(z)} \geq \underline{\gamma}$，才能实现客户请求的 d_j 越松，应付出的

代价越少的目的。

（3）拖期发生时（$\omega_j < 0$），对于时间敏感客户而言，d_j 越紧，付出的代价（$\gamma + \omega$）越高，因此 $\psi(\beta)$ 中要满足条件：$0 < \gamma^{(z_0)} + \omega^{(z_0)} < \gamma^{(z_0-1)} + \omega^{(z_0-1)} < \cdots < \gamma^{(1)} + \omega^{(1)}$；对于价格敏感客户而言，$d_j$ 越松，应付出的代价越少，因此 $\psi(\beta)$ 中要满足条件：$0 > \gamma^{(z_0+1)} + \omega^{(z_0+1)} > \gamma^{(z_0+2)} + \omega^{(z_0+2)} > \cdots > \gamma^{(z)} + \omega^{(z)}$。

规定（1）表明：$\psi(\beta)$ 需具备能同时响应时间敏感客户和价格敏感客户的请求，即具备兼容性能力。若 $\gamma^{(\ell)} \leq \omega^{(\ell)} < 0$ 时，$\psi(\beta)$ 不兼容定义 2。因此，规定（1）中要规定满足条件 $\gamma^{(\ell)} > \omega^{(\ell)}$；规定（2）中，$\underline{\gamma}$ 是企业能够提供的最大价格折扣，$\bar{\gamma}$ 是客户能够承受最大价格补偿；规定（3）考虑了拖期罚金对客户决策的影响。由于拖期程度（$C_j - d_j$）与生产能力有关，而企业的产能信息不公开，客户很难估计拖期程度。因此这里仅考虑至少 1 单位时间的延期影响（$\gamma_j^{(\ell)} + \omega_j^{(\ell)}$）。通常在商业领域，企业会尽量避免或减少拖期发生，以减少自身利益损失和维护信誉，客户也不会希望通过拖期罚金来提高自己的收益。因此激励客户决策行为受拖期因素影响是有限的，考虑 1 单位时间的延期影响是合适的。规定（3）可以看成是一种价格补偿的修正，因此这也是我们在补偿方案 $\psi(\beta)$ 中包括了 $\omega^{(\ell)}$ 的原因。

7.2.3 价格补偿方案

补偿方案（price compensation scheme, PCS）是报价机制的核心。基于上述报价流程，本书将价格补偿方案正式描述如下：

PCS1

Step 0. 客户发出订单问询，企业初始化 $\bar{\gamma}$、$\underline{\gamma}$、z、ε、ε_0、t_{JS}、$\bar{\omega}$ 和 $\sum_{i=1}^{N_j} p_{ij}$ 值。令 $\gamma^{(1)} = \bar{\gamma}$，$\omega^{(1)} = \bar{\omega}$ 和 $h^{(1)} = \gamma^{(1)} + g \cdot \omega^{(1)}$，$\ell = \ell' = 1$。

Step 1. 令 $\ell \leftarrow \ell + 1$，计算 $\omega^{(\ell)} = \omega^{(\ell-1)} - \varepsilon$。$\omega^{(\ell)}$ 按如下规则计算：

i）若 $\gamma^{(\ell)} > 0$，则 $\omega^{(\ell)} = \omega^{(\ell-1)} - \varepsilon_0$；令 $\ell'' = \ell$。

ii）若 $\underline{\gamma} \leq \gamma^{(\ell)} \leq 0$，则判断子条件：当 $\ell' \leq \ell''$ 则 $\omega^{(\ell)} = \omega^{(\ell')}$，$\ell' \leftarrow \ell' + 1$；否则，$\omega^{(\ell)} = \omega^{(\ell-1)} - \varepsilon_0$。

iii）若 $\gamma^{(\ell)} < \underline{\gamma}$，令 $\gamma^{(\ell)} = \underline{\gamma}$ 和 $\omega^{(\ell)} = \omega^{(\ell-1)} - \varepsilon_0$。

Step 2. 若 $\ell < z$，计算 $h^{(\ell)} = \gamma^{(\ell)} + g \cdot \omega^{(\ell)}$，转至 Step 1；否则 Step 3。

Step 3. 客户提出请求交货期 d_j，并计算 $\beta = (d_j - t_{JS}) / \sum_{i=1}^{N_j} p_{ij}$。

Step 4. 企业根据 $\psi(\beta)$ 与客户协商交货期，确定 (γ_j^*, ω_j^*)。

Step 1. 中的情况 i）针对的是客户向企业支付价格补偿；情况 ii）和 iii）针对的是企业向客户支付价格补偿。ε 的作用是使 ℓ 从 1 增加到 z 的过程中让支付价格 $\gamma^{(\ell)}$ 由正数变为负数，从而满足规定（1）和（2）。ε_0 的作用是令 $\omega^{(\ell)}$ 递减，以确保严格满足规定（3）。这里用 g 表示延期天数。

另外，PCS1 中 Step 1 中的 $\omega^{(\ell)}$ 可以不按规则 i）至 iii）计算，直接采用 $\omega^{(\ell-1)} - \varepsilon_0$ 计算，我们称这种方式为 PCS2。

PCS2

Step 0. 客户发出订单问询，企业初始化 $\overline{\gamma}$、$\underline{\gamma}$、z、ε、ε_0、t_{JS}、$\overline{\omega}$ 和 $\sum_{i=1}^{N_j} p_{ij}$ 值。令 $\gamma^{(1)} = \overline{\gamma}$，$\omega^{(1)} = \overline{\omega}$ 和 $h^{(1)} = \gamma^{(1)} + g \cdot \omega^{(1)}$，$\ell = \ell' = 1$。

Step 1. 令 $\ell \leftarrow \ell + 1$，计算 $\gamma^{(\ell)} = h^{(\ell-1)} - \varepsilon$；$\omega^{(\ell)} = \omega^{(\ell-1)} - \varepsilon_0$。

Step 2. 若 $\ell < z$，计算 $h^{(\ell)} = \gamma^{(\ell)} + g \cdot \omega^{(\ell)}$，转至 Step 1；否则 Step 3。

Step 3. 客户提出请求交货期 d_j，并计算 $\beta = (d_j - t_{JS}) / \sum_{i=1}^{N_j} p_{ij}$。

Step 4. 企业根据 $\psi(\beta)$ 与客户协商交货期，确定 (γ_j^*, ω_j^*)。

以下两个例子进一步说明价格补偿方案。

例 7.1： 假设企业收到客户订单 A 加工请求，$t_{JS} = 0$、$\sum p_A = 4$。客户的交货期有两个选择：$d_A = 8$ 或 $d_A = 20$。首先令 $\overline{\gamma} = 10\%$、$\underline{\gamma} = -10\%$、$z = 10$、$\varepsilon = \varepsilon_0 = 0.5\%$、$\overline{\omega} = -0.5\%$、$g = 1$，则生成的 $\psi_1(\beta)$ 如下所示：

$$\psi_1(\beta) = \begin{cases} (10\%, -0.5\%), & \text{if } 1 \leqslant \beta < 2 \\ (9\%, -1\%), & \text{if } 2 \leqslant \beta < 3 \\ (7.5\%, -1.5\%), & \text{if } 3 \leqslant \beta < 4 \\ (5.5\%, -2\%), & \text{if } 4 \leqslant \beta < 5 \\ (3\%, -2.5\%), & \text{if } 5 \leqslant \beta < 6 \\ (0\%, -0.5\%), & \text{if } 6 \leqslant \beta < 7 \\ (-1\%, -1\%), & \text{if } 7 \leqslant \beta < 8 \\ (-2.5\%, -1.5\%), & \text{if } 8 \leqslant \beta < 9 \\ (-4.5\%, -2\%), & \text{if } 9 \leqslant \beta < 10 \\ (-7\%, -2.5\%), & \text{if } \beta \geqslant 10 \end{cases}$$

根据 $\psi_1(\beta)$ 可知，$d_A = 8$ 的补偿方案为 $(9\%, -1\%)$，$d_A = 20$ 的补偿

方案为（3%，-2.5%）。若订单 A 的客户是价格敏感的，则选择 $d_A = 20$ 能够比选择 $d_A = 8$ 少支付6%的价格补偿给企业。这6%可看成来自企业的优惠折扣。

例 7.2：若例7.1中的客户愿意承担的最大补偿比例 $\bar{\gamma} = 8\%$，而企业能提供的最大价格补偿率为 $\underline{\gamma} = -10\%$，双方协商拖期罚金比例介于3%和7%之间。我们令参数 $z = 7$、$\varepsilon = 0.7\%$、$\varepsilon_0 = 1\%$、$g = 1$ 可以获得一种满足这些要求的补偿方案 $\psi_2(\beta)$，如下所示：

$$\psi_2(\beta) = \begin{cases} (8\%, \ -3\%), & \text{if } 1 \leqslant \beta < 2 \\ (4.3\%, \ -4\%), & \text{if } 2 \leqslant \beta < 3 \\ (-0.4\%, \ -3\%), & \text{if } 3 \leqslant \beta < 4 \\ (-4.1\%, \ -4\%), & \text{if } 4 \leqslant \beta < 5 \\ (-88\%, \ -5\%), & \text{if } 5 \leqslant \beta < 6 \\ (-10\%, \ -6\%), & \text{if } 6 \leqslant \beta < 7 \\ (-10\%, \ -7\%), & \text{if } \beta \geqslant 7 \end{cases}$$

根据 $\psi_2(\beta)$ 可知，$d_A = 8$ 的补偿方案为（4.3%，-4%），$d_A = 20$ 的补偿方案为（-88%，-5%）。若订单 A 的客户是时间敏感的，则 $d_A = 8$ 会被选择。此时企业收益将增加4.3%，在产能不足的情况下违约罚金比例还降低1%。

根据上述讨论，我们得到报价机制的以下结论。

引理 7.2：在该报价机制中，时间敏感客户会增加企业收益。

证明：由于企业收益 $u_j = a_j(1 + \gamma_j + \omega_j \cdot \max\{0, \ C_j - d_j\})$，其中订单要价 a_j 主要受制造成本影响。当 a_j 确定后，u_j 大小与 γ_j 和 ω_j 有关。在本报价机制中，时间敏感客户交货期要求越紧，则 β 越小，其对应的 γ_j（>0）值增加，且 $|\omega_j|$ 减小，企业收益 u_j 增加。证毕。

定理 7.1：该报价机制是激励相容的。

证明：假设客户 k 对企业提出的交货期请求为 d_k，价格补偿为 $y_k = a_k \cdot \gamma(d_k)$。

i）若客户是价格敏感的，其真实的交货期为 $\tilde{d}_k$，其价格补偿为 $\tilde{y}_k = a_k \cdot \gamma(\tilde{d}_k)$。当 $\tilde{d}_k > d_k$ 时，由该报价机制的补偿方案可知 $\gamma(\tilde{d}_k) < \gamma(d_k)$，即 $y_k > \tilde{y}_k$。这表明向企业支付价格补偿时需要支付更多；若是获得企业价格补偿，则会收到更少。即价格敏感客户无法获得最大收益；当

$\tilde{d}_k < d_k$ 时，则价格敏感客户市场收益会被影响。

ii) 若客户是时间敏感的，其真实的最迟交货期为 $\hat{d}_k$。当 $\hat{d}_k \geq d_k$ 时，由引理 7.1 和 7.2 可知，时间敏感客户能够获得最大市场收益，同时增加企业收益。当 $\hat{d}_k < d_k$ 时，则时间敏感客户市场收益会被严重影响。

综上所述，该机制是一个引导价格敏感客户透露真实交货期请求的激励相容机制；对于时间敏感客户而言，该机制让个体追求利益最大化与提高企业收益的目标相一致。因此，该机制是激励相容的。

7.3 基于负荷时间量的拉式控制机制（PBB 与 MPBB）

订单报价机制是通过经济手段来引导客户与企业达成订单加工合同。一旦进入订单执行阶段，企业就需要一个负荷平衡能力更强的拉式控制机制来确保所约定的订单交付承诺能够实现。需要进一步明确的是，这里的拉式控制机制又简称拉式机制，而拉式系统是指实施了拉式机制的生产系统。

7.3.1 PBB 拉式机制与优化规则

PBB 机制在订单池采用能力松弛（capacity slack，CS）规则进行订单释放排序，并同时监控车间机器负荷状态。优先选择订单池中 CS 值最小的订单进行负荷测算，当该订单的每一个作业负荷与其加工路径上所对应机器的负荷总和全都不超过给定的一个能力上限时，则该订单释放进入车间。然而，原始 PBB 机制并不是专门为处理同时具有时间敏感和价格敏感客户订单负荷所设计的。本书认为价格敏感客户的订单交货期相对宽松，这可能会抵消掉原始 PBB 在紧交货期表现出来的优势。因此，接下来本书将结合原始 PBB 控制特点和这两类客户的交货期需求差异，提出一些能够与报价机制更好协同的订单释放优化规则，以提高生产系统整体交付能力。

当订单池中存在时间敏感客户的订单交货期紧而作业负荷大，价格敏感客户的订单交货期宽松而作业负荷小的情况，则根据 CS 规则统一排序则可能出现价格敏感客户的订单比时间敏感客户订单优先进入生产系统，这是因为 PBB 机制的松弛比会惩罚作业负荷大的订单①。当大量的价格敏感客户订单进入车间占据了车间加工能力时，会让时间敏感客户出现严重延期交付问题。因此，本书给出以下两个启发式规则。

规则 1：存在一个优化这两类客户释放决策的规则是分别对时间敏感客户订单客户和价格敏感客户订单进行 CS 排序。

规则 2：存在一个优化这两类客户释放决策的规则是价格敏感客户订单延迟一段时间后再进行释放决策。

规则 1 能够降低时间敏感客户订单与价格敏感客户订单释放排序的耦合性。规则 2 是一个延迟释放规则，它能够确保近期的生产能力用于交货期要求紧的订单，远期的能力分配给交货期要求宽松的订单。适当延迟释放价格敏感客户订单，能够提高时间敏感客户订单的释放效率。

原始 PBB 机制释放决策是周期性激活（如：按天释放），每次都是从订单池中最小 CS 值的订单进行释放判断。然而，这种情况有可能令少数订单延迟加剧。例如，订单 1 中某项作业耗时过长，无法满足释放条件而滞留在订单池中，而后面的订单 2 恰好满足释放条件进入车间。等到下一轮释放决策机制激活时，订单 1 就会因为订单 2 占据着车间能力而无法被释放。若此时抵达订单池的订单 3 有更小的作业负荷满足释放条件进入车间，那么订单 1 有可能在下一轮释放决策中继续滞留订单池中，其生产计划会被严重延误。鉴于此，本书给出如下启发式规则。

规则 3：存在一个优化这两类客户释放决策的规则是等待释放的订单满足条件 $\dfrac{t - t_{JS}}{d_j - t_{JS}} > \mu$，其中 t 表示当前时间，$\mu \in [0，1]$ 是一个给定的比值，则该订单允许直接进入车间。

规则 3 是一个有用的强制释放规则，主要是防止订单过度滞留订单池，导致订单交付时间严重落后于报价机制中约定的交货时限。

7.3.2　MPBB 拉式机制

根据上述启发式规则，本章提出一种改进型 PBB 拉式机制（简记为 MPBB)，其负荷控制流程：

步骤 0：客户提出订单加工请求；企业根据客户请求拟定加工方案，

---

① PHILIPOOM P R, MALHOTRA M K, JENSEN J B. An evaluation of capacity sensitive order review and release procedures in job shops [J]. Decision Sciences, 1993, 24 (6)：1109-1134.

并向客户提供方案报价和建议交货期；若客户不认同建议交货期则采用报价机制确定订单交货期。

步骤 1：将进入订单池的时间敏感客户订单分配给 Q1 队列，对于进入订单池的价格敏感客户订单延迟 Δ 个时间单位后分配给 Q2 队列。

步骤 2：分别对 Q1 和 Q2 队列中的订单计算 CS 值并按升序排序，并令 $j=0$。

步骤 3：令 $j \leftarrow j+1$。对 Q1 队列中第 j 个订单进行 PBB 机制判断释放。若满足释放条件则订单 j 进入车间，否则按以下条件判断：

步骤 3-1：如果 $N_j \geq L_{\max}$，$\beta_j = 1$，并且 $\dfrac{t - t_{\mathrm{JS}}}{d_j - t_{\mathrm{JS}}} > \mu_1$，则订单 j 进入车间；否则保持在 Q1 队列中。

步骤 3-2：如果 $N_j \leq L_{\min}$，$\beta_j > 1$，并且 $\dfrac{t - t_{\mathrm{JS}}}{d_j - t_{\mathrm{JS}}} > \mu_2$，则订单 j 进入车间；否则保持在 Q1 队列中。

步骤 3-3：转至步骤 5。

步骤 4：令 $j \leftarrow j+1$。对 Q2 队列中第 j 个订单进行 PBB 机制判断释放。若满足释放条件则订单 j 进入车间；否则保持在 Q2 队列中。转至步骤 6。

步骤 5：若 Q1 队列还有订单没有判断，则转至步骤 3；否则，令 $j=0$ 并转至步骤 4。

步骤 6：若 Q2 队列还有订单没有判断，则转至步骤 4；否则，停止。

上述步骤中，$L_{\max}$ 表示最长订单路径数阈值，$L_{\min}$ 表示最短订单路径数阈值，$L_{\max}$，$L_{\min} \in \mathbf{Z}^+$。步骤 3-1 表明作业数多而工期短的订单应该优先考虑释放；本书在后期试验中发现部分超期非常严重的订单是由一些作业数少且交货期不紧的订单长期滞留在订单池所致，因此需要步骤 3-2 提高这类订单释放优先级。$\beta_j > 1$ 反映了管理者认为交货期不紧相对于紧（$\beta_j = 1$）的程度，该设定可灵活调整。另外，步骤 2 可以采用周期性激活，也可以根据其他事件激活，例如：车间能力改变、订单离开车间等。

7.4 性能评价

本节构建了一个非纯的混合流水车间模型，以便用于所提方法的仿真性能评价。该混合流水车间有 3 个阶段，每个阶段由 3 个机器构成。订单路径随机生成，即一些订单作业需要经历阶段 1、阶段 2、阶段 3；一些订单要经历阶段 2 和阶段 3；一些订单只需要在阶段 3 加工。假设每台机器只负责一道作业，机器不允许抢占，这么设计该混合流水车间模型的目的是考虑了 MTO 环境中的订单异质性。面向定制化生产的 MTO 企业，其客户订单异质性主要表现为订单交货期松紧差异、工艺路径长短差异、订单作业负荷大小差异。

7.4.1　实验设计

考虑到本书关注的是报价机制与负荷控制机制二者协同，为了防止车间调度规则干扰我们对两种机制协同性能的观测，这里只采用 FIFO 规则。模型参数设定包括：订单到达服从均值为 270 分钟的指数分布；订单交货期由报价机制确定；每个订单作业数服从 [1，3] 离散均匀分布；作业时间和 Set-up 时间都服从 [1，1 500] 均匀分布；订单要价服从 [1，100] 均匀离散分布；机器利用率为 87% 下的 MTTR（mean time to repair）服从 2-Erlang 分布，其均值在 [1，1 500] 区间随机生成。订单交货期采用 TWK 策略，其经验系数 k 设定为 β 值。价格补偿率和拖期罚金比率由报价机制生成。上述设定能够形成一个异质性订单加工特点突出且超负荷（存在拥堵）的生产系统模型。为了令 MPBB 机制更适合该生产系统模型，我们采用试错法，设定 MPBB 机制中 Q1 队列释放决策每 6 小时激活一次，Q2 队列释放决策每 24 小时激活一次。$\Delta = 15$ 分钟，$L_{max} = 3$，$L_{min} = 1$，$\mu_1 = 0.4$，且 $\mu_1 = 08$。另外，报价机制中 $\bar{\gamma} = 10\%$、$\underline{\gamma} = -10\%$、$\bar{\omega} = -5\%$ 和 $z = 10$。通过这些设定，我们能够展现报价机制与负荷控制系统协同的重要性并获得启示。

试验因素及水平见表 7.1。其中，车间机器利用率考虑 87% 和 100% 两种情况。虽然实践中车间机器利用率很难达到 100%，但考虑到车间机器利用率增加会提升车间整体性能，并缩小不同负荷控制方法之间性能差异这一实践经验，因此 100% 机器利用率可作为验证模型有效性的一种手段，该利用率下的车间性能可作为一个理想性能界。因此，我们就能够省略车间机器利用率介于 87% 和 100% 之间的多种情况，从而提高实验效率且不影响我们对所关心问题的理解。另外，考虑到客户订单交货期存在松紧集中程度差异，令 β 取值分别服从三角分布（minimum = 1；probable = 2；

maximum＝z）和三角分布（minimum＝1；probable ＝8；maximum＝z）两种情况。这里假设 β 取值是经过顾客理性思考的选择。

表 7.1　实验因素及水平

	实验因素	水平
车间	机器利用率	87%；100%
	负荷控制机制	PBB；MPBB
	负荷上限（T）	75；90；105；120；165；Max（in hours）
报价机制	（ε，ε_0）	（0.5%，0.5%）；（0.2%，0.5%）；（0.5%，0.2%）
	价格补偿方案	PCS1；PCS2
	β（Beta）	Probable＝2，8
	g	1；3；10

实验采用全因子试验，每次实验观测重复 30 次，每次实验相关参数使用不同随机数生成。前 100 个订单时长作为热机期，收集之后 2 000 个订单时长的统计数据。这些设定便于我们获得稳定结果，同时确保仿真实验运行时间在一个可接受水平。实验性能指标为 $\mathrm{ANR} = \frac{1}{n} \sum_{j=1}^{n} u_j$、拖期标准差 SDL、订单延迟百分比 PT 以及订单平均总产出时间（total throughput time，TTT）。

7.4.2　实验结果

在生产系统受到 PBB 控制的情况下，我们观察到车间机器利用率为 87% 时（见图 7.1），对于整个订单集合无论是企业承诺松的交货期占多数（面向时间敏感客户订单，$\beta = 8$），还是企业承诺紧交货期占多数（面向价格敏感客户订单，$\beta = 2$）的情况，报价机制设定为 PCS1，$\varepsilon = 0.5\%$，$\varepsilon_0 = 0.2\%$ 和 $g = 1$ 时能够获得更多收益，见图 7.1（e）。该设定也能在 100% 利用率情况下获得更多收益，见图 7.2（e）。图 7.1 和图 7.2 中横坐标为订单在生产车间的耗时（shop floor time，SFT），这两个图均呈现 $\beta = 2$ 情况要比 $\beta = 8$ 的情况令企业获得更多收益，这验证了引理 7.2 是成立的。换言之，在现有 PBB 控制基础上，引入一个合适的报价机制是能够提升企业收益的。另外，PCS1 和 $g = 1$ 规则设定总是好于 PCS2 以及 $g = 3$ 和 10，这验证了前面 $\gamma_j^{(\ell)} + g \cdot \omega_j^{(\ell)}$ 只考虑 $g = 1$ 单位时间的延期就足够了的假定是合适的。

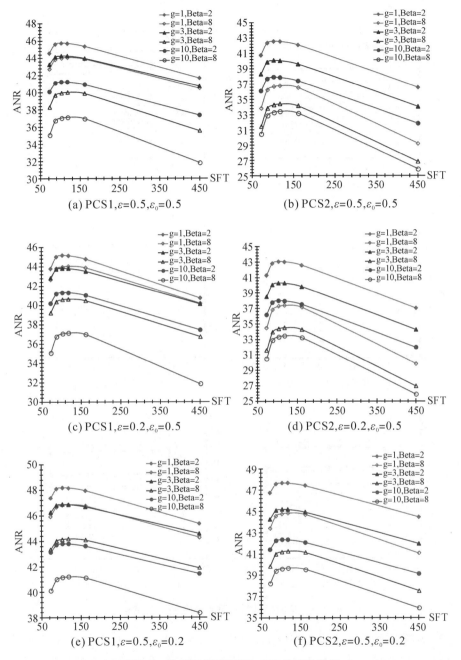

图 7.1 车间机器利用率=87%的实验结果

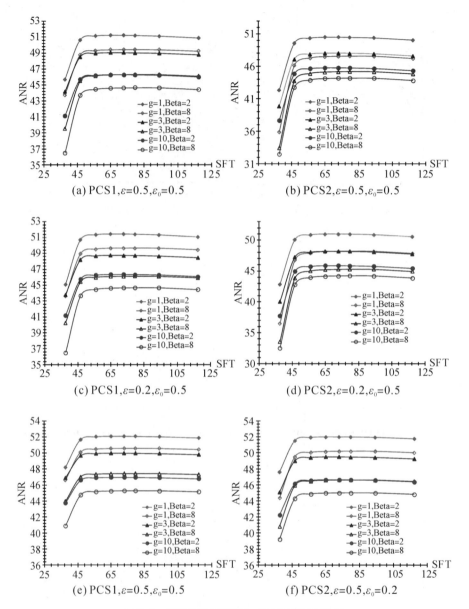

图 7.2　车间机器利用率=100%的实验结果

　　尽管实验显示报价机制设定为 PCS1、$\varepsilon = 0.5$、$\varepsilon_0 = 0.2$ 和 $g=1$ 的表现最好，但这只是建立在市场客户愿意接受我们所设定的报价机制为前提。换言之，市场环境变化（如：企业要价背离市场行情）会导致试验所展示的这个最优报价机制设定失效。有可能试验表现稍差的报价机制设定

（如：PCS2、$\varepsilon = 0.2$、$\varepsilon_0 = 0.5$ 和 $g=10$）更受市场接纳。

实验观测结论1：开发一个适合生产系统的市场机制理论上是可行的，但是当市场竞争无法按照 MTO 企业的生产系统需求而改变时，改变生产控制系统以配合市场报价机制更有实际意义。

另外，本试验结果显示，虽然 MPBB 系统的平均交付时间要比 PBB 系统更长，但它却具有更低的平均延迟程度和更高的订单净收益。本书使用偏差%来展示 PBB 和 MPBB 之间的相对差异。ANR 的偏差%>0 说明 MPBB 的收益大于 PBB，反之亦然。报价机制情形设定为（PCS1，$\varepsilon = 0.5\%$，$\varepsilon_0 = 0.5\%$，$g=1$），记为 Case 1；（PCS1，$\varepsilon = 0.2\%$，$\varepsilon_0 = 0.5\%$，$g=1$），记为 Case 2；以及（PCS1，$\varepsilon = 0.5\%$，$\varepsilon_0 = 0.2\%$，$g=1$），记为 Case 3。表 7.2 显示在车间机器利用率为 87% 时 MPBB 要比 PBB 让生产系统获得更多的 ANR。而 MPBB 要比 PBB 花费稍微多的时间交付，见表 7.3。表 7.4 显示在车间机器利用率为 100% 时（理想情况），虽然 MPBB 和 PBB 的收益偏差%非常小，但是这三种情况下 MPBB 收益仍高于 PBB，而 MPBB 耗时要大于 PBB，见表 7.5。

表 7.2　Case 1 至 Case 3 下的 ANR 表现（车间机器利用率 = 87%）

β	T	Case 1			Case 2			Case 3		
		PBB	MPBB	gap%	PBB	MPBB	gap%	PBB	MPBB	gap%
2	75	44.56	46.03	3.3	43.79	45.44	3.8	47.37	48.03	1.4
	90	45.61	46.44	1.8	45.00	45.93	2.1	48.10	48.30	0.4
	105	45.74	46.49	1.6	45.15	45.88	1.6	48.19	48.31	0.3
	120	45.72	46.28	1.2	45.12	45.71	1.3	48.17	48.22	0.1
	165	45.37	45.77	0.9	44.77	45.19	0.9	47.95	47.93	0.0
	Max	41.67	41.66	0.0	40.71	40.71	0.0	45.35	45.35	0.0
8	75	42.73	43.88	2.7	42.66	45.08	5.7	45.91	47.51	3.5
	90	43.83	44.56	1.7	43.81	45.62	4.1	46.68	47.80	2.4
	105	44.01	44.67	1.5	43.98	45.64	3.8	46.82	47.82	2.1
	120	44.09	44.69	1.4	44.05	45.58	3.5	46.85	47.78	2.0
	165	43.90	44.36	1.1	43.89	45.05	2.7	46.75	47.43	1.5
	Max	40.49	40.48	0.0	40.16	40.16	0.0	44.28	44.28	0.0

表 7.3　Case 1 至 Case 3 下的 TTT 表现（车间机器利用率＝87%）

β	T	Case 1			Case 2			Case 3		
		PBB	MPBB	gap%	PBB	MPBB	gap%	PBB	MPBB	gap%
2	75	333.85	328.41	−1.6	333.85	323.53	−3.1	333.85	321.11	−3.8
	90	305.62	311.82	2.0	305.62	310.97	1.8	305.62	309.36	1.2
	105	304.51	313.82	3.1	304.51	312.18	2.5	304.51	311.90	2.4
	120	308.34	318.57	3.3	308.34	317.59	3.0	308.34	317.02	2.8
	165	326.66	336.41	3.0	326.66	335.20	2.6	326.66	334.57	2.4
	Max	450.81	450.94	0.0	450.81	450.85	0.0	450.81	450.83	0.0
8	75	333.85	330.35	−1.0	333.85	335.86	0.6	333.85	328.65	−1.6
	90	305.62	311.52	1.9	305.62	312.82	2.4	305.62	313.26	2.5
	105	304.51	309.89	1.8	304.51	312.60	2.7	304.51	313.75	3.0
	120	308.34	314.78	2.1	308.34	316.59	2.7	308.34	318.46	3.3
	165	326.66	331.96	1.6	326.66	334.00	2.2	326.66	334.95	2.5
	Max	450.81	451.10	0.1	450.81	451.14	0.1	450.81	450.95	0.0

表 7.4　Case 1 至 Case 3 下的 ANR 表现（车间机器利用率＝100%）

β	T	Case 1			Case 2			Case 3		
		PBB	MPBB	gap%	PBB	MPBB	gap%	PBB	MPBB	gap%
2	75	51.10	51.33	0.4	51.32	51.58	0.5	52.01	52.12	0.2
	90	51.18	51.32	0.3	51.41	51.53	0.2	52.07	52.13	0.1
	105	51.17	51.28	0.2	51.41	51.54	0.2	52.07	52.11	0.1
	120	51.16	51.23	0.2	51.39	51.49	0.2	52.06	52.08	0.0
	165	51.07	51.11	0.1	51.30	51.33	0.0	52.00	52.00	0.0
	Max	50.84	50.84	0.0	51.04	51.04	0.0	51.85	51.85	0.0
8	75	49.29	49.46	0.4	49.51	49.84	0.7	50.45	50.68	0.5
	90	49.38	49.51	0.3	49.62	49.86	0.5	50.52	50.68	0.3
	105	49.40	49.50	0.2	49.63	49.84	0.4	50.53	50.67	0.3
	120	49.40	49.49	0.2	49.64	49.81	0.3	50.54	50.65	0.2
	165	49.38	49.41	0.1	49.62	49.70	0.2	50.52	50.57	0.1
	Max	49.21	49.21	0.0	49.42	49.42	0.0	50.39	50.39	0.0

表 7.5　Case 1 至 Case 3 下的 TTT 表现（车间机器利用率＝100%）

β	T	Case 1			Case 2			Case 3		
		PBB	MPBB	gap%	PBB	MPBB	gap%	PBB	MPBB	gap%
2	75	96.63	98.68	2.1	96.63	98.62	2.1	96.63	98.58	2.0
	90	97.10	99.49	2.5	97.10	99.71	2.7	97.10	99.24	2.2
	105	99.81	101.81	2.0	99.81	101.78	2.0	99.81	101.79	2.0
	120	102.47	104.43	1.9	102.47	104.31	1.8	102.47	104.05	1.5
	165	108.12	109.32	1.1	108.12	109.41	1.2	108.12	109.32	1.1
	Max	117.43	117.51	0.1	117.43	117.48	0.0	117.43	117.46	0.0
8	75	96.63	97.74	1.1	96.63	98.11	1.5	96.63	98.37	1.8
	90	97.10	98.44	1.4	97.10	98.73	1.7	97.10	99.19	2.2
	105	99.81	101.10	1.3	99.81	101.09	1.3	99.81	101.68	1.9
	120	102.47	103.37	0.9	102.47	103.69	1.2	102.47	103.95	1.4
	165	108.12	108.83	0.7	108.12	108.94	0.8	108.12	109.09	0.9
	Max	117.43	117.59	0.1	117.43	117.56	0.1	117.43	117.53	0.1

需要提及的是，表 7.3 和表 7.5 中的 PBB 在这 3 种报价情形下的 TTT 的值相同，而 MPBB 的 TTT 值不同。这是因为报价机制的设定只改变了订单完工后的补偿与罚金大小，并没有改变订单的加工时间和车间能力，因此 PBB 系统中订单释放顺序在这三种情况下是相同的，所以 PBB 系统的 TTT 指标在这三种报价情形下是相同的。对于 MPBB 而言，报价机制设定会影响 MPBB 订单池中 Q1 和 Q2 队列的订单数，导致订单释放顺序差异，因而 MPBB 机制下加工订单的 TTT 表现也会有所不同。

实验观测结论 2：企业延迟交付订单且不降低甚至增加收益存在可能性，但这需要负荷控制机制（诸如 MPBB）与市场报价机制进行有效的协同设计，简单的业务流程衔接是无法实现的。

实验观测结论 3：如果生产负荷控制机制围绕市场报价机制改变时，那么生产系统管理体系也应该重建。只有这样，才能确保生产负荷控制机制是可以被维护和动态调整的，以适应市场的变化。否则在实践过程中，所设计的市场交货期报价机制的优势可能会被抵消，导致理论结果与实际效果脱节。

为何延长订单交货期还能增加收益？在上述所设定的三种报价机制中，我们观测到相同报价机制情形下无论车间机器利用率是 87% 还是

100%，MPBB 的延迟百分比都高于 PBB（见表 7.6 和表 7.7），而 MPBB 拖期标准差要低于 PBB（见表 7.8 和表 7.9）。

表 7.6　Case 1 至 Case 3 下的 PT 表现（车间机器利用率=87%）

β	T	Case 1			Case 2			Case 3		
		PBB	MPBB	gap%	PBB	MPBB	gap%	PBB	MPBB	gap%
2	75	58.37	68.46	17.3	58.37	69.51	19.1	58.37	69.28	18.7
	90	63.71	72.53	13.8	63.71	72.87	14.4	63.71	72.81	14.3
	105	68.54	75.76	10.5	68.54	76.05	11.0	68.54	75.97	10.8
	120	72.78	78.67	8.1	72.78	78.85	8.3	72.78	78.70	8.1
	165	80.77	84.24	4.3	80.77	84.26	4.3	80.77	84.06	4.1
	Max	89.09	89.11	0.0	89.09	89.09	0.0	89.09	89.09	0.0
8	75	39.80	45.88	15.3	39.80	48.24	21.3	39.80	50.51	26.9
	90	44.52	50.38	13.2	44.52	52.14	17.1	44.52	54.36	22.1
	105	49.62	54.55	9.9	49.62	56.31	13.5	49.62	57.97	16.8
	120	54.28	58.74	8.2	54.28	60.21	10.9	54.28	61.45	13.2
	165	65.21	68.21	4.6	65.21	69.35	6.4	65.21	70.13	7.5
	Max	82.07	82.08	0.0	82.07	82.08	0.0	82.07	82.07	0.0

表 7.7　Case 1 至 Case 3 下的 PT 表现（车间机器利用率=100%）

β	T	Case 1			Case 2			Case 3		
		PBB	MPBB	gap%	PBB	MPBB	gap%	PBB	MPBB	gap%
2	75	37.28	41.30	10.8	37.28	41.49	11.3	37.28	41.54	11.4
	90	40.38	43.27	7.1	40.38	43.46	7.6	40.38	43.33	7.3
	105	42.98	45.07	4.9	42.98	45.14	5.0	42.98	45.19	5.2
	120	44.94	46.53	3.5	44.94	46.57	3.6	44.94	46.47	3.4
	165	47.92	48.62	1.5	47.92	48.72	1.7	47.92	48.65	1.5
	Max	49.88	49.93	0.1	49.88	49.90	0.0	49.88	49.89	0.0
8	75	21.72	23.33	7.4	21.72	23.63	8.8	21.72	24.44	12.5
	90	23.96	25.40	6.0	23.96	25.76	7.5	23.96	26.22	9.5
	105	26.05	27.37	5.1	26.05	27.83	6.8	26.05	28.29	8.6
	120	28.01	29.01	3.6	28.01	29.12	4.0	28.01	29.54	5.5
	165	31.14	31.69	1.8	31.14	31.76	2.0	31.14	31.96	2.6
	Max	34.20	34.26	0.2	34.20	34.25	0.2	34.20	34.23	0.1

表 7.8　Case 1 至 Case 3 下的 SDL 表现（车间机器利用率 = 87%）

β	T	Case 1			Case 2			Case 3		
		PBB	MPBB	gap%	PBB	MPBB	gap%	PBB	MPBB	gap%
2	75	952.06	823.03	−13.6	952.06	797.87	−16.2	952.06	820.88	−13.8
	90	838.33	737.99	−12.0	838.33	735.65	−12.2	838.33	754.51	−10.0
	105	795.49	713.78	−10.3	795.49	697.19	−12.4	795.49	715.36	−10.1
	120	764.97	683.61	−10.6	764.97	679.96	−11.1	764.97	700.13	−8.5
	165	691.42	622.13	−10.0	691.42	616.63	−10.8	691.42	634.10	−8.3
	Max	281.63	281.57	0.0	281.63	281.61	0.0	281.63	281.62	0.0
8	75	953.32	889.04	−6.7	953.32	877.58	−7.9	953.32	824.53	−13.5
	90	840.09	800.61	−4.7	840.09	784.06	−6.7	840.09	748.61	−10.9
	105	797.53	762.90	−4.3	797.53	750.39	−5.9	797.53	720.10	−9.7
	120	767.12	731.78	−4.6	767.12	713.28	−7.0	767.12	696.42	−9.2
	165	694.03	661.69	−4.7	694.03	651.44	−6.1	694.03	631.49	−9.0
	Max	287.60	287.57	0.0	287.60	287.54	0.0	287.60	287.55	0.0

表 7.9　Case 1 至 Case 3 下的 SDL 表现（车间机器利用率 = 100%）

β	T	Case 1			Case 2			Case 3		
		PBB	MPBB	gap%	PBB	MPBB	gap%	PBB	MPBB	gap%
2	75	204.94	173.00	−15.6	204.94	168.86	−17.6	204.94	170.96	−16.6
	90	181.59	158.48	−12.7	181.59	155.18	−14.5	181.59	159.82	−12.0
	105	171.08	151.34	−11.5	171.08	148.83	−13.0	171.08	150.65	−11.9
	120	161.92	143.20	−11.6	161.92	141.99	−12.3	161.92	144.90	−10.5
	165	140.84	129.04	−8.4	140.84	129.80	−7.8	140.84	133.27	−5.4
	Max	114.04	114.00	0.0	114.04	114.01	0.0	114.04	114.01	0.0
8	75	214.28	199.52	−6.9	214.28	193.79	−9.6	214.28	186.51	−13.0
	90	192.16	184.49	−4.0	192.16	178.48	−7.1	192.16	174.87	−9.0
	105	182.42	173.44	−4.9	182.42	169.00	−7.4	182.42	164.64	−9.7
	120	173.84	165.87	−4.6	173.84	164.33	−5.5	173.84	158.31	−8.9
	165	153.97	149.78	−2.7	153.97	148.69	−3.4	153.97	145.16	−5.7
	Max	128.88	128.85	0.0	128.88	128.85	0.0	128.88	128.85	0.0

这意味着，尽管 PBB 系统的订单整体延迟百分比较低，但是延迟交付的订单严重拖期，因此会产生高额拖期罚金。虽然 MPBB 系统的订单延迟

百分比较高，但是延迟交付的订单拖期程度小，因此所产生的订单拖期罚金对整个订单收益影响也小。

实验观测结论 4：延迟百分比指标并不能全面反映生产部门绩效高低，追求低延迟程度要比追求低延迟百分比更有意义。换言之，产能不变时盲目追求低订单延迟数，其代价是增加部分订单延迟程度，导致企业整体收益降低。

7.5 总结

在竞争激励的单件小批量环境中，一方面，中小企业不能轻易拒绝订单，另一方面，中小企业又面临着接受超过产能的订单会导致交货延迟的困境。本章提出了通过交货期报价机制和拉式机制有效协同来解决这个问题，并设计了一种激励兼容的报价机制来获取合理的交货期，以减轻多品种 MTO 环境下实施拉式机制的生产系统的负荷平衡压力。另外，本书对原始 PBB 拉式机制进行了改进，进一步增强了其与交货期报价机制的协同能力。研究启示总结如下：

（1）从生产经营管理的角度看，交货期报价机制可以看作是拉式机制的延伸。单件小批量生产企业可以通过拉系统与报价机制的有效协同而获益，因而报价机制可以让交货延迟成为一种提高生产系统灵活性的策略。

（2）将报价机制与拉式系统相结合，有助于提高价格敏感客户和时间敏感客户的服务质量。

（3）在客户与企业信息不对称的情况下，报价机制有助于提高拉式生产系统响应能力，改善拉式系统的负荷平衡能力。

（4）从提高企业订单收益的角度来看，减少延迟订单的程度比减少延迟订单的数量更有意义。这一发现对于企业考虑用什么指标来衡量生产系统的绩效具有很强的管理意义。

（5）市场的变化会影响报价机制的设置，报价机制需要拉式机制的协同。重视这种关系，企业才能更好地适应高变动 MTO 环境。

值得提及的是，报价机制与拉式负荷控制机制的协同涉及大量的参数调整，因此开发一种高效的参数优化算法以提高协同效果是未来具有实际意义的研究工作。此外，考虑将拍卖机制与拉式机制集成也将是一个有趣的话题。

8 面向单件小批量生产企业的
信息物理系统拉式部署决策

在大规模定制生产中利用信息物理系统（cyber-physical system，CPS）技术提高生产系统的可变性（柔性）成为基于 CPS 的智能制造系统和单件生产研究领域的焦点之一[1][2]。显然，生产系统的可变性是单件小批量生产系统追求的重要能力。为了能够像大批量生产那样高效地生产定制产品，单件小批量生产系统通常采用柔性制造系统、拉式控制系统、单件流、信息技术等[3][4]。尽管 CPS 技术能在这方面提供有力支持，然而不容忽视的一点是，CPS 技术涉及大量的软硬件投资，如：智能数控机床、工业机器人、增材制造设备、企业管理系统、工业控制系统、全数字化产品开发系统、智能传感器和网络设备。对于资金有限的中小企业来说，高昂的投资成本与所需能力是否匹配成为这些企业开展智能制造转型要面对的首要问题。对于开展工业化定制生产的企业而言，相关的设备和设施投资不能被简单地看作一个采购成本优化问题，不能仅纯从采购费用高低或选择供应商的优先级排序来考虑问题。这是因为一些信息物理设备或智能设施没有太多的替代供应商，甚至根本没有替代供应商。此外，低成本替代品的技术规格可能无法满足设计方案的需要。中小企业需要发展自己的智能制

① MOGHADDAM M, CADAVID M N, KENLEY C R, et al. Reference architectures for smart manufacturing: a critical review [J]. Journal of Manufacturing Systems, 2018, 49 (2): 215-225.

② KOLBERG D, KNOBLOCH J, ZÜHLKE D. Towards a lean automation interface for workstations [J]. International Journal of Production Research, 2017, 55 (10): 2845-2856.

③ HUANG G, CHEN J, WANG X, et al. From loop structure to policy-making: a CONWIP design framework for hybrid flow shop control in one-of-a-kind production environment [J]. International Journal of Production Research, 2017, 55 (12): 3374-3391.

④ TU Y, DEAN P. One-of-a-Kind Production [M]. London: Springer London, 2011: 15-18.

造方式①，对于这些企业来说，降低投资成本的一种途径是减少车间所部署的信息物理设备的数量，即减少 CPS 部署规模。然而，这面临着一个科学问题——部署规模的减少是否会对基于 CPS 的生产系统性能产生很大影响？为了降低基于 CPS 的生产系统的开发成本，需要一个在 CPS 部署的规模和生产系统的性能之间取得平衡的实施指导原则。

本章将精益生产中的拉式生产策略作为 CPS 部署的指导原则，详细介绍不同拉式策略性能与 CPS 部署差异，提出三种拉式部署策略并仿真评估不同拉式部署策略的性能。本章还构建了一个基于拉式部署策略的 CPS 基本架构，并结合单件小批量生产企业需求，将该 CPS 基本架构扩展成一个轻量级的基于 CPS 的单件小批量生产系统框架。

8.1 信息物理系统与精益生产相关研究

当前，信息通信技术（ICT）、自主嵌入式系统和智能网络高度融合。更加个性化的产品需求以及物联网（IoT）、CPS 和人工智能技术的发展正在逐渐重塑现代制造业②。CPS 一词是由美国国家科学基金会的 Helen Gill 于 2006 年提出，CPS 以及物联网和智能制造都与工业 4.0 的概念有关③④。工业 4.0 强调了 CPS 在定制化生产中的重要作用，CPS 被认为是智能工厂的核心⑤。这表明工业 4.0 的一个重要任务是大力提升生产个性化产品的工厂（或车间）的智能化水平。因此，在这些先进技术的支持下制造系统能够在复杂生产环境下较容易地实现更高的生产柔性和更快的响应能力。

---

① MITTAL S, KHAN M A, ROMERO D, et al. A critical review of smart manufacturing & Industry 4.0 maturity models: implications for small and medium-sized enterprises (SMEs) [J]. Journal of Manufacturing Systems, 2018, 49 (3): 194-214.

② MOGHADDAM M, CADAVID M N, KENLEY C R, et al. Reference architectures for smart manufacturing: a critical review [J]. Journal of Manufacturing Systems, 2018, 49 (2): 215-225.

③ FRANK A G, DALENOGARE L S, AYALA N F. Industry 4.0 technologies: Implementation patterns in manufacturing companies [J]. International Journal of Production Economics, 2019, 210 (3): 15-26.

④ DI L, TANG H, WANG S, et al. A big data enabled load-balancing control for smart manufacturing of Industry 4.0 [J]. Cluster Computing, 2017, 20 (2): 1855-1864.

⑤ URBINA C P D, LYNN R, LOUHICHI W, et al. Part data integration in the Shop Floor Digital Twin: Mobile and cloud technologies to enable a manufacturing execution system [J]. Journal of Manufacturing Systems, 2018, 48 (6): 25-33.

基于 CPS 的智能制造或信息物理生产系统（cyber - physical production system，CPPS）就是一种提升智能工厂水平的解决方案，尤其是 CPPS 能够改善工厂准时交付性能[①②]。Tang 等研究了一种具有自主和智能功能的，基于 CPS 的智能车间系统[③]。他们将智能车间中的物理实体视为自主的智能逻辑单元，这些逻辑单元的执行操作由分布式控制功能引导完成。Ribeiro 和 Bjorkman 提出了一个由设备实体、控制或计算平台实体以及信息表达实体所组成的信息物理生产模块，其中信息表达实体是设备实体的抽象层，它由算法和可与其他模块通信的接口构成[④]。Grundstein 等提出了一种在信息物理生产系统中实现制造过程自主生产控制的方法，该方法集成了诸如订单释放、生产排程和能力控制在内的所有控制任务[⑤]。订单到达每个工位都必须进行扫描，这意味着需要在所有工位部署信息物理设备。显然，为所有工位部署信息物理设备可能会给资金有限的中小企业带来巨大的投资压力。

在基于 CPS 的智能制造框架研究方面，Cheng 等提出了一个信息物理集成的工厂系统框架。该框架由四层组成，包括完全互联的物理元素集成、覆盖所有元素/流程/业务的数据融合、如实反映现实的虚拟模型集成、数据驱动和面向应用的服务集成[⑥]。Dias-Ferreira 等提出一种基于仿生的自组织架构用于构造信息物理车间系统，可能类似群体生物系统才有的

① GRUNDSTEIN S, FREITAG M, SCHOLZ R B. A new method for autonomous control of complex job shops -integrating order release, sequencing and capacity control to meet due dates [J]. Journal of Manufacturing Systems, 2017, 42 (1): 11-28.

② DUFFIE N, BENDUL J, KNOLLMANN M. An analytical approach to improving due-date and lead-time dynamics in production systems [J]. Journal of Manufacturing Systems, 2017, 45 (1): 273-285.

③ TANG D, ZHENG K, ZHANG H, et al. Using autonomous intelligence to build a smart shop floor [J]. The International Journal of Advanced Manufacturing Technology, 2018, 94 (5-8): 1597-1606.

④ RIBERIO L, BJOKKMAN M. Transitioning from standard automation solutions to cyber-physical production systems: an sssessment of critical conceptual and technical challenges [J]. IEEE Systems Journal, 2018, 12 (4): 3816-3827.

⑤ GRUNDSTEIN S, FREITAG M, SCHOLZ R B. A new method for autonomous control of complex job shops -integrating order release, sequencing and capacity control to meet due dates [J]. Journal of Manufacturing Systems, 2017, 42 (1): 11-28.

⑥ CHENG Y, ZHANG Y, JI P, et al. Cyber-physical integration for moving digital factories forward towards smart manufacturing: a survey [J]. The International Journal of Advanced Manufacturing Technology, 2018, 97 (1-4): 1209-1221.

自组织控制原则是该架构的指导机制①。Bonci 等扩展了一种衡量制造自动化系统性能的方法，制造自动化系统可以看成一种由信息物理基础设施所控制的系统②。此外，Leitão 等回顾了四个基于信息物理系统技术的工业自动化项目，并总结了工业 CPS 中六个领域的主要挑战。在这些挑战下，CPS 的优化和应用以及知识驱动的决策/管理需要在特定的生产环境或领域下进行更广泛的探讨③。

工业 4.0 与精益生产之间的联系逐渐受到研究者的重视。Buer 等探讨了一个有关精益制造的重要议题——到底是工业 4.0 支持精益制造还是精益制造支持工业 4.0④。他们提到工业 4.0 可以作为一种增强精益制造的技术解决方案，而精益制造可以作为构建工业 4.0 的实施基础⑤。Zhang 等认为有关精益生产背后的控制框架的系统性理论是缺乏的，因此在智能制造或工业 4.0 等新兴技术背景下需要使用物联网技术帮助实施现场精益控制。Kolberg 等认为精益生产的概念依然是成功的，然而精益生产在面向高度定制化产品的生产可变性方面是有限的，他们将精益自动化（Jidoka）看作是工业 4.0 技术在精益生产方法中的一种应用，它能够将工业 4.0 和精益生产的优势结合起来⑥。Tortorella 和 Fettermann 分析了 110 家巴西制造企业的精益生产实施数据，得出的结论是精益生产实践与工业 4.0 技术正相关，

① DIAS F J, RIBEIRO L, AKILLIOGLU H, et al. Biosoarm: a bio-inspired self-organising architecture for manufacturing cyber-physical shopfloors [J]. Journal of Intelligent Manufacturing, 2018, 29 (7): 1659-1682.

② BONCI A, PIRANI M, LONGHI S. Tiny Cyber-Physical Systems for Performance Improvement in the factory of the future [J]. IEEE Transactions on Industrial Informatics, 2019, 15 (3): 1598-1608.

③ LEITÃO P, COLOMBO A W, KARNOUSKOS S. Industrial automation based on cyber-physical systems technologies: prototype implementations and challenges [J]. Computers in Industry, 2016, 81 (7): 11-25.

④ BUER S V, STRANDHAGEN J O, CHAN F T S. The link between Industry 4.0 and lean manufacturing: mapping current research and establishing a research agenda [J]. International Journal of Production Research, 2018, 56 (8): 2924-2940.

⑤ ZHANG K, QU T, ZHOU D, et al. IoT-enabled dynamic lean control mechanism for typical production systems [J]. Journal of Ambient Intelligence and Humanized Computing, 2019, 10 (3): 1009-1023.

⑥ FRANK A G, DALENOGARE L S, AYALA N F. Industry 4.0 technologies: Implementation patterns in manufacturing companies [J]. International Journal of Production Economics, 2019, 210 (3): 15-26.

两者的同步实施可以带来更大的性能改进①。在引入 CPS 技术和 ICT 之后，工业 4.0 背景下的精益生产的性质将有所改变。Ma 等研究了一种设计和实现基于 CPS 的智能 Jidoka（自动化）系统的集成标准化方法，认为将 Jidoka 方法集成到信息物理系统中是提高系统灵活性的一种经济有效的方式②。

总体来说，上述研究主要集中在基于 CPS 的技术框架、概念扩展、技术标准讨论、系统比较等方面。精益生产与 CPS 的结合引起了研究者的关注。然而，对于特定的生产环境使用具体精益方法的 CPS 应用和基于 CPS 框架的指导原则仍需更深入地讨论。CPPS 的开发在基本细节上缺乏设计方向③。

8.2 拉式控制与拉式部署策略

为了阐述相关描述，本书首先定义以下概念。

定义 8.1：如果订单加工路线上的每台机器或设备都装备了信息物理装置，或者这些机器直接被集成了 CPS 功能和接口的新机器所替换，则称为全面部署。

定义 8.2：如果订单加工路线上的部分机器或设备装备了信息物理装置，或这些机器直接被集成了 CPS 功能和接口的新机器所替换，则称为非全面部署。

定义 8.3：拉式部署策略需满足以下条件：

（1）根据生产系统的容量状态，将订单负荷释放到生产系统；

（2）限定生产系统的生产负荷上限；

（3）根据生产系统特点，可采用全面部署方式或非全面部署方式。

---

① TORTORELLA G L, FETTERMANN D. Implementation of Industry 4.0 and lean production in Brazilian manufacturing companies ［J］. International Journal of Production Research, 2018, 56（8）: 2975-2987.

② MA J, WANG Q, ZHAO Z. SLAE-CPS: smart lean automation engine enabled by cyber-physical systems technologies ［J］. Sensors（Basel, Switzerland）, 2017, 17（7）: 16-18.

③ RIBERIO L, BJOKKMAN M. Transitioning from standard automation solutions to cyber-physical production systems: an sssessment of critical conceptual and technical challenges ［J］. IEEE Systems Journal, 2018, 12（4）: 3816-3827.

本书选择 PBB 和 CONWIP 拉式控制系统作为拉式部署策略，因为它们都满足定义 8.3。此外，这两种系统在衡量负荷方面都具有代表性，大多数研究人员认为 PBB 和 CONWIP 适用于 MTO 环境。另外，本书还提出了一种改进的 CONWIP 控制系统，该控制系统集成了 PBB 的订单负荷评估功能，并将其命名为基于容量松弛的 CONWIP 控制系统，简记为 CSC（capacity slack CONWIP）。显然，CSC 也满足定义 8.3。

8.2.1　PBB 控制与部署

在 PBB 控制中（见图 8.1），在将订单发布到车间之前，评估机器的能力并选择适当的订单负荷是关键步骤。具体来说，订单池（backlog list）中的订单按照被称为能力松弛率 S_j 的指标升序排序，见式 8.1。

$$S_j = \frac{\sum_{i \in M} \dfrac{p_{i,j}}{T - L_i}}{N_j} \tag{8.1}$$

式中，S_j 表示订单 j 的能力松弛率，$\forall j \in J$；$p_{i,j}$ 表示在机器 i 上订单 j 的加工时间；T 表示给定的能力阈值；L_i 表示机器 i 上当前总的负荷量（工作时间量）；N_j 表示订单 j 的工序数，即订单路径长度；M 表示加工订单 j 的机器集合。

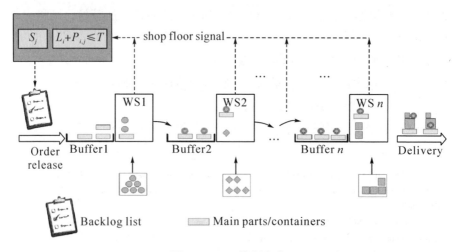

图 8.1　PBB 控制方式

PBB 控制的流程描述如下：

步骤 1. 订单池中的订单按照式 8.1 升序排序。用 h 表示该排序中的第 h 个订单且 $h \in J$，这里的集合 J 表示该排序中的订单集合。设定 $h = 1$，$a = |J|$。

步骤 2. 若订单 h 满足 $L_i + \mathrm{p}_{i, h} \leqslant T$，$i = 1$，2，···，$|M|$，那么就释放订单 h 到车间，并且令 $J \leftarrow J \setminus \{h\}$。否则，停止释放订单 h，并令 $h \leftarrow h+1$。

步骤 3. 如果 $h \leqslant a$，则转至步骤 2，否则转至步骤 4。

步骤 4. 若集合 J 非空且车间状态（例如：机器能力或车间负荷）改变，则返回步骤 1；否则转至步骤 5。

步骤 5. 当订单进入订单池或车间状态改变，返回步骤 1。

从上述流程可以看出，PBB 控制使用工作时间量来衡量工作负荷，对车间各工作站状态信息的即时传输、透明性和真实性有较高的要求。因此，PBB 控制属于全面部署策略（参考定义 8.1）。图 8.2 展示了以 PBB 为部署指导策略的 CPS 拉式生产系统方案。

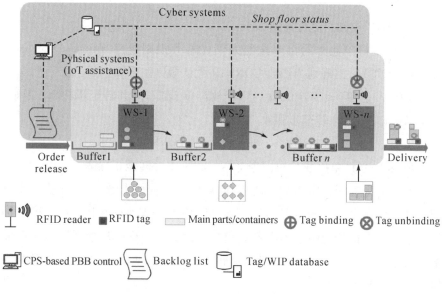

图 8.2 PBB 部署策略

8.2.2 CONWIP 控制与部署

在 CONWIP 控制中（见图 8.3），每个在制品（WIP）在生产线的开始位置绑定一个物理卡，并在生产线的结束位置解除物理卡的绑定。在制品在生产线上的各工作站之间传递。车间拥有的 WIP 量（$W' \geqslant 0$）等于物理卡的数量，W' 小于或等于给定的在制品数量上限。

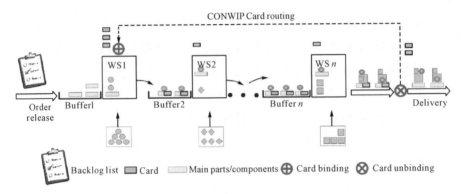

图 8.3 CONWIP 控制方式

CONWIP 控制的流程描述如下：

步骤 1. 订单池中的订单按照先到先服务规则排序（first-come first-served, FCFS）。该规则为经典 CONWIP 默认规则。令 $j = 1$。

步骤 2. 若 $W' \leqslant WIP\text{lim}it$，则释放订单 j 到车间并转至步骤 3。否则，停止释放订单 j，并转至步骤 4。

步骤 3. 令 $j \leftarrow j+1$ 且 $W' \leftarrow W' + 1$。转至步骤 2。

步骤 4. 当订单离开车间，令 $W' \leftarrow W' - 1$ 并转至步骤 2。

上述流程表明，CONWIP 使用作业个数（看板卡数）来衡量工作负荷，并且要在生产线的两端部署 CPS。与 PBB 部署策略相比，CONWIP 部署策略需要支持的网络物理设备数更少。因此，CONWIP 控制属于非全面部署策略（参见定义 8.2）。图 8.4 展示了以 CONWIP 为部署指导策略的 CPS 拉式生产系统方案。

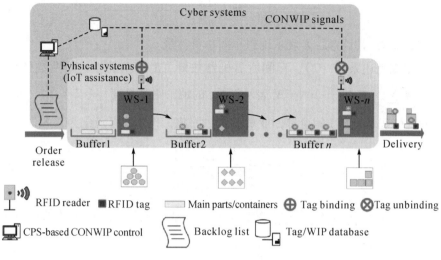

图 8.4 CONWIP 部署策略

8.2.3 CSC 控制与部署

为了提高传统 CONWIP 控制在复杂环境下的性能，本节提出了一种改进的 CONWIP 控制系统——CSC 控制系统，该控制系统集成了 PBB 控制的订单负荷评估功能。这是因为订单负荷评估功能能够让 PBB 控制在紧交货期下的负荷控制具有更大的竞争优势[1][2][3]。为了实现这种集成，必须解决作业负荷时间量和作业负荷个数之间的转换问题。因此，此处首先构建一个满足以下条件的理想车间：

（1）机器都是等同机。

（2）一台机器对应完成一个订单的一项作业。

（3）各机器负荷相同。

（4）理性车间在满负荷下可接收 n^s 个加工订单。

根据上述条件（3），理想车间的负荷上限 T' 可以表示为

① PHILIPOOM P R, MALHOTRA M K, JENSEN J B. An evaluation of capacity sensitive order review and release procedures in job shops [J]. Decision Sciences, 1993, 24 (6): 1109-1134.

② SABUNCUOGLU I, KARAPINAR H Y. A load-based and due-date-oriented approach to order review/release in job shops [J]. Decision Sciences, 2000, 31 (2): 413-447.

③ THÜRER M, LAND M J, STEVENSON M, et al. Concerning workload control and order release: the pre-shop pool sequencing decision [J]. Production and Operations Management, 2015, 24 (7): 1179-1192.

$$T' = \frac{L}{m} \tag{8.2}$$

式中，m 表示机器数；L 表示理想车间总负荷量。

根据上述条件（2），车间所需机器数量可由订单的平均作业数估计，即 $m = \sum_{j=1}^{n^s} N_j / n^s$，其中，$N_j$ 表示订单 j 的加工路径长度。令 $L = \sum_{j=1}^{n^s} L_j^s$，其中，$L_j^s$ 表示订单 j 的全部作业负荷量。因此，式 8.2 可转化为式 8.3。

$$T' = n^s \cdot \frac{\sum_{j=1}^{n^s} L_j^s}{\sum_{j=1}^{n^s} N_j} \tag{8.3}$$

式中，令 $g = \sum_{j=1}^{n^s} L_j^s / \sum_{j=1}^{n^s} N_j$。因此，作业时间量与作业个数的换算关系可以重新写为

$$T'(n^s) = n^s \cdot g \tag{8.4}$$

式中，我们将 g 作为转换因子，它是最小工作量单元。g 的作用类似于离散化的概念，如有限元和量子化概念。由于负荷上限 T' 是一个作业时间量，就确定最优负荷上限而言，增加量 $\Delta T'$ 是不容易设定的。因为，当 $\Delta T'$ 取值太小，算法的搜索时间将大大增加；否则，负荷上限最合适的值很容易跳过。相比之下，我们认为基于卡片的增量（工作单元的数量）更容易使用和理解。

鉴于此，我们使用式 8.4 修正式 8.1，式 8.4 中能力阈值 T 用 T' 替换，则修正的能力松弛率可写为

$$S_j^c = \frac{\sum_{i \in M' \subseteq M} \dfrac{p_{i,j}}{n^s \cdot g - L_i}}{N_j} \tag{8.5}$$

式中，S_j^c 为订单池中订单 j 的能力松弛率；n^s 进一步定义为车间的 WIP 数量；M' 表示属于订单关键路径上的机器集合，关键路径可以是瓶颈区、重要工位等。

在式 8.4 中负荷上限 T' 是基于所有机器有相同负荷的假设。这意味着给定的负荷上限等于平均负荷。但在式 8.1 中，负荷上限的值（能力阈值）指的是最大工作负荷，这可以由瓶颈机器决定，但是瓶颈漂移情况下不容易设定。因此，PBB 控制中的最大工作负荷是直接根据经验给出的期

望值，它也称为由管理确定的能力阈值①。

CSC 控制的流程描述如下：

步骤 1. 识别订单在车间中的关键路径。

步骤 2. 在订单池中的订单根据式 8.5 按升序排序。h 表示排序中的第 h 个订单，令 $h=1$。

步骤 3. 若 $W' \leqslant WIPlimit$，则释放订单 h 进入车间并转至步骤 4；否则停止释放订单 h 并转至步骤 5。

步骤 4. 令 $h \leftarrow h+1$ 和 $W' \leftarrow W' + 1$。转至步骤 3。

步骤 5. 当订单离开车间，令 $W' \leftarrow W' - 1$ 并转至步骤 2。

上述流程表明，订单释放顺序的确定使用的是作业时间量，而车间负荷控制采用的是作业个数。相应所需的 CPS 部署在生产车间两端和关键路径位置。因此，CSC 控制属于非全面部署策略（参考定义 8.2）。图 8.5 展示了以 CSC 为部署指导策略的 CPS 拉式生产系统方案。通过对比 PBB、CONWIP 和 CSC 部署方案，可知 CSC 的部署规模比 PBB 部署小，而比CONWIP 部署大。

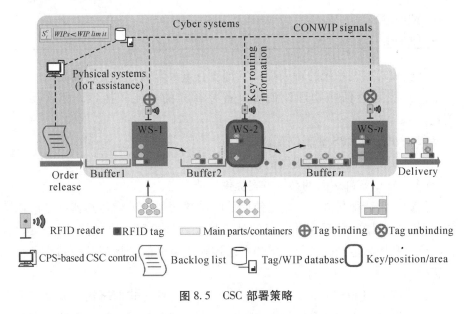

图 8.5　CSC 部署策略

　　① PHILIPOOM P R, MALHOTRA M K, JENSEN J B. An evaluation of capacity sensitive order review and release procedures in job shops [J]. Decision Sciences, 1993, 24 (6)：1109-1134.

这三种拉式控制系统的特点如表8.1所示。

表 8.1　CONWIP，PBB 和 CSC 特点

特点	CONWIP	PBB	CSC
控制范围			
■　订单池		✓	✓
■　车间	✓	✓	✓
订单释放规则			
■　FCFS/其他	✓		
■　能力松弛率		✓	✓
负荷衡量方式			
■　作业个数 / WIP	✓		✓
■　作业时间		✓	✓
拉式信号发送/接收位置			
■　环路两端	✓		✓
■　整个订单路径		✓	
■　订单关键路径			✓
负荷上限			
■　WIP 上限	✓		✓
■　能力阈值		✓	

这些拉式控制系统的特点对 CPS 部署有重大影响，主要表现在：

（1）决定着信息物理设备要具备什么样的功能和接口，即软硬件配置。

（2）决定着 CPS 部署位置。

（3）决定着信息物理设备的数量。

（4）为 CPS 部署后的系统方案提供性能参考。

例如，负荷衡量方式决定是使用计时传感器还是计数传感器；订单释放规则的执行影响着采用什么样的计算机软硬件设置；拉式信号的发送/接收位置和控制范围决定了收集和发射拉式信号的信息物理设备的数量和位置。

在实施 CPS 拉式系统方案之前，如果按照这些拉式部署指导方案来构建，那么这些拉式控制系统的性能是评价不同 CPS 拉式系统方案的重要参考指标。简言之，将拉式控制系统作为一种 CPS 部署策略，可以用于指导 CPS 拉式生产系统框架的设计和开发。

8.3　面向 CPS 的 OKP 系统框架

8.3.1　拉式部署策略指导下的 CPS 基本架构

以拉式部署策略为指导的 CPS 基本架构如图 8.6 所示。它包括拉式部署策略模块（pull deployment strategy）、通信与控制模块（communication & control）、决策模块（decision）、Web 服务器模块（Web server）和生产数字化视图模块（production digital view）。

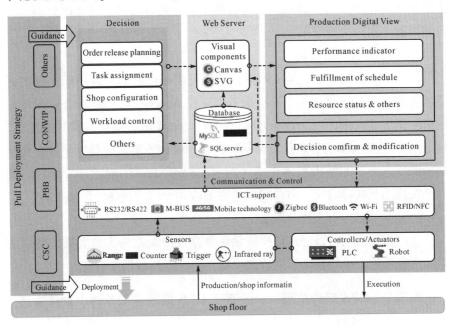

图 8.6　CPS 基本架构

（1）拉式部署策略模块。

该模块具有决策引导和部署引导两大功能。该模块的最终目标是平衡生产流程中的作业负荷，提高流程效率。该模块可以看作是一个基于知识或基于规则的拉式策略库。该策略库结合智能推理和数据挖掘技术，可为生产管理人员提供最优的生产控制方案。另外，拉式部署策略模块也会影响通信和控制模块的配置。

（2）通信与控制模块。

通信控制模块是网络层和物理层之间的桥梁。该模块的主要任务包括从车间收集信息（信号），将信息发送到 Web 服务器模块，并将决策指令返回到车间。目前，许多通信装置和技术都可以实现该模块的通信功能，如 RS232、RS422、M-BUS、Zigbee、RFID、NFC 等。该模块的传感器和执行器/控制器确保机器根据指令执行不同的任务。

（3）决策模块。

该模块从 Web 服务器模块的数据库中提取数据后，进行优化决策，包括订单释放计划、任务分配、车间配置、生产负荷控制等。车间将接收决策结果（即指令）并进行响应。所有决策都受到拉式部署策略的影响，这可能导致不同的决策结果。

（4）Web 服务器模块。

该模块为数据存储、生成网页、调用可视组件和其他应用程序提供必要的支持。在 CPS 架构中，Web 服务器采用 Apache Tomcat®，并选择可缩放矢量图形（scalable vector graphics，SVG）来显示车间状态和性能指标。这是因为 SVG 技术有许多优点，例如内容和设计分离，动态生成具有交互性的图形，更多的 Web 技术支持（例如：XML、JavaScript 和 HTML5），尤其是在移动互联网时代，SVG 可以更好地应用于移动设备的图形化呈现。

（5）生产数字化视图模块。

生产管理人员可以通过该模块确认和修改决策结果。当决策结果确认后，由通信控制模块驱动车间物理设备，同时更新数据库信息。

8.3.2　CPS 架构扩展：一个基于 CPS 的轻量级单件小批量生产系统框架

CPS 架构可以回答开发基于 CPS 的系统需要哪些基本功能支持，以及功能之间的逻辑关系。但它不能反映企业的具体业务需求，也不能描述与企业需求相关的 CPS 系统的完整组织框架。因此，CPS 结构不能直接作为基于 CPS 的单件小批量生产系统的开发参考。

本书部分展示了为某钢丝绳绕制设备制造商开发的基于 CPS 的单件小批量生产系统框架。该框架由网络系统和物理系统两部分组成，其中网络系统有 4 层，物理系统有 2 层，如图 8.7 所示。该框架主要将基于 CPS 的技术应用于根据该制造商的车间状态来实现客户查询响应。需要注意的是，本书只涉及如何开发基于 CPS 的单件小批量生产系统，不涉及响应决策方法。本书将制造商的需求分为四个功能或业务项目，包括订单问询管理（order enquriy management）、基于拉式策略的生产流控制（pull strategy-based flow control）、云服务（cloud service）和知识管理（knowledge management）。结合这些功能或业务项，本书将 CPS 架构扩展为一个轻量级的基于 CPS 的单件小批量生产系统框架。

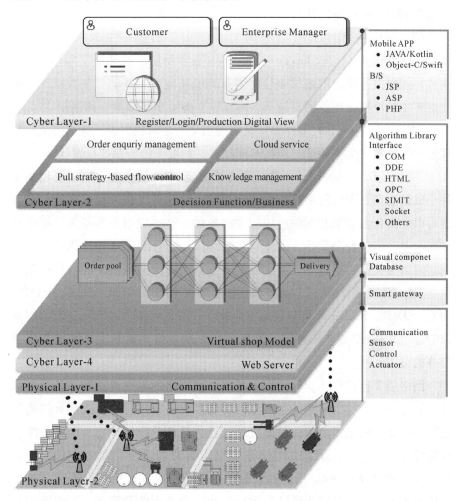

图 8.7　基于 CPS 的单件小批量生产系统框架

（1）物理系统。

①物理层2（physical layer-2）是单件小批量生产系统的框架底层（车间）。这一层包括传统的加工资源和所部署的网络物理设备，如：嵌入智能芯片的工位、自动引导车辆和工业机器人等。

②物理层1（physical layer-1）是通信和控制层。这一层包括ICT设备和物联网传感器、控制器和执行器。物理层1从物理层2收集数据，并通过通信设备将数据发送到物理系统。物理层1还返回生产指令，并驱动物理层2中的智能设备的执行。

（2）网络系统。

①网络层4（cyber layer-4）是Web服务器层。物理层1与网络层4通过智能网关连接。网络层4是网络系统中其他层的基础。在数据库和网络层4中的可视化组件的支持下，可以建立虚拟车间模型（网络层3）。

②网络层3（cyber layer-3）是物理层2的逻辑映射层。该层可进行物理层2的决策优化和验证，包括车间配置、调度算法、参数设置等。

③网络层2（cyber layer-2）是决策功能/业务层。这一层需要根据单件小批量生产企业的需求进行设计。因此，从软件工程的角度来看，这一层可以作为自由添加和删除应用程序的容器，这些应用程序是单件小批量生产企业功能或业务需求的软件实现，可以通过Internet（网络层1）访问。网络层2可以通过导入算法或第三方算法库为网络层2的优化决策提供支持。网络层2还可以通过标准接口（例如：COM、DDE、HTML、OPC、SIMIT、Socket等）与其他工业软件、仿真软件、可编程逻辑控制器（PLC）和智能设备进行通信，为基于CPS的单件小批量生产系统带来了良好的可扩展性。

网络层2包括订单查询管理、基于拉式策略的生产流控制、云服务和知识管理。基于拉式策略的生产流控制的主要任务是通过拉式部署策略优化物理层2中的工作负荷，除此之外，还包括订单释放计划、任务分配和车间配置。订单查询管理的任务包括获取客户需求（例如：定价、交货期、产品规格等）、响应报价和监控订单执行情况。订单查询管理对于采用接单生产的市场策略的单件小批量生产企业来说非常重要。知识管理的主要任务从单件产品设计、精益生产方法、制造过程和产品迭代过程中的知识或经验进行记录和挖掘。对于单件小批量生产企业来说，记录自己的知识和过去的经验有助于在产品定制化市场中有效地竞争。云服务提供与第三方云平台对接的业务接口。该接口可以增强单件小批量生产企业的灵活性和适应性，如组建虚拟企业、能力协调、云计算等。

④网络层 1（cyber layer-1）是基于 CPS 的单件小批量生产系统框架的用户界面层。在这一层，客户和企业管理者可以通过浏览器/服务器模式或移动应用程序登录。集成了 SVG 和其他 Web 技术的网络层 1 可以生成网络层 3 的可视化页面，网络层 2 的功能/业务页面，以及决策结果的修改和确认页面。

8.4　性能评价

一个合适的部署策略能在 CPS 部署规模和生产系统性能之间取得平衡，这对于指导基于 CPS 的单件小批量拉式生产系统的开发具有重要意义。下文将讨论上述拉式部署策略的性能，即 CONWIP、PBB 和 CSC。

8.4.1　实验设计

本节建立一种非纯混合流水车间模型，用于验证部署策略的性能。该车间模型由三个加工中心组成，分别记为 W1、W2 和 W3。每个加工中心包括三台并行机，进入加工中心的订单随机选择一台机器用于加工。每个的订单作业数（加工路径）服从区间为 [1, 3] 的离散均匀分布。如图 8.8 所示，作业数为 1 的订单加工路径设定为路线"W3"；作业数为 2 的订单加工路径设定为路线"W2 → W3"；作业数为 3 的订单加工路径设定为路线"W1 → W2 → W3"。由于 W3 在非纯混合流水车间中容易形成瓶颈位置。因此，本书将 W3 视为 CSC 部署策略的订单关键路径。

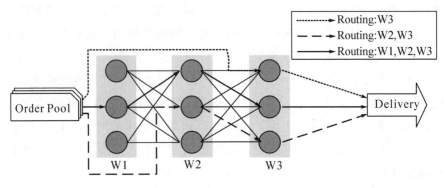

图 8.8　非纯混合流水车间

非纯混合流水车间模型参考了单件小批量生产车间（某钢丝绳绕制设备制造商）的实际情况。本书注意到，单件小批量生产车间很难以纯混合流水车间的方式组织生产，因为某些返工或定制订单只需要一些工作中心来支持。因此，考虑这一假设是有意义的。

车间模型中订单到达率服从均值为 300 时间单位的指数分布。作业加工时间和设置（set-up）时间分别服从区间［1，1 500］的均匀分布。本书使用 TWK 方法来设定到期日；TWK 中乘数 k 的参数分别设为 2、4、6、8、12。订单收益（λ_j）服从区间为［1，100］的离散均匀分布。拖期惩罚权重（ω_j）服从区间为［1，10］的离散均匀分布；仓储费百分比（q）设为 1%；利用率（u）分别设为 87% 和 92%。此外，PBB 的负荷增加量设为 30 时间单位；CONWIP 和 CSC 的负荷增加量设为 1 个在制品单位（看板卡）。本书考虑非纯混合流水车间中的三个调度规则：FCFS 规则、EDD 规则（earliest due date）和 SPT 规则（shortest processing time）。

仿真实验采用全因子实验。每组实验使用不同的随机数重复观察 30 次，置信水平为 95%。实验设置了 100 个订单的预热期（warm-up），并对 2 000 个订单的运行长度收集统计信息。

8.4.2　性能指标

考虑到在单件小批量生产环境下客户更关注交货准时性，交货延迟会产生较高的罚款成本，提前完成的订单会产生仓储成本。因此，本书采用平均净收益（ANR）作为反映这种情况的主要指标，见式 8.6。另外，还采用延迟标准差（SDL）和延迟订单百分比（PT）来衡量延迟交付程度，分别见式 8.7 和式 8.8。

$$\text{ANR} = \frac{1}{n} \sum_{j=1}^{n} \left(\lambda_j - \omega_j M'_j - \tau_j q \lambda_j \right) \tag{8.6}$$

式中，n 表示订单完成总数；λ_i 表示订单 j 收益；ω_i 表示订单 j 的拖期罚金权重；τ_i 表示订单 j 仓储保管时间，即 $\tau_j = -\min\{M_j, 0\}$，这里 M_j 表示订单 j 的完成时间减去订单 j 的交货期时间；M'_j 表示订单 j 的拖期时长，即 $M'_j = \max\{M_j, 0\}$。q 设定为仓储费用占收益的百分比。

$$\text{SDL} = \sqrt{\frac{\sum_{j=1}^{n} \left(M_j - \bar{M} \right)^2}{n - 1}} \tag{8.7}$$

式中，$\bar{M}$ 表示订单平均延迟。

$$\text{PT} = \frac{n'}{n} \times 100 \tag{8.8}$$

式中，n' 表示延迟订单数。

8.4.3 实验结果

就 ANR 指标而言，在 FCFS 和 EDD 条件下，PBB 的性能最好，其次是 CSC，最后是 CONWIP；与 CONWIP 相比，在利用率较低、交货期较宽松的情况下，CSC 的性能更接近于 PBB，如图 8.9（a）和图 8.9（d）所示。图 8.9（c）显示在 SPT 条件下，这三个部署策略的 ANR 指标几乎相等。然而在交货期松紧条件变为较宽松时，CSC 的表现略好于 PBB 和 CONWIP。这一观察结果表明，在相同的调度规则下，可以通过非全面部署策略获得与全面部署策略相似甚至更好的 ANR 性能。在 SDL 指标方面，在 FCFS 和 EDD 条件下，CONWIP 在所有利用率和紧交货期条件下都优于 CSC 和 PBB，如图 8.9（b）和图 8.9（e）所示。然而当交货期较紧时，在不同利用率水平和 SPT 调度条件组合下，PBB 有更好的 SDL 性能；当到交货期条件较宽松时，CSC 具有更好的 SDL 性能，见图 8.9（h）。在 PT 指标方面，在 FCFS 和 EDD 条件下，PBB、CSC 和 CONWIP 在所有利用率和交货期非常紧的条件下三者性能差异不大（$k=2$），如图 8.9（c）和图 8.9（f）所示。在相同 SPT 调度规则下，PBB、CSC 和 CONWIP 的 PT 指标逐渐接近，CONWIP 甚至比其他两个部署策略 PT 表现还略有优势，见图 8.9（i）。

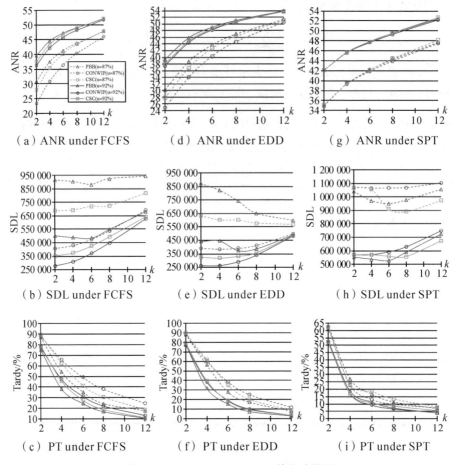

图 8.9　PBB, CONWIP, CSC 的实验结果

对于这三个拉式部署策略（PBB、CONWIP 和 CSC），在最紧交货期情况下（$k=2$），采用 SPT 调度规则时，这三者的 ANR 性能最好；而当交货期变宽松时，采用 EDD 调度规则时，这三者的 ANR 性能都逐渐提高（$k\rightarrow12$），如图 8.10（a）、图 8.10（d）和图 8.10（g）所示。另外，采用 EDD 调度规则时，这三者的 SDL 指标较低，如图 8.10（b）、图 8.10（e）、图 8.10（h）。当使用 SPT 调度规则时，这三者的 PT 指标都较低，图 8.10（c）、图 8.10（f）和图 8.10（i）。

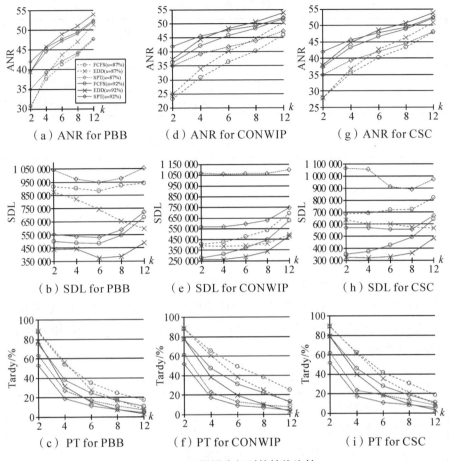

图 8.10　不同调度规则的性能比较

从上述分析可以看出，PBB 和 CSC 在大多数情况下比 CONWIP 表现更好，EDD 和 SPT 更具竞争力。因此，我们将从占优策略的角度分析两种部署策略和两种调度规则的最优组合情况。此处，采用 $ANR_\alpha(\beta)$ 作为部署策略 $\alpha \in \{PBB, CSC\}$ 选择调度规则 $\beta \in \{EDD, SPT\}$ 的收益。为方便起见，ANR 值被四舍五入为整数，例如：$ANR_{CSC}(EDD) = 28$ 和 $ANR_{PBB}(SPT) = 35$，见表 8.2。

（1）紧交货期情况（$k = 2$）。

由表 8.2 和表 8.3 可知，SPT 是 CSC 的严格占优策略，它是 PBB 的占优策略。

表8.2 收益矩阵（$u=87\%$，$k=2$）

$u=87\%$，$k=2$		PBB	
		SPT	EDD
CSC	SPT	35，35	35，30
	EDD	28，35	28，30

表8.3 收益矩阵（$u=92\%$，$k=2$）

$u=92\%$，$k=2$		PBB	
		SPT	EDD
CSC	SPT	42，42	42，39
	EDD	38，42	38，39

（2）交货期宽松情况（$k \to 12$）。

我们把 $k=4$、6、8 和 12 时 ANR 值的和的平均值作为收益（四舍五入为整数）。因此，根据表8.4和表8.5，可以得到 EDD 是 CSC 和 PBB 的严格占优策略。

表8.4 收益矩阵（$u=87\%$，$k \to 12$）

$u=87\%$，$k \to 12$		PBB	
		SPT	EDD
CSC	SPT	58，58	58，60
	EDD	59，58	60，60

表8.5 收益矩阵（$u=92\%$，$k \to 12$）

$u=92\%$，$k \to 12$		PBB	
		SPT	EDD
CSC	SPT	65，65	65，67
	EDD	66，65	66，67

另外，通过实验观测了这些部署策略在不同交货期条件下工作负荷达到上限值的变异系数（c.v.）。该变异系数可以反映生产环境变化时（如利用率、交货期松紧程度等）工作负荷调整的频繁程度，这可以间接反映拉式部署策略的适应性。由表 8.6 可知，在 FCFS 和 EDD 调度规则情况下，CONWIP 在不同利用率下变异系数最小，CSC 次之，PBB 的变异系数最大。这表明在利用率水平和交货期紧张程度发生相同变化的情况下，PBB 可能需要更频繁地调整负荷上限。然而在 SPT 调度规则下，CONWIP 的变异系数最小，CSC 的变异系数略大于 PBB。我们还注意到，虽然 CONWIP 的负荷上限调整频率低于 CSC，但在大多数情况下，CONWIP 的工作负荷上限值却远大于 CSC。

表 8.6　PBB、CONWIP 和 CSC 负荷限制

	k	$u=87\%$			$u=92\%$		
		PBB*	CONWIP	CSC	PBB*	CONWIP	CSC
FCFS	2	331 200	100	22	280 800	68	19
	4	349 200	96	22	316 800	68	19
	6	346 260	96	22	385 200	65	19
	8	385 200	96	25	399 600	64	19
	12	518 400	96	27	489 600	68	22
	$c.v.$	0.198	0.018	0.098	0.216	0.029	0.068
	k	$u=87\%$			$u=92\%$		
		PBB*	CONWIP	CSC	PBB*	CONWIP	CSC
EDD	2	349 200	97	24	331 200	63	20
	4	385 200	100	24	331 200	66	20
	6	453 600	101	23	489 600	64	21
	8	590 400	102	26	630 000	66	25
	12	903 600	110	38	950 400	63	33
	$c.v.$	0.419	0.048	0.231	0.472	0.024	0.233

表8.6(续)

	k	$u=87\%$			$u=92\%$		
		PBB*	CONWIP	CSC	PBB*	CONWIP	CSC
	2	1 076 400	80	49	810 000	48	45
	4	590 400	72	48	590 400	41	39
SPT	6	432 000	63	21	363 600	35	23
	8	453 600	51	19	421 200	31	18
	12	417 600	40	19	421 200	30	15
	$c.v.$	0.469	0.262	0.507	0.350	0.203	0.474

注：＊表示 作业时间量以秒计。

上述分析启示总结如下：

（1）占优策略分析表明，无论 PBB 选择 SPT 规则还是 EDD 规则，使用相同调度规则的 CSC 都能获得与 PBB 相似的 ANR 性能，且 CPS 部署规模比 PBB 少，即非全面部署有很大的潜力达到与全面部署相同的效果。

（2）像 PBB 这样的全面部署策略应该成为开发基于 CPS 的系统的通用模式。然而，在实践中，全面部署策略面临许多挑战。例如，一些单件小批量中小规模企业的车间布局往往会为一个产品工艺而改变；有些作业需要手工完成；智能车间的开发预算资金有限等。因此，部署的灵活性与开发成本在一定时期内仍然是这类企业在智能制造转型中需要重视的。

（3）本研究观察到只要选择合适的调度规则，CONWIP 的性能并不总是最差的。这表明在复杂环境下，对调度规则进行动态调整对于提高 CONWIP 的性能至关重要。此外，CSC 策略可以通过订单池中有效的订单释放计划，与车间的拉式负荷控制相协调。这种协调的潜在优势在于可将拉式效应从生产控制端扩展到市场决策端。从这个角度来看，CPS 或工业 4.0 技术可以更好地支持动态调整和拉式协调。

（4）我们注意到，仿真模型中的信息传递过程是瞬间完成，但从模拟车间接收指令到模拟车间的吞吐量反应仍有时间差。这意味着频繁地进行负荷上限调整也不会在一定的时间间隔内带来积极的效果，反而增加了车间管理的难度。显然，一个实际的基于 CPS 的系统在信息传递的即时性方面很难超过仿真模型信息响应的速度。因此，在实施基于 CPS 的系统时，需要注意存在这种频繁的负荷上限调整所带来的后果。这也意味着拉式负荷上限参数的健壮性对于基于 CPS 的系统仍然很重要。

（5）拉式部署策略是指导 CPS 系统成功实施的蓝图，可以有效降低部署成本。特别是在选择或推荐基于 CPS 的系统方案时，拉式部署策略的性能可以作为重要的参考。此外，拉式生产概念是精益生产理论的重要组成部分。从这个角度来看，精益生产有利于以 CPS 为基础的智能制造的发展。

9 单件小批量拉式生产控制系统设计
——以钢丝绳捻股机生产为例

目前，我国单件小批量生产企业主要是中小规模企业。中小规模企业在我国经济中的重要性日益突出。截至 2015 年年末，全国规模以上中小工业企业 36.5 万家，占规模以上工业企业数量的 97.4%；实现税金 2.5 万亿元，占规模以上工业企业税金总额的 49.2%；完成利润 4.1 万亿元，占规模以上工业企业利润总额的 64.5%。中小规模企业提供了 80% 以上的城镇就业岗位，成为就业的主渠道（数据来源：《促进中小企业发展规划（2016—2020 年）》，工业和信息化部 2016 年编制）。2018 年年底，中小规模企业数量已经超过 3 000 万家，个体工商户数量超过 7 000 万户，二者一起贡献了全国 50% 以上的税收，60% 以上的 GDP，70% 以上的技术创新成果和 80% 以上的劳动力就业（数据来源：2019 年 9 月 20 日国务院新闻发布会）。因此，中小规模企业发展状况将显著影响国家经济发展和社会稳定，尤其在以"互联网+智能制造"为特征的新一轮工业升级过程中将发挥重要推动作用。中小规模企业，特别是一类采用 MTO 或 ETO 市场策略、定制化要求高、具有单件小批量生产特点的中小规模企业广泛地分布于我国装备制造工业和消费品工业中。显然，促进这类单件小批量生产企业的蓬勃发展有利于提升高端装备制造业生产效率，提升基础配套能力；有利于发展高附加值的消费品工业，推动消费品向价值链高端攀升。

本章以 F 公司钢丝绳捻股机生产为研究案例，详细介绍捻股机生产车间环境，将 CONWIP 控制框架作为实施指南，构建适合于捻股机生产车间的 CONWIP 环路控制策略。另外，将第 5 章提出的 MCS 方法用于本章钢丝绳捻股机 CONWIP 订单池释放控制环节。

9.1 捻股机及其制造商简介

捻股机又称为捻绳机，是一种专门用于制作各类钢丝绳、缆线等绳索的绕制设备，捻股机示意图见图9.1。捻股机属于非标准化设备，通常要根据绳索直径、股数、绕制方式以及用途进行定制。不同行业客户具有很强的专业绳索使用背景（例如：桥梁拉索、煤炭救援缆绳、通信电缆等），一般都会参与到捻股机设计、研发与生产的各个环节。捻股机生产属于典型的单件小批量生产方式。

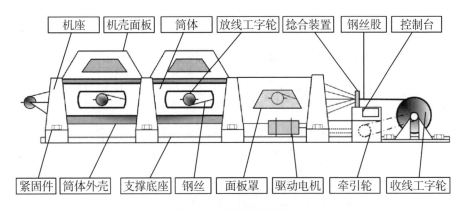

图9.1　捻股机示意图

F公司是一家位于江苏省无锡市专业从事捻股机、拉丝机研发与生产的装备制造商。该公司目前年营业额达175亿元，拥有进口机床和各类加工设备、检测设备上百台（套），具有机电系统自主研发与制造能力，能够为客户设计与制造多种规格的非标准设备。

F公司从客户订单接收到订单完成的整个生产业务流程如图9.2所示，其中，捻股机90%以上的零部件实现自制，部分标准件、电气装置需要采购。对于F公司而言，同一个客户订单包含的产品项目数相对较少，但不同客户的订单总数很大。随着接单量增加、客户订单需求各异，尤其客户会在产品设计、研发以及生产过程中临时改变需求，这都加大了F公司的生产管理难度。

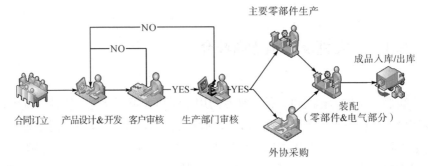

图 9.2　F 公司生产业务流程

9.2　捻股机生产相关情况

9.2.1　车间布局与物流路线

F 公司捻股机生产车间主要由冷作工段、机加工工段和装配工段三部分构成，如图 9.3 所示。

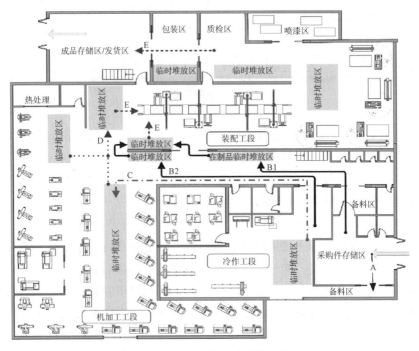

图 9.3　车间布局与物流路线示意图

图 9.3 中，外购原材料放置于采购件存储区。线路 A 表示向冷作工段提供原材料，线路 B1 表示向装配工段直接提供所需原材料，线路 B2 表示部分原材料需要进行冷作处理后直接送往装配工段等待使用。线路 C 表示冷作工段完成的在制品放置在托盘中转移到机加工工段进行精加工，一个托盘为一个在制品单位。线路 D 表示完成机加工后的半成品送往装配工段。装配工段将半成品和其他部件总装。最终将成品包装发送到成品库（线路 E），并根据客户交货期按时发货。

9.2.2　工艺流程与生产组织方式

为了描述方便，本章将生产捻股机所需各种零部件统称为工件，各个工位、加工中心、加工设备统称为机器。捻股机工艺流程与生产组织方式包括：

（1）冷作工段，主要负责原材料的切割，机架、壳体的焊接，各种零部件的粗加工。冷作工段表现出明显的柔性流水生产组织方式，主要有 4 道工艺流程，如图 9.4 所示。

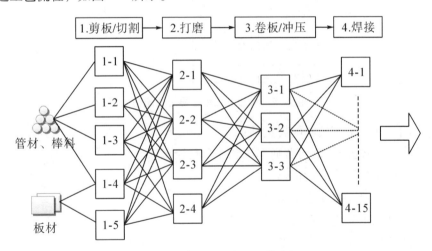

图 9.4　冷作工段主要工艺流程

冷作工作涉及的 4 道流程包括：

①剪板/切割流程。该流程有 5 台机器可供使用，其中，机器 1-1 到 1-3 只能用于管材切割；机器 1-4 为等离子数控割床，可用于管材和板材的切割；机器 1-5 只能用于剪板。

②打磨流程。该流程有 4 台机器可供使用。该流程主要是为了剔除原

材料的毛刺，以及根据工艺要求进行磨削加工。

③卷板、冲压流程。该流程由 3 个作业单元构成（编号为 3-1、3-2和 3-3）。每个作业单元都可以分别进行冲压和卷板作业。

④焊接流程。该流程有 15 台焊机可供使用（编号为 4-1 至 4-15）及若干辅助设备。该流程根据工艺要求进行焊接作业并进行探伤检查，以确保后续工艺的顺利开展。其中有 10 台机器为特制激光焊机，另有 5 台为普通焊机。焊接机器不仅为冷作工段提供服务，还为其他工段提供服务。

（2）机加工工段，主要负责对各种关键零部件的精加工，涉及车、钻、铣、刨、镗、磨和冲等基本工种。该工段中，工件根据工艺加工要求，通常会在同一机器上往返多次，属于典型的作业车间组织形式（job shop），主要有两道流程，如图 9.5 所示。

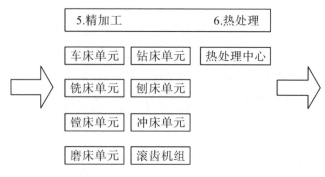

图 9.5　机加工工段主要工艺流程

图 9.5 中生产资源配置包括：

①车床单元有 20 台普通车床和 3 台数控车床。

②钻床单元有 5 台机器。

③铣床单元有 4 台机器。

④刨床单元有 3 台机器。

⑤镗床单元有 3 台机器。

⑥冲床单元有 2 台机器。

⑦磨床单元有 2 台机器。

⑧滚齿单元有 2 台滚齿机。

⑨热处理单元有 4 台热处理炉。

（3）装配工段，根据装配工艺流程负责工件组装、成品测试、上漆、质检和包装，属于装配流水车间生产组织方式（assembly flow shop），主要有9道流程共29道作业（由于未获F公司授权，具体装配工艺、作业内容及作业时间此处省略）。装配工段的主要工位布置情况如图9.6所示。

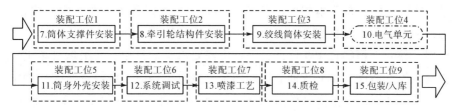

图 9.6　装配工段工位布置情况

图9.6中，装配工段主要工位描述如下：

①筒体支撑件安装。该流程主要安装绞线筒体的支撑机构，包括底座和机座紧固。

②牵引轮结构件安装。该流程主要组装牵引轮和捻合装置。

③绞线筒体安装。该流程主要安装筒体传动部件并与支撑机构装配。

④电气单元安装。该流程主要安装驱动电机、电气线路、工控系统。该装配工位是一个汇聚位置，电气单元生产支线在此合并。电气单元生产可以独立进行，主要流程涉及电气图设计、电气装置选配、线路焊接、电气模块测试等。

⑤筒身外壳安装。该流程主要安装捻股机外罩和附属配件。

⑥系统调试。该流程测试电气控制系统是否工作，并试运行捻股机。该流程所属工位具有一定的批量处理能力。

⑦喷漆工艺。该流程根据客户需求进行颜色和标志（logo）定制。

⑧质检。该流程根据客户需求针对尺寸、软硬件配置、功能项和性能进行逐项检查。

⑨包装/入库。该流程对产成品进行包装并根据交货期送往存储区或发货区。

9.3　捻股机生产控制方法存在的问题

F公司没有采用传统的生产计划与控制方法来管理整个生产运作过程，甚至没有引入企业资源计划（enterprise resource planning，ERP）系统，只有一套自己开发的物料成本核算软件来辅助管理。对F公司生产部门深入调研发现，F 公司为了对生产系统进行控制，在长期实践中归纳了一种生产控制方法。该方法要求每个工作周首日召开生产调度会，根据上周生产进度协调产能并布置本周生产任务；一周的生产任务由各业务中心主任、班组长根据各自产能情况负责细分，并上报日作业计划；每个月（四个工作周）核对上报的日作业计划，筛选出需要赶工的订单，并根据订单重要程度（综合考虑订单交货期、拖期罚金、订单价格以及客户重要度）确定一个赶工计划，安排排名靠前的 2~3 个订单以加班（一般是午班、晚班、夜班）方式追赶进度。

F 公司生产部门承认，基于这种生产控制方法在订单交货期分散时能够维持正常的生产秩序。但是随着近两年来行业竞争加剧，一个订单只要可以盈利，公司都要求市场部尽最大努力去争取，而准时交付承诺与高额的延期违约金（约占订单定价的 10%~18%）成为赢得客户订单的重要手段。当短时间内接受大量订单且订单之间的交货期很集中时，生产部门采用原有控制方法就会遇到诸多问题，主要表现在：

（1）生产车间在制品过多。生产高峰时期，生产现场在制品货堆积、四处摆放，物料丢失、浪费、损坏率都较高。

（2）生产信息反馈与决策不及时。每周调度协调都很被动，员工经常抱怨工作量分配不均，这也导致绩效激励机制无法发挥应有作用。

（3）维持高库存缓冲生产变动。为了防止因为补货不及时导致生产车间停工待料，往往会维持很高的原料库存以及标准件存货。

（4）加班无法降低订单延迟率。为了赶工或完成追加的紧急订单，员工加班成为常态，但也只能做到尽力缩小订单延误程度。

（5）繁重的生产任务弱化了生产车间各类管理措施的执行力。例如，对于一些需要共享的机器资源，各个班组为了完成各自的生产任务往往就不会严格执行预设的优先排队规则。班组间、员工间会因为抢占机器资源产生矛盾。为了公平，目前 F 公司生产车间还是采用"先到先得"的加工资源分配规则，除非车间主任根据订单紧急程度临时干预。

（6）机器故障率增加。长期过重的生产任务导致车间无法定期维护机器，增加了机器故障率，这进一步降低了有效产能。

上述表现反映出目前 F 公司原有生产控制方法以周为间隔调整期只适应产能充足的情况。显然一周一次的负荷调整频率（每周开一次调度协调会议）不能及时平衡生产负荷。客户需求变动、车间机器故障变动、紧急订单追加甚至劳动力变动等情况都会影响车间生产能力，而此时原有生产控制方法存在较大的响应延迟，无法及时限制进入生产系统的负荷量，这必然导致产能与负荷不平衡。一旦车间负荷不平衡就容易表现为车间在制品过度堆积，加班成为提升产能的常见手段。当负荷与产能矛盾长时间无法缓解，不仅导致大量订单延期交付，还会伴随一系列的生产现场管理问题，诸如车间管理混乱、激励机制效果不明显、机器故障率增加、人手不足，甚至影响员工健康安全与产品的质量。

F 公司生产部门需要一种适合单件小批量生产环境的控制方法，以进行有效的生产控制。鉴于此，本书拟采用 CONWIP 拉式控制方法改善 F 公司生产系统绩效，从而增强其市场竞争力。

9.4 捻股机生产车间 CONWIP 环路结构设计

9.4.1 生产车间 UMD 识别

考虑到捻股机生产车间主要由冷作工段、机加工工段和装配工段构成，所以各个工段分别呈现出柔性流水车间、作业车间和装配流水车间组织方式。根据各工段流程先后约束关系以及车间组织方式，可初步将冷作工段划分为上游，机加工工段划分为中游，装配工段划分为下游，示意图见图 9.7。

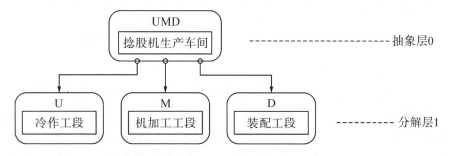

图 9.7 捻股机生产车间 UMD 识别（第 0 层与第 1 层）示意图

（1）冷作工段 UMD 识别。

考虑到该工段具有柔性流水车间组织形式，可将冷作工段的工艺流程按照阶段识别。在图 9.4 中，将剪板/切割阶段（S1）识别为上游，焊接阶段（S4）识别为下游，打磨阶段（S2）与卷板/冲压阶段（S3）识别为中游，示意图见图9.8。

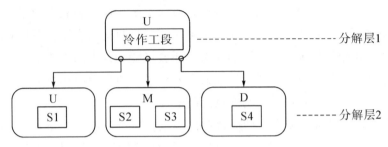

图9.8　冷作工段 UMD 识别（第1层与第2层）示意图

（2）机加工工段 UMD 识别。

由于该工段具有作业车间组织形式（见图9.5），工件有可能多次往返同一机器上处理。因此，为了保证 CONWIP 环路闭合性要求，参考4.4.1节中作业车间 UMD 识别方式一，将图9.5中精加工环节（S5）与热处理环节（S6）都识别为中游，而将上游与下游分别看成是 check-in/check-out 区域，示意图见图9.9。

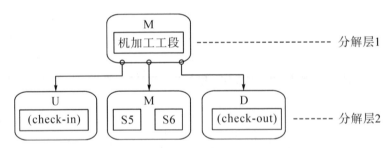

图9.9　机加工工段 UMD 识别（第1层与第2层）示意图

（3）装配工段 UMD 识别。

考虑到该工段汇聚位置会受到其他支路产出率的影响，因此将汇聚位置识别为中游以限定瓶颈漂移。在图9.6中，电气单元装配（S10）属于装配工段汇聚位置，该位置是简体组件线路（S7至S9）与电气单元支线（electric cells line，ECL）的组装环节。电子元器件供应商、客户需求变动都会影响 ECL 支线的产出效率。因此，将 S7 至 S9 与 ECL 识别为上游，S10 识别为中游，S11 至 S15 识别为下游，示意图见图9.10。

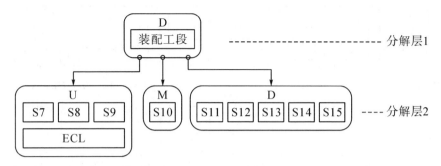

图 9.10　装配工段 UMD 识别（第 1 层与第 2 层）示意图

9.4.2　环路模式设计与模式细化

（1）冷作工段 CONWIP 环路模式及细化。

冷作工段焊接中心不仅为冷作工段提供服务，还为其他工段提供服务。该中心在行政管理上（人员调配与考勤、设备日常维护与管理等）归属于冷作工段，但是 F 公司生产部又将焊接中心业务处置权（资源分配权）独立，以便协调整个车间的焊接需求，显然这是一个刚性环路约束。因此，适合冷作工段的 CONWIP 环路模式初步考虑采用 U/M/D 、U^M/D 和 U/¬M/D 环路模式及其复合类型。位于中游 M 的打磨阶段（S2）与卷板/冲压阶段（S3）没有理由分开控制，因此 U/¬M/D 环路模式不作考虑。

进一步细化 U/M/D 与 U^M/D 环路模式，由于位于上游 U 的剪板/切割阶段（S1）中机器能力（机器 1-1 至机器 1-5）是不等的（见 9.2.2 节），因此需要考虑采用多环路分别控制这些并行异速机，分流负荷到其他并行机上，以降低瓶颈资源负荷。另外，结合 5.2 节柔性流水车间 CON-WIP 策略性能分析和表 5.1 可知，U/M/D 环路模式中策略 5 与策略 6 具有较好的综合性能，见图 5.2（e）和图 5.2（f）。因此，该冷作工段 CONWIP 环路结构将根据策略 5 以及策略 6 构造。尽管 5.2 节中属于 U^M/D 环路模式的策略 4 性能并不突出，但考虑到测试方案的多样性，此处仍然将策略 4 以及经典的单环路控制结构作为冷作工段的备选环路结构，见图 5.2（d）。

基于以上分析，具体制定的十种冷作工段 CONWIP 控制结构，分别记为 p_{HFS}^{1}、p_{HFS}^{2}、p_{HFS}^{3}、p_{HFS}^{4}、p_{HFS}^{5}、p_{HFS}^{6}、p_{HFS}^{7}、p_{HFS}^{8}、p_{HFS}^{9} 与 p_{HFS}^{10}，相对应的环路模式如图 9.11 所示。

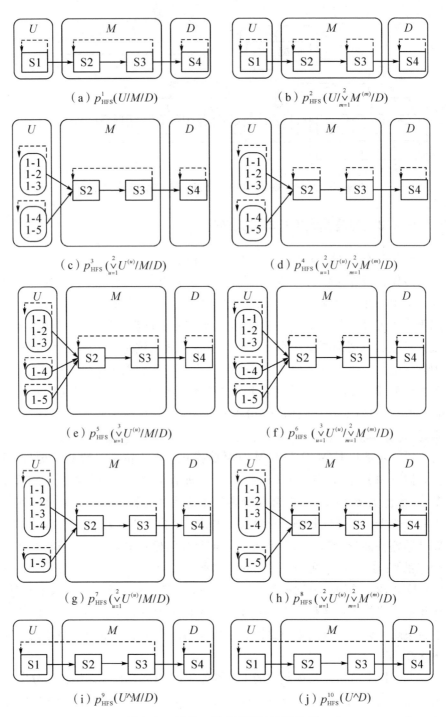

（a）$p_{\mathrm{HFS}}^1(U/M/D)$

（b）$p_{\mathrm{HFS}}^2(U/\overset{2}{\underset{m=1}{\vee}}M^{(m)}/D)$

（c）$p_{\mathrm{HFS}}^3(\overset{2}{\underset{u=1}{\vee}}U^{(u)}/M/D)$

（d）$p_{\mathrm{HFS}}^4(\overset{2}{\underset{u=1}{\vee}}U^{(u)}/\overset{2}{\underset{m=1}{\vee}}M^{(m)}/D)$

（e）$p_{\mathrm{HFS}}^5(\overset{3}{\underset{u=1}{\vee}}U^{(u)}/M/D)$

（f）$p_{\mathrm{HFS}}^6(\overset{3}{\underset{u=1}{\vee}}U^{(u)}/\overset{2}{\underset{m=1}{\vee}}M^{(m)}/D)$

（g）$p_{\mathrm{HFS}}^7(\overset{2}{\underset{u=1}{\vee}}U^{(u)}/M/D)$

（h）$p_{\mathrm{HFS}}^8(\overset{2}{\underset{u=1}{\vee}}U^{(u)}/\overset{2}{\underset{m=1}{\vee}}M^{(m)}/D)$

（i）$p_{\mathrm{HFS}}^9(U{\wedge}M/D)$

（j）$p_{\mathrm{HFS}}^{10}(U{\wedge}D)$

图 9.11　冷作工段 CONWIP 环路结构

（2）机加工工段 CONWIP 环路模式及细化。

根据机加工工段 UMD 识别（见图 9.9），相应的 CONWIP 环路模式只有一种经典形式，即 U^D 模式。显然对于作业车间生产形式 U^D 模式无法进一步细化，只需要构建一个单环路 CONWIP 控制，具体环路结构（记为 p_{JS}^1）如图 9.12 所示。

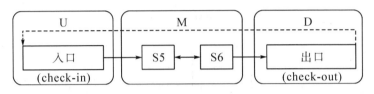

图 9.12　机加工工段 CONWIP 环路结构

（3）装配工段 CONWIP 环路模式及细化。

装配工段中为了防止汇聚位置瓶颈漂移，有必要将汇聚位置用 CONWIP 环路单独控制，这使得 U/M/D 环路模式成为必然选择。U/M/D 环路模式有两个细化之处：一是考虑位于上游的两条线路单独被环路控制（见图 9.10），这是因为 ECL 与 S7 至 S8 线路属于并行（联）支路，尤其 ECL 支路受供应商和客户需求影响明显，适合采用单个环路控制；二是电气单元装配（S10）需单个 CONWIP 环路控制。基于 5.4 节装配流水车间 CONWIP 策略性能分析可知，U/M/D 环路模式中策略 3 具有较好的综合性能，见图 5.5（c）。因此，该装配工段按照策略 3 设计环路结构。

另一种构建环路结构的思路是将流程 S7 至 S15 看成是主线路，采用 U^D 环路模式。U^D 环路模式细化只需考虑位于上游的 ECL 支路被单个 CONWIP 环路控制，这也有可能降低电气单元装配 S10 位置（即装配工位 4）的变动影响程度。基于 5.4 节装配流水车间 CONWIP 策略性能分析可知，U^D 环路模式中策略 8 具有较好的综合性能，因此该装配工段按照策略 8 这种环路结构进行设计，见图 5.5（h）。

基于以上分析，这两种环路模式细化后的环路结构（分别记为 p_{AFS}^1 与 p_{AFS}^2）如图 9.13 所示。

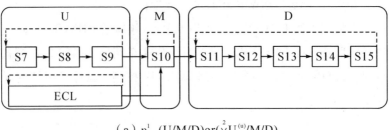

（a）$p_{\mathrm{AFS}}^{1}(\mathrm{U/M/D})\mathrm{or}(\overset{2}{\underset{u=1}{\vee}}\mathrm{U}^{(\mathrm{u})}/\mathrm{M/D})$

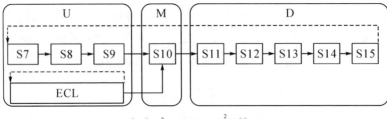

（b）$p_{\mathrm{AFS}}^{2}(\mathrm{U}^{\wedge}\mathrm{D})\mathrm{or}(\overset{2}{\underset{u=1}{\vee}}\mathrm{U}^{(\mathrm{u})}{\wedge}\mathrm{D})$

图 9.13 装配工段 CONWIP 环路结构

9.4.3 生产车间 CONWIP 环路结构

将冷作工段 CONWIP 环路结构（见图 9.11）、机加工工段 CONWIP 环路结构（见图 9.12）以及装配工段 CONWIP 环路结构（见图 9.13）进行组合，形成完整的车间 CONWIP 环路结构，一共有 20 种环路结构策略，策略集见表 9.1。

表 9.1 车间 CONWIP 环路结构策略集

$(p_{\mathrm{HFS}}^{1},\ p_{\mathrm{JS}}^{1},\ p_{\mathrm{AFS}}^{1})$	$(p_{\mathrm{HFS}}^{3},\ p_{\mathrm{JS}}^{1},\ p_{\mathrm{AFS}}^{2})$	$(p_{\mathrm{HFS}}^{6},\ p_{\mathrm{JS}}^{1},\ p_{\mathrm{AFS}}^{1})$	$(p_{\mathrm{HFS}}^{8},\ p_{\mathrm{JS}}^{1},\ p_{\mathrm{AFS}}^{2})$
$(p_{\mathrm{HFS}}^{1},\ p_{\mathrm{JS}}^{1},\ p_{\mathrm{AFS}}^{2})$	$(p_{\mathrm{HFS}}^{4},\ p_{\mathrm{JS}}^{1},\ p_{\mathrm{AFS}}^{1})$	$(p_{\mathrm{HFS}}^{6},\ p_{\mathrm{JS}}^{1},\ p_{\mathrm{AFS}}^{2})$	$(p_{\mathrm{HFS}}^{9},\ p_{\mathrm{JS}}^{1},\ p_{\mathrm{AFS}}^{1})$
$(p_{\mathrm{HFS}}^{2},\ p_{\mathrm{JS}}^{1},\ p_{\mathrm{AFS}}^{1})$	$(p_{\mathrm{HFS}}^{4},\ p_{\mathrm{JS}}^{1},\ p_{\mathrm{AFS}}^{2})$	$(p_{\mathrm{HFS}}^{7},\ p_{\mathrm{JS}}^{1},\ p_{\mathrm{AFS}}^{1})$	$(p_{\mathrm{HFS}}^{9},\ p_{\mathrm{JS}}^{1},\ p_{\mathrm{AFS}}^{2})$
$(p_{\mathrm{HFS}}^{2},\ p_{\mathrm{JS}}^{1},\ p_{\mathrm{AFS}}^{2})$	$(p_{\mathrm{HFS}}^{5},\ p_{\mathrm{JS}}^{1},\ p_{\mathrm{AFS}}^{1})$	$(p_{\mathrm{HFS}}^{7},\ p_{\mathrm{JS}}^{1},\ p_{\mathrm{AFS}}^{2})$	$(p_{\mathrm{HFS}}^{10},\ p_{\mathrm{JS}}^{1},\ p_{\mathrm{AFS}}^{1})$
$(p_{\mathrm{HFS}}^{3},\ p_{\mathrm{JS}}^{1},\ p_{\mathrm{AFS}}^{1})$	$(p_{\mathrm{HFS}}^{5},\ p_{\mathrm{JS}}^{1},\ p_{\mathrm{AFS}}^{2})$	$(p_{\mathrm{HFS}}^{8},\ p_{\mathrm{JS}}^{1},\ p_{\mathrm{AFS}}^{1})$	$(p_{\mathrm{HFS}}^{10},\ p_{\mathrm{JS}}^{1},\ p_{\mathrm{AFS}}^{2})$

另外，将经典的单环路结构作为备选方案。这意味着共有 21 种 CONWIP 环路控制策略可供选择。

9.5 捻股机生产车间 CONWIP 环路控制策略选择与方法验证

9.5.1 CONWIP 环路控制策略评价方法

由于 CONWIP 环路控制策略可看成是环路结构与在制品上限的优化组合问题，而这无法凭借专家经验定性评价。采用数学规划模型难以描述 CONWIP 环路控制的内部状态变化过程，不能对系统状态及其内部元素状态进行统计观察。基于实际生产系统的测试会干扰企业正常生产运营。因此，本节构建离散仿真模型对 CONWIP 控制策略进行评价择优。

车间负荷状态可以看成是车间内所有机器时间变动的综合反映，对捻股机车间机器时间变动的仿真有助于选择更适合的 CONWIP 环路控制策略。在离散制造车间，不同工件的相同作业会分配至可实现该作业的机器上加工。在单件小批量生产环境中，机器完成相同作业所需时间会存在较大差异，例如：工件的加工尺寸不同、所采用的材质不同、所选择的工装夹具不同、工序步骤不同等，都会引起很大的机器时间变动。因此，本节通过构建机器作业时间的经验分布函数，用于模拟现实车间机器时间变动。基于经验分布函数的仿真评价方法步骤如下：

Step1：收集工件 $j \in N$ 在所需机器 $p \in M$ 上的作业时间 $t_p(j) \in T_p$ 历史数据。其中，$T_p = \{t_p(j) \mid if \exists j \in O_p, j \in N\}$ 表示在机器 p 上的作业时间集合，O_p 表示工件 j 需要在作业单元 p 上处理的工件集合，N 为单件车间待加工工件集合，M 为单件车间机器集合；

Step2：将 T_p 中元素按升序排列形成一个有序集合 V_p，即存在 $t_p(j) \in T_p = V_p$；

Step3：给定界限 c_h，即 $c_h \geq t_p(j)$，其中 $h = 1, 2, \cdots, l, l \leq |N|$ 且 $c_1 < c_2 < \cdots < c_l$；

Step4：令 B_h 为满足 $c_h \geq t_p(j)$ 时的工件作业时间 $t_p(j)$ 集合，且存在 $\sum_{h=1}^{l} |B_h| = |N|$；

Step5：机器 p 上作业时间经验分布函数记为 $\hat{F}_p^h(t) = \sum_{k=1}^{h} f_k$ 且满足 $\max B_{h-1} < t < \max B_h$。其中，$\sum_{k=1}^{h} f_k$ 表示累积概率，有 $f_k = |B_k|/n$，n 为

样本容量（即 $n = |N|$），当 $h = n$ 时 $\hat{F}_p^h(t) = 1$；

Step6：将 $\hat{F}_p^h(t)$ 简记为 $\hat{F}$。基于线性插值法，对 $\hat{F}$ 求逆变换（记为 $\hat{F}^{-1}$），可得到机器 p 上的服从 $\hat{F}$ 分布的作业时间模拟值 $\hat{t}_p$。即 $\hat{t}_p = \hat{F}^{-1}(r)$，其中 $r \sim U(0, 1)$；

Step7：若 π^* 为 CONWIP 最优方案，则有 $\pi^* = \arg\max_{\pi \in \Pi}\{S(\hat{t}_p, \pi) \mid \forall p \in M\}$ 或 $\pi^* = \arg\min_{\pi \in \Pi}\{S(\hat{t}_p, \pi) \mid \forall p \in M\}$。其中，$S(\hat{t}_p, \pi)$ 表示系统性能指标，π 指的是需测试的具体 CONWIP 环路策略，Π 为 CONWIP 环路策略集合。

$\hat{t}_p \sim \hat{F}$ 近似反映实际生产变动情况，当生产环境或者产品工艺发生很大变动时，应及时对 $\hat{F}$ 进行更新。由于 $t_p(j) \in T_p$ 是计算 $\hat{F}$ 的基础，使用 F 公司生产部提供的 15 个月已交付产品订单数据，其中前 12 个月的数据用于构建机器时间经验分布函数 $\hat{F}$，后 3 个月数据用于验证 CONWIP 控制方法的效果。

9.5.2 评价指标

由于涉及竞争性数据，F 公司未提供订单合同谈判价格，即无法获取订单收益 λ 参数。另外，F 公司反映对于库存保管费用不敏感，即此处认为库存保管费率 $q = 0$。因此，本章所使用的评价指标以衡量拖期程度为主，这也是 F 公司生产部所关心的问题。具体评价指标如下：

（1）平均拖期罚金（average lateness punishment，ALP），如式 9.1 所示。

$$ALP = \frac{1}{n}\sum_{j=1}^{n}(\omega_j \cdot \max\{L_j, 0\}) \tag{9.1}$$

式中，n 表示已完成订单集合 J 中订单总数；ω_j 表示订单 j 的拖期单位时间违约罚金；$L_j = C_j - d_j$ 表示订单 j 的拖期时间，C_j 指订单 j 的完成时间，d_j 指订单 j 的交货期；

（2）拖期均值 $\bar{L}$，如式 9.2 所示。

$$\bar{L} = \frac{1}{n}\sum_{j=1}^{n}L_j \tag{9.2}$$

（3）订单延迟百分比 PT，见式 6.10。

9.5.3 模型参数设定

仿真模型采用 Plant Simulation 构建。模型实验每次观察 20 组，每组采用不同随机数种子，置信度设定为 95%。为了获得仿真模型稳态时候的统计数据，将前 100 个订单所耗费的时间规定为模型预热时间，仿真模型统计了完成 1 000 个订单的数据。基于 MPSO-2 算法设定在制品上限，适应值为最短拖期时间。模型相关参数设定见表 9.2。

表 9.2　仿真模型参数设定

	参数	设定方法	备注
CONWIP	环路结构	CONWIP 环路设计法	详见第 4 章、第 5.1 节及第 5.2 节
	WIP 上限	MPSO-2 算法	详见 5.5 节
	订单池	MCS 订单释放法	详见第 6 章
车间	机器时间	基于经验分布函数法	由 F 公司提供（详见 9.5.1 节）
	生产组织方式	HFS/JS/AFS	由 F 公司提供（详见 9.2 节）
	工艺路线	给定	由 F 公司提供（详见 9.2 节）
订单	交货期 d	给定	由 F 公司提供原始数据，后期整理
	拖期违约罚金 ω	给定	由 F 公司提供原始数据，后期整理
	订单抵达时间 r	给定	由 F 公司提供原始数据，后期整理

9.5.4　CONWIP 环路策略评价结果

CONWIP 环路策略评价结果见表 9.3。总体上看，平均拖期罚金指标表明策略 10 的平均拖期罚金最小，策略 8 的平均拖期罚金最大；拖期均值指标表明策略 3 拖期均值最小，而策略 8 拖期均值最大；订单延迟（%）表明策略 10 的订单延迟最少，而策略 8 的订单延迟最多。显然，策略 10 在平均拖期罚金和订单延迟上面都表现最好，并且拖期均值也仅次于策略 3 的拖期均值。综合来看，策略 10 最适合目前捻股机生产车间状况，将其作为捻股机生产车间 CONWIP 控制最优策略。

表 9.3　车间 CONWIP 环路策略评价结果

策略编号	CONWIP 环路结构	环路数	WIP 上限	平均拖期罚金 /元	拖期均值 /天	订单延迟 /%
1	$(\rho_{HFS}^{1}, \rho_{JS}^{1}, \rho_{AFS}^{1})$	5	31	12 051.04	37.064	44.1

表9.3(续)

策略编号	CONWIP 环路结构	环路数	WIP 上限	平均拖期罚金 /元	拖期均值 /天	订单延迟 /%
2	$(\rho_{HFS}^1, \rho_{JS}^1, \rho_{AFS}^2)$	6	41	10 010.114	32.89	41.1
3	$(\rho_{HFS}^2, \rho_{JS}^1, \rho_{AFS}^1)$	6	38	12 001.953	−36.928	13.7
4	$(\rho_{HFS}^2, \rho_{JS}^1, \rho_{AFS}^2)$	7	42	9 871.554	31.309	40.3
5	$(\rho_{HFS}^3, \rho_{JS}^1, \rho_{AFS}^1)$	6	30	6 899.096	19.941	32.9
6	$(\rho_{HFS}^3, \rho_{JS}^1, \rho_{AFS}^2)$	7	33	13 446.100	38.547	15.5
7	$(\rho_{HFS}^4, \rho_{JS}^1, \rho_{AFS}^1)$	7	51	8 851.122	22.399	34.6
8	$(\rho_{HFS}^4, \rho_{JS}^1, \rho_{AFS}^2)$	8	49	14 011.279	42.056	47.9
9	$(\rho_{HFS}^5, \rho_{JS}^1, \rho_{AFS}^1)$	7	45	5 103.091	18.522	29.1
10	$(\rho_{HFS}^5, \rho_{JS}^1, \rho_{AFS}^2)$	8	35	2 810.633	−15.04	7.6
11	$(\rho_{HFS}^6, \rho_{JS}^1, \rho_{AFS}^1)$	8	63	6 811.416	19.33	32
12	$(\rho_{HFS}^6, \rho_{JS}^1, \rho_{AFS}^1)$	9	54	3 943.085	16.8	28.1
13	$(\rho_{HFS}^7, \rho_{JS}^1, \rho_{AFS}^1)$	6	32	6 795.005	19.04	31.8
14	$(\rho_{HFS}^7, \rho_{JS}^1, \rho_{AFS}^2)$	7	75	5 061.011	18.187	28.9
15	$(\rho_{HFS}^8, \rho_{JS}^1, \rho_{AFS}^1)$	7	57	9 843.127	31.001	40.1
16	$(\rho_{HFS}^8, \rho_{JS}^1, \rho_{AFS}^2)$	8	64	7 296.682	20.054	32.9
17	$(\rho_{HFS}^9, \rho_{JS}^1, \rho_{AFS}^1)$	4	32	12 165.255	37.791	44.9
18	$(\rho_{HFS}^9, \rho_{JS}^1, \rho_{AFS}^2)$	5	44	7 384.916	20.92	33.6
19	$(\rho_{HFS}^{10}, \rho_{JS}^1, \rho_{AFS}^1)$	3	45	9 936.431	31.728	40.9
20	$(\rho_{HFS}^{10}, \rho_{JS}^1, \rho_{AFS}^2)$	4	33	10 954.170	35.633	42.6
21	经典单环路结构	1	79	13 992.008	40.996	46

对表9.3进一步分析,可以得到一些有用的认识:

(1) 相对于其他 CONWIP 环路策略,策略 3 和策略 10 的拖期均值为负,两种策略的订单延迟都低于 15%,但是策略 3 的平均拖期罚金达到 12 001.953,而策略 10 的平均拖期罚金只有 2 810.633,这两种策略在平均拖期罚金上存在明显差异。策略6中订单延迟百分比仅为15.5%,平均拖期罚金与拖期均值分别为13 446.100和38.547,这表明有可能少数拖期订单会对整个生产系统绩效带来重大影响,这是单件小批量生产中容易忽视的问题。

(2)平均拖期罚金由生产周期、订单交货期以及拖期单位时间违约金构成,CONWIP环路策略控制只对生产周期施加影响。因此,一旦平均拖期罚金很大,仅靠调整CONWIP环路策略是有局限性的。合理的订单交货期以及拖期单位时间违约金设定非常重要。

(3)从平均拖期罚金和拖期均值角度看,经典单环路结构并不一定比多环路结构差。

(4)不同的环路结构所需在制品上限不同。

(5)环路数的多少与CONWIP环路策略性能没有明显的正反比关系。

9.5.5 捻股机生产车间CONWIP控制方法验证

为了更好地验证方法的有效性,本节将仿真模型中机器作业时间设置为订单的实际加工时间,具体表达式见式9.3。

$$t_p(j) = p'_{ij}(1 + \mu) \tag{9.3}$$

式中,p'_{ij}表示在订单j的加工路线上机器i的实际作业时间,部分作业采用标准时间衡量。μ表示作业时间宽放率,分别设定为0%、10%、15%、20%和35%。

以F公司所提供订单的数据,提前计算出这批订单的平均拖期罚金、拖期均值和订单延迟百分比数据,以此作为CONWIP控制方法的比较基准,见表9.4。

表9.4　基准值

平均拖期罚金/元	拖期均值/天	订单延迟/%
27 060.851	72.108	48.0

本节设计了如下两种验证场景,这两种验证场景都考虑了作业时间宽放率的影响,验证结果见表9.5。

场景一:对捻股机车间按照环路策略10实施CONWIP车间控制,不考虑CONWIP订单池释放控制,即可以看成是CONWIP订单池采用IMM释放控制,记为IMM+CONWIP。

场景二：对捻股机车间按照环路策略 10 实施 CONWIP 车间控制，考虑 CONWIP 订单池 MCS 释放控制，记为 MCS+CONWIP。

表 9.5　验证结果

宽放率	指标	IMM+CONWIP	MCS+CONWIP
0%	平均拖期罚金/元	8 521.321	3 583.021
	拖期均值/天	39.105	23.2
	订单延迟/%	19.7	11.3
10%	平均拖期罚金/元	17 019.563	4 991.125
	拖期均值/天	42.581	36.395
	订单延迟/%	22.8	16.6
15%	平均拖期罚金/元	23 073.336	6 611.142
	拖期均值/天	56.337	42.632
	订单延迟/%	32.7	23.5
20%	平均拖期罚金/元	29 151.872	10 922.351
	拖期均值/天	78.692	58.166
	订单延迟/%	39.9	30.0
35%	平均拖期罚金/元	45 631.104	31 910.045
	拖期均值/天	93.631	83.991
	订单延迟/%	43.6	35.4

由表 9.5 可知，随着作业时间宽放率的提高，CONWIP 控制效果随之降低。对于平均拖期罚金指标而言，MCS+CONWIP 控制效果要优于 IMM+CONWIP，如图 9.14 所示。当作业时间宽放率接近 20% 时 IMM+CONWIP 的平均拖期罚金指标就已经超出基准值。当作业时间宽放率超过 30% 且不到 35% 时，MCS+CONWIP 的平均拖期罚金指标也超出基准值。

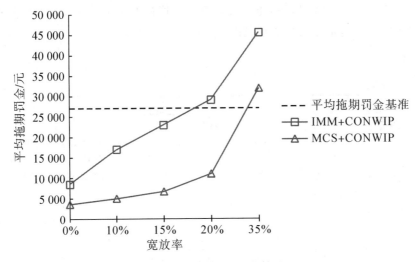

图 9.14　平均拖期罚金比较结果

　　在拖期均值指标方面，IMM+CONWIP 的拖期均值大于 MCS+CONWIP 拖期均值，如图 9.15 所示。作业时间宽放率为 30% 时，这两种 CONWIP 控制方法都超过拖期均值基准。这表明对于这批订单，拖期均值增加会增加订单拖期罚金。

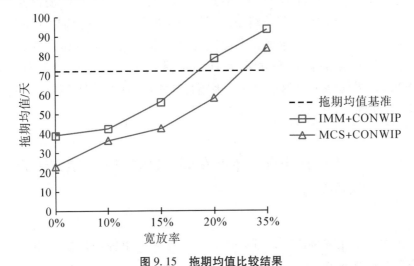

图 9.15　拖期均值比较结果

　　在拖期订单延迟交付百分比指标方面，IMM+CONWIP 的订单延迟交付百分比高于 MCS+CONWIP 订单延迟交付百分比，如图 9.16 所示。这意味着 MCS+CONWIP 控制能阻止更多的订单延迟交付。在作业时间宽放率达到 35% 时，这两种方法的订单延迟交付百分比都低于 F 公司生产车间原来控制方法，即都低于订单延迟基准。

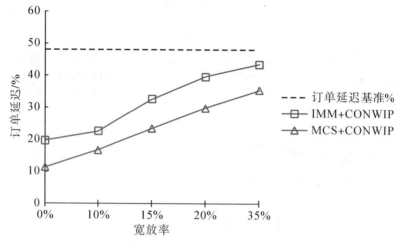

图 9.16　订单延迟交付（%）比较结果

　　总体来说，采用 MCS+CONWIP 控制方法有更好的控制效果。当作业时间宽放率低于 30% 时，MCS+CONWIP 的这三种指标都低于基准值，这意味着只要新接受的订单作业时间与上一批订单的作业时间变动幅度不超过 30%，则 CONWIP 环路策略 10 是没有必要调整的。从实践的角度看，笔者认为即使新接受订单的作业时间变动幅度稍微超出 30%，甚至达到40%，只要这样的订单数量不大且不经常出现，则仍可以继续沿用 CONWIP 环路策略 10。这可以降低因频繁调整 CONWIP 控制策略，带来的"额外"车间管理任务。

9.6　关于单件小批量生产车间 CONWIP 控制方法的管理启示

　　通过对上述案例研究，可以得到一些有利于单件小批量生产管理与CONWIP 控制的重要启示：

　　（1）CONWIP 控制方法只能确保多数订单不拖期，但无法对个别延迟交付订单进行控制。本书认为应该建立延迟交付订单的监管措施，防止个别订单的拖期单位时间违约金过大或延迟交付时间过长，导致总体经济效益受损。

（2）可考虑将 CONWIP 控制的车间负荷信息传递给企业决策层，以便中小单件企业借助经济手段调节订单接受数量。这可以令中小单件企业更理性地与客户协商价格、交货期与拖期违约金。本书认为这实际上是将 CONWIP 拉式机制延伸到了企业决策层。

（3）CONWIP 控制效果是相对最优的。当订单参数、目标函数，机器故障，甚至工人熟练度（例如：工人流失大、招工频繁）发生很大改变，则原来实施的 CONWIP 控制方案就有可能无法获得最佳控制效果。若采用6.5 节提出的评价方法，这时就需要重新构建机器作业时间经验分布函数，重新进行 CONWIP 环路策略的择优与验证。如果新接受的客户订单都是小幅工艺变动或对已有产品的简单升级，则建议每隔半年或一年重新对已有 CONWIP 控制方案进行评价。如果新接受的客户订单非常复杂，属于新产品开发，生产车间产能要重新调配，则需要立即对原有 CONWIP 控制方案进行评价以判断是否需要调整。

（4）有必要建立配套的单件小批量生产车间 CONWIP 控制管理措施。一个好的管理措施是各种管理方法发挥成效的重要保障。

参考文献

［1］韩文民.基于约束理论的混流生产作业计划［M］.北京：化学工业出版社，2010.

［2］胡琴芳，余浩炜，范定祥，等.国外大规模定制研究的回顾及展望［J］.管理现代化，2021，41（6）：125-129.

［3］黄敏，刘晓，汪定伟.OKP企业生产线柔性组合方法的研究［J］.系统工程学报，2001（3）：217-223.

［4］黄敏，王玮，汪定伟.面向OKP基于CONWIP的集成化系统［J］.系统工程，1998（6）：49-53.

［5］姬永清.多品种单件小批生产模式下生产计划与调度问题研究［D］.南京：南京航空航天大学，2005.

［6］姜思杰，徐晓飞，战德臣，等.大型单件小批生产的计划与控制模式［J］.计算机集成制造系统，2001（2）：1-5.

［7］李伯虎，张霖，王时龙，等.云制造：面向服务的网络化制造新模式［J］.计算机集成制造系统，2010，16（1）：1-7+16.

［8］李迪，唐浩，周楠，等.基于信息物理融合的个性化定制智能生产线［M］.北京：机械工业出版社，2022.

［9］王能民，王梦丹，任贺松，等.海尔人单合一模式：基于数据驱动的大规模定制［J］.工业工程，2022，25（1）：1-10，27.

［10］杨文胜，李莉，涂忆柳.OKP企业供应链的协调优化研究［M］.北京：科学出版社，2012.

［11］GOSLING J，NAIM M M. Engineer-to-order supply chain management：a literature review and research agenda［J］. International Journal of Production Economics，2009，122（2）：741-754.

[12] HENDRY L C, KINGSMAN B G, CHEUNG P. The effect of workload control (WLC) on performance in make-to-order companies [J]. Journal of Operations Management, 1998, 16 (1): 63-75.

[13] SLOMP J, BOKHORST J A C, GERMS R. A lean production control system for high-variety/low-volume environments: a case study implementation [J]. Production Planning & Control, 2009, 20 (7): 586-595.

[14] SORDAN J E, OPRIME P C, PIMENTA M L, et al. One-of-a-kind production (OKP) planning and control: a comprehensive review and future research directions [J]. International Journal of Productivity and Performance Management, 2023, 72 (8): 2446-2466.

[15] STEVENSON M. Refining a workload control (WLC) concept: a case study [J]. International Journal of Production Research, 2006, 44 (4): 767-790.

[16] TU Y, DEAN P. One-of-a-kind production [M]. London: Springer, 2011.

[17] VANDAELE N, VAN N I, CLAERHOUT D, et al. Load-based POLCA: an integrated material control system for multiproduct, multimachine job shops [J]. Manufacturing & Service Operations Management, 2008, 10 (2): 181-197.